Dr. John Coleman

LA DIPLOMAZIA DELL'INGANNO
UN RESOCONTO DEL TRADIMENTO DEI GOVERNI DI INGHILTERRA E STATI UNITI

OMNIAVERITAS®

John Coleman

John Coleman è un autore britannico ed ex membro dei servizi segreti. Coleman ha prodotto diverse analisi del Club di Roma, della Fondazione Giorgio Cini, della Forbes Global 2000, del Colloquio interreligioso per la pace, dell'Istituto Tavistock, della Nobiltà Nera e di altre organizzazioni vicine al tema del Nuovo Ordine Mondiale.

LA DIPLOMAZIA DELL'INGANNO

UN RESOCONTO DEL TRADIMENTO DEI GOVERNI DI INGHILTERRA E STATI UNITI

DIPLOMACY BY DECEPTION

An account of the treasonous conduct by the governments of Britain and the United States

Tradotto dall'inglese e pubblicato da Omnia Veritas Limited

© Omnia Veritas Ltd - 2022

OMNIA VERITAS.

www.omnia-veritas.com

PREMESSA

Ho deciso di scrivere questo libro perché molte persone che avevano letto *La gerarchia dei cospiratori*[1] mi hanno chiesto di fornire esempi specifici e casi concreti di come il Comitato eserciti un controllo su così vasta scala. Questo libro è un modo per rispondere a queste richieste.

Dopo aver letto *Diplomacy by Lying*, ci sono pochi dubbi sul fatto che i governi britannico e americano siano i più corrotti del mondo e che, senza la loro piena collaborazione nella realizzazione dei piani del Comitato dei 300, questo organismo sovranazionale non sarebbe in grado di portare avanti i suoi progetti per la creazione di un governo unico mondiale, che l'ex presidente Bush, uno dei suoi più abili servitori, ha definito "il Nuovo Ordine Mondiale".

Spero sinceramente che questo libro permetta di capire meglio come operano le società segrete e come i loro ordini vengono eseguiti proprio da coloro che dovrebbero servire gli interessi nazionali e garantire la sicurezza nazionale dei rispettivi Paesi e delle popolazioni.

Dr. John Coleman

---

[1] Si veda *La gerarchia dei cospiratori - Storia del Comitato dei 300*, Omnia Veritas Limited, www.omnia-veritas.com.

I. La minaccia delle Nazioni Unite

L a storia della creazione delle Nazioni Unite è un classico caso di diplomazia dell'inganno. Le Nazioni Unite sono succedute alla defunta Società delle Nazioni, il primo tentativo di istituire un unico governo mondiale sulla scia della Conferenza di pace di Parigi che ha prodotto il Trattato di Versailles.

La conferenza di pace si aprì a Versailles, in Francia, il 18 gennaio 1919, con 70 delegati che rappresentavano i banchieri internazionali delle 27 potenze alleate "vincitrici". È un dato di fatto che i delegati sono stati sotto la direzione dei banchieri internazionali dal momento della selezione fino al ritorno nei loro Paesi, e anche molto tempo dopo.

Sia chiaro, la conferenza di pace mirava a dissanguare la Germania; si trattava di ottenere enormi somme di denaro per i briganti-banchieri internazionali che avevano già raccolto profitti osceni oltre alle terribili perdite della guerra dei cinque anni (1914-1919). La sola Gran Bretagna subì 1.000.000 di morti e oltre 2.000.000 di feriti. Lo storico della guerra Alan Brugar stima che i banchieri internazionali abbiano guadagnato 10.000 dollari su ogni soldato caduto. La vita è a buon mercato quando si tratta del Comitato dei 300 banchieri Iluminati-Rothschild-Warburg, i padroni della Federal Reserve, che hanno finanziato entrambe le parti della guerra.

Vale la pena ricordare che H.G. Wells e Lord Bertrand Russell avevano previsto questa terribile guerra in cui milioni di persone - i fiori di nazioni prevalentemente cristiane - sono morti inutilmente. I membri del Comitato dei 300 pianificarono la guerra in modo che i banchieri internazionali ne traessero grande profitto. H.G. Wells era conosciuto come il "profeta" del

Comitato dei 300. È vero che Wells si è limitato ad aggiornare le idee della Compagnia Britannica delle Indie Orientali (BEIC) attuate da Jeremy Bentham e Adam Smith, per citare solo due dei demolitori utilizzati da Re Giorgio III per minare e affossare il futuro economico dei coloni nordamericani che cercavano di sfuggire alle difficoltà economiche causate dalla presa di controllo del loro Paese da parte della casta dei banchieri veneziani alla fine del 1700.

In un articolo scritto da Wells e pubblicato sul *Banker* (di cui ho trovato una copia al British Museum di Londra), Wells delinea il futuro ruolo del Fondo Monetario Internazionale (FMI) e della banca delle banche, la Banca dei Regolamenti Internazionali (BRI). Quando noi, popoli sovrani, capiremo il ruolo delle banche internazionali nel fomentare le guerre e nel finanziare poi entrambe le parti, le guerre potrebbero appartenere al passato. Fino ad allora, le guerre rimarranno lo strumento preferito dalle banche internazionali per aumentare le loro entrate e sbarazzarsi di popolazioni indesiderate, come ha detto giustamente Bertrand Russell.

Nel suo libro *After Democracy*, Wells sostiene che una volta stabilito l'ordine economico (energia sociale) di un unico governo mondiale dittatoriale, verrà imposto un ordine politico e sociale. È proprio questo l'obiettivo dei colloqui di pace di Parigi, iniziati nel 1919 e basati principalmente su un memorandum redatto dal Royal Institute for International Affairs (RIIA).

Il RIIA elaborò una proposta in 23 punti e la inviò a Woodrow Wilson, che la consegnò a Mandel Huis (alias Colonnello House), il controllore ebreo-olandese di Wilson. Il colonnello House partì immediatamente per Magnolia, la sua residenza privata nel Massachusetts, dove ridusse il numero di proposte a 14, creando così la base per i "14 punti" presentati alla Conferenza di pace di Parigi dal presidente Wilson nel dicembre 1918.

L'arrivo di Wilson a Parigi fu accolto con un entusiasmo sfrenato dalla popolazione, povera e illusa, che si era stancata della guerra e vedeva in Wilson il messaggero della pace eterna. Wilson vestì i suoi discorsi con un linguaggio veritiero, con un nuovo spirito di idealismo, mentre intendeva assicurare il controllo del mondo da parte dei banchieri internazionali attraverso la Società delle Nazioni.

Il lettore non deve perdere di vista la somiglianza tra il modo in cui sono stati presentati il trattato della Società delle Nazioni e il suo successore, le Nazioni Unite. I delegati tedeschi furono tenuti fuori dalle discussioni fino a quando i termini non furono pronti per essere presentati alla conferenza. La Russia non era rappresentata, poiché l'opinione pubblica era violentemente contraria al bolscevismo. Il Primo Ministro britannico Lloyd George e il Presidente Wilson erano ben consapevoli che la rivoluzione bolscevica stava per avere successo, con conseguenze terribili per il popolo russo.

Fin dall'inizio, il Consiglio Supremo dei Grandi Dieci (precursore del Consiglio di Sicurezza delle Nazioni Unite) ha avuto il sopravvento. Il consiglio era composto da Wilson, Lansing, Lloyd George, Balfour, Pichon, Orlando, Sonnino (entrambi rappresentanti dei nobili banchieri neri di Venezia), Clemenceau, Saionji e Makino.

Il 25 gennaio 1919, l'agenda del RIIA prevalse, con i delegati della conferenza che adottarono all'unanimità una risoluzione per la creazione di una Società delle Nazioni. Fu scelta una commissione (i cui membri furono di fatto nominati dal RIIA) per occuparsi delle riparazioni tedesche. Il 15 febbraio 1919 Wilson tornò negli Stati Uniti e Lloyd George tornò a Londra. A marzo, tuttavia, entrambi gli uomini erano tornati a Parigi per studiare il modo migliore per dissanguare finanziariamente la Germania e il Consiglio dei Dieci, rivelatosi troppo grande, fu ridotto al Consiglio dei Quattro.

Gli inglesi invitarono il generale Jan Christian Smuts, un veterano della guerra boera, a partecipare alle discussioni, per aggiungere un'aura di buona fede a questo deplorevole complotto. Smuts era un traditore del suo stesso popolo. Come Primo Ministro, aveva trascinato il Sudafrica nella Prima Guerra Mondiale contro le obiezioni del 78% del suo popolo, che riteneva di non aver nulla a che fare con la Germania. Smuts faceva parte del comitato composto da Wilson, House, Lord Cecil controllore della famiglia reale britannica (si veda la mia monografia *King Makers/King Breakers*[2]), Bourgeois e Venizelos.

La Società delle Nazioni fu istituita nel gennaio 1920. Con sede a Ginevra, era composto da un Segretario generale, un Consiglio (scelto dalle cinque grandi potenze) e un'Assemblea generale. La nazione tedesca fu svenduta, con condizioni di pace di gran lunga superiori a quelle concordate quando la Germania fu convinta a deporre le armi. L'esercito tedesco non fu sconfitto sul campo di battaglia. È stato sconfitto da una diplomazia ingannevole.

I banchieri internazionali divennero i grandi vincitori, finendo per spogliare la Germania di tutti i suoi principali beni e ricevendo enormi pagamenti in "riparazioni". Il RIIA pensava di avere "tutto in pugno", per citare Wilson. Ma il RIIA non aveva tenuto conto del gran numero di senatori statunitensi che conoscevano la Costituzione degli Stati Uniti. Per contro, il numero di senatori e deputati che oggi conoscono davvero la Costituzione degli Stati Uniti è di appena una ventina.

Ad esempio, il senatore Robert Byrd, un dichiarato protetto di Rockefeller, ha recentemente dichiarato che un trattato è la legge suprema del Paese. A quanto pare, il senatore Byrd non sa che per essere valido un trattato deve essere stipulato con un Paese sovrano e le Nazioni Unite, come vedremo, non hanno alcuna sovranità. In ogni caso, un trattato è solo una legge e non può prevalere sulla Costituzione degli Stati Uniti, né può essere sostenuto quando minaccia la sovranità e la sicurezza degli Stati Uniti.

Se il senatore Byrd la pensa così, ci chiediamo perché abbia votato per la cessione del Canale di Panama. Quando gli Stati Uniti acquistarono il terreno dalla Colombia per il Canale di Panama, questo divenne territorio sovrano degli Stati Uniti. Pertanto, la cessione del Canale di Panama era incostituzionale e

---

[2] *Kingmakers e Kingbreakers*, NDT.

illegale, come vedremo nel capitolo dedicato al Trattato Carter-Torrijos sul Canale di Panama.

Quando il trattato della Società delle Nazioni fu presentato al Senato degli Stati Uniti nel marzo 1920, 49 senatori ne compresero le immense implicazioni e si rifiutarono di ratificarlo. Ci sono state molte discussioni, rispetto a quelle che si sono tenute quando la Carta delle Nazioni Unite è stata presentata al Senato nel 1945. Il RIIA ha presentato diversi emendamenti al trattato della Società. Le proposte erano accettabili per il Presidente Wilson, ma furono respinte dal Senato. Il 19 novembre 1920, il Senato respinse il trattato con e senza riserve con un voto di 49-35.

I banchieri internazionali chiesero quindi a Wilson di porre il veto a una risoluzione congiunta del Congresso che dichiarava la fine della guerra con la Germania, in modo da poter continuare a massacrare la nazione tedesca per un anno intero. Solo il 18 aprile 1945 la Società delle Nazioni si sciolse, trasferendo tutti i suoi beni (principalmente il denaro sottratto al popolo tedesco dopo la Prima Guerra Mondiale e i prestiti di guerra in sospeso dagli Alleati agli Stati Uniti) alle Nazioni Unite. In altre parole, il Comitato dei 300 non ha mai rinunciato al suo progetto di governo unico mondiale e ha aspettato l'esistenza delle Nazioni Unite per sciogliere la screditata Società delle Nazioni.

Il denaro che la Società delle Nazioni ha trasferito alle Nazioni Unite appartiene di diritto al popolo sovrano degli Stati Uniti. Gli Stati Uniti avevano anticipato miliardi di dollari ai cosiddetti alleati, per accaparrarsi il bottino dopo aver combattuto con la Germania nel 1914 e aver rischiato di perdere la battaglia...

Nel 1923, un osservatore americano fu inviato alla Conferenza delle Potenze Alleate di Losanna per discutere del rimborso dei 10,4 miliardi di dollari dovuti agli Stati Uniti e della spartizione tra loro dei Paesi produttori di petrolio del Medio Oriente. I banchieri internazionali si sono opposti all'intervento statunitense a Losanna sulla base delle istruzioni ricevute da Chatham House, sede del RIIA. Il primo accordo di rimborso fu quello con la Gran Bretagna, che doveva restituire i prestiti di guerra in un periodo di 62 anni, a un tasso di interesse del 3,3%.

Nel novembre 1925 e nell'aprile 1926, gli Stati Uniti raggiunsero accordi con l'Italia e la Francia per rimborsare la loro parte di prestiti di guerra nello stesso periodo. Nel maggio 1930, 17 nazioni a cui gli Stati Uniti avevano prestato denaro avevano firmato accordi per la restituzione dell'intero prestito di guerra, quasi 11 miliardi di dollari.

Nel novembre 1932 fu eletto il primo presidente degli Stati Uniti apertamente socialista, Franklin D. Roosevelt. Il suo arrivo alla Casa Bianca iniziò con l'assassinio del presidente William McKinley, seguito dall'elezione del "patriota" Teddy Roosevelt, la cui missione era quella di aprire le porte al socialismo che sarebbe stato inaugurato da Franklin D. Roosevelt. Su istruzioni di Chatham House, Roosevelt non perse tempo a convalidare l'inadempienza degli accordi di prestito firmati dagli alleati. Il 15 dicembre 1932, tutte le nazioni che dovevano miliardi di dollari agli Stati Uniti per debiti di guerra erano in default. La Gran Bretagna era il maggior debitore e il maggior inadempiente.

Gran parte di questo denaro, così come gran parte di quello estorto alla Germania dopo la Prima guerra mondiale, finì nelle casse della Società delle Nazioni e infine nel conto delle Nazioni Unite. Così, non solo l'America ha sacrificato inutilmente i suoi soldati sui campi di battaglia europei, ma anche le nazioni che hanno iniziato la Prima guerra mondiale hanno fatto i conti con lei. Peggio ancora, i titoli di riparazione di guerra privi di valore sono stati scaricati sul mercato finanziario statunitense, costando ai contribuenti altri miliardi.

Se c'è una cosa che abbiamo imparato sul Comitato dei 300 è che non si arrendono mai. Un detto dice che la storia si ripete; questo è certamente vero per l'intenzione del Comitato dei 300 di imporre agli Stati Uniti un organismo di governo mondialista. H. G. Wells, nel suo libro *The Shape of Things to Come (La forma delle cose a venire)*[3] descrisse questa organizzazione come "una

---

[3] "La forma delle cose che verranno", NDT.

specie di cospirazione aperta - un culto dello Stato mondiale" (cioè un governo unico mondiale).

Lo Stato mondiale (OWG), ha detto Wells, "deve essere l'unico proprietario terriero sulla terra". Tutte le strade devono portare al socialismo". Nel suo libro *After Democracy*, Wells chiarisce che una volta stabilito l'ordine economico mondiale (attraverso il Fondo Monetario Internazionale e la Banca dei Regolamenti Internazionali), l'ordine politico e sociale sarà imposto in modo totalitario. Nel capitolo dedicato all'Istituto Tavistock per le Relazioni Umane, verrà spiegato come la "ricerca operativa" di Tavistock sia stata la forza trainante di drastiche riforme in economia e politica.

Nel caso degli Stati Uniti, il piano non è quello di rovesciare il governo americano o la sua Costituzione, ma di "renderlo trascurabile". Questo obiettivo è stato in gran parte raggiunto implementando lentamente e con attenzione il manifesto socialista scritto nel 1920 dalla Fabian Society, che si basava sul Manifesto comunista del 1848.

Non è forse proprio questo rendere la Costituzione "irrilevante"? Infatti, quando il governo degli Stati Uniti viola la Costituzione quasi quotidianamente e impunemente, rende la Costituzione "irrilevante". Gli ordini esecutivi, come l'entrata in guerra senza una dichiarazione formale di guerra, come nella Guerra del Golfo, hanno contribuito a rendere la Costituzione totalmente "irrilevante". La Costituzione non prevede assolutamente la promulgazione di ordini esecutivi. Gli ordini esecutivi sono solo proclami che il Presidente non ha il potere o l'autorità di fare. Solo un re può fare proclami.

Nel 1945 il Senato degli Stati Uniti ha fatto passare la Lega delle Nazioni, con una nuova etichetta: il Trattato delle Nazioni Unite. I senatori hanno avuto solo tre giorni per discutere le implicazioni del trattato, che non avrebbero potuto essere considerate appieno in almeno 18 mesi di discussione. Se i senatori avessero compreso appieno ciò che stavano discutendo, cosa che, con poche eccezioni, non hanno fatto, avrebbero chiesto un periodo di discussione adeguato. Il fatto è che il Senato non ha compreso il documento e quindi non avrebbe dovuto votarlo.

Se i senatori che hanno discusso il trattato ONU avessero compreso correttamente il documento, questo sarebbe stato certamente respinto. A prescindere da qualsiasi altra considerazione, il documento era scritto così male e, in molti casi, così vago, fuorviante e contraddittorio che avrebbe potuto essere respinto solo per questi motivi.

Una legge, che è la definizione stessa di trattato, deve essere scritta in modo chiaro e non ambiguo. Il trattato ONU era ben lontano da questo. In ogni caso, gli Stati Uniti, vincolati dalla loro Costituzione, non potevano ratificare il trattato ONU per le seguenti ragioni:

(1) La nostra Costituzione si basa sul fondamento della sovranità, senza la quale non può esistere alcuna Costituzione. La politica estera degli Stati Uniti si basa sulla "legge delle nazioni" di Vattel, che pone il problema della sovranità. Anche se la Costituzione tace sul governo mondiale e sulle agenzie straniere, quando la Costituzione tace su un potere, e questo non è accessorio a un altro potere della Costituzione, allora è un'inibizione di quel potere, o un DIVIETO di quel potere.

(2) Le Nazioni Unite non sono un organismo sovrano, non hanno un potere misurabile circoscritto a un proprio territorio. È ospitato sul suolo statunitense, a New York, in un edificio prestato dai Rockefeller. Secondo la Costituzione degli Stati Uniti, non possiamo stipulare un trattato con una nazione o un organismo non sovrano. Gli Stati Uniti non potrebbero (e non possono) stipulare un trattato con un'organizzazione o un Paese che non ha sovranità. Gli Stati Uniti possono stipulare un accordo con una nazione o un'agenzia non sovrana, ma non possono mai stipulare un trattato con un'agenzia non sovrana.

(3) Per il Senato tentare di ratificare un trattato con un organismo, uno Stato o un Paese senza sovranità, confini definiti, demografia, un sistema monetario, un insieme di leggi o una costituzione, ovvero le Nazioni Unite, significa tradire il giuramento di difendere la Costituzione che i senatori hanno

giurato di fare. Questo è comunemente noto come tradimento.

(4) Affinché gli Stati Uniti diventino membri delle Nazioni Unite, è necessario adottare due emendamenti alla Costituzione. Il primo emendamento dovrebbe riconoscere l'esistenza di un organismo mondiale. Nella sua forma attuale, la Costituzione non può riconoscere le Nazioni Unite come organismo mondiale. Un secondo emendamento dovrebbe affermare che gli Stati Uniti possono avere una relazione di trattato con un organismo mondiale non sovrano. Nessuno di questi emendamenti è mai stato proposto, né tantomeno accettato dal Senato e ratificato da tutti gli Stati.

Pertanto, il "trattato" delle Nazioni Unite, che è altamente sospetto, non ha mai avuto forza di legge negli Stati Uniti. Allo stato attuale delle cose, nel 1945 e nel 1993, il Presidente ha il potere di avere voce in capitolo negli affari esteri, ma non ha il potere, e non l'ha mai avuto, di stipulare un accordo - tanto meno un trattato - con un organismo mondiale. Ciò significa assolutamente che nessun altro organismo mondiale, specialmente le Nazioni Unite, ha l'autorità di dispiegare l'esercito statunitense o di ordinare agli Stati Uniti di agire al di fuori delle restrizioni costituzionali imposte dai nostri Padri Fondatori.

Il senatore David I. Walsh, uno dei pochi politici a comprendere i pericoli costituzionali posti dalla Carta delle Nazioni Unite, gravemente lacunosa, disse ai suoi colleghi:

> "Gli unici atti di aggressione o di violazione della pace che la Carta è sicura di poter affrontare sono quelli commessi da piccole nazioni, cioè da quelle nazioni meno capaci e meno propense a scatenare un altro conflitto mondiale. Anche in questi casi, signor Presidente, l'indagine e l'azione preventiva possono essere arbitrariamente paralizzate da una qualsiasi delle cinque grandi potenze, che sono membri permanenti del Consiglio di Sicurezza..."

> "Pertanto, qualsiasi piccola nazione che goda del patrocinio di una delle grandi potenze, o che serva da strumento o da burattino per essa, è al sicuro dalle interferenze quanto le

stesse Cinque Grandi. Ammettiamolo: la Carta ci dà uno strumento per fermare gli atti di guerra di Paesi che non hanno il potere di fare la guerra. La minaccia di un conflitto su larga scala non risiede nelle dispute tra Paesi. Queste controversie possono essere limitate e mitigate.

"La minaccia è piuttosto che le piccole potenze agiscano nell'interesse di un grande vicino e siano provocate ad agire da quest'ultimo. Ma in questo caso, il privilegio del veto che rende la grande potenza immune dall'azione delle Nazioni Unite può funzionare per rendere immune la piccola nazione satellite. La macchina preventiva funziona senza problemi fino a quando non si raggiunge il punto di pericolo reale, il punto in cui una nazione è abbastanza forte da far precipitare una guerra mondiale, e allora può essere fermata".

"Possiamo supporre, infatti, che qualsiasi piccolo Paese possa essere tentato e spinto a cercare il patrocinio di una grande potenza. Solo in questo modo può ottenere una quota indiretta del monopolio di controllo detenuto dalle Cinque Grandi. Uno dei difetti della Carta, signor Presidente, è che la sua leva punitiva e coercitiva potrebbe essere applicata solo contro una nazione veramente piccola e indipendente". (L'Iraq è un esempio perfetto del marcio della Carta delle Nazioni Unite).

"A costo della sua indipendenza, una di queste nazioni potrebbe liberarsi dall'autorità coercitiva della Carta, con il semplice atto di stipulare un accordo con una nazione che ha il diritto di veto...".

Il senatore Hiram W. Johnson, uno dei pochi, oltre al senatore Walsh, ad aver visto la Carta delle Nazioni Unite, ha dichiarato

"Per certi aspetti è un'ancia piuttosto debole. Non fa nulla per fermare una guerra iniziata da una qualsiasi delle cinque grandi potenze; dà a ogni nazione la completa libertà di entrare in guerra. La nostra unica speranza, quindi, di mantenere la pace nel mondo è che nessuna delle cinque grandi nazioni scelga di entrare in guerra...".

Il fatto che il popolo americano non abbia alcuna protezione né ricorso contro il potenziale bellico delle Nazioni Unite è stato confermato dalla Guerra del Golfo, quando il presidente Bush si è scatenato calpestando le disposizioni della Costituzione. Se il Presidente Bush avesse seguito le procedure corrette e avesse chiesto una dichiarazione di guerra, la Guerra del Golfo non sarebbe mai avvenuta, perché gli sarebbe stata rifiutata. Milioni di iracheni e più di 300 militari statunitensi non avrebbero perso la vita inutilmente.

Il Presidente non è il comandante in capo delle nostre forze armate finché non viene emessa una dichiarazione di guerra legale da parte del Congresso e la nazione non è ufficialmente in guerra. Se il presidente fosse sempre il comandante in capo, la carica avrebbe gli stessi poteri di un re - cosa espressamente vietata dalla Costituzione. Prima della Guerra del Golfo, la CNN ha accettato la falsa premessa che Bush, in quanto comandante in capo delle nostre forze armate, avesse il diritto di impegnare l'esercito in guerra. Questa pericolosa interpretazione è stata rapidamente ripresa dai media ed è ora accettata come un dato di fatto quando non è costituzionalmente vera.

Un inganno grossolano praticato al popolo americano è che il presidente è il comandante in capo delle forze armate in ogni momento. I membri del Senato e della Camera sono così disinformati sulla Costituzione che hanno permesso al Presidente George Bush di farla franca inviando quasi 500.000 truppe nel Golfo per combattere una guerra per conto della British Petroleum e per soddisfare un odio personale verso Saddam Hussein. A questo punto Bush ha perso il rapporto di fiducia che avrebbe dovuto avere con il popolo americano. Il presidente Bill Clinton ha recentemente usato questa falsa idea di "comandante in capo" per cercare di costringere le forze armate ad accettare i gay nei servizi, cosa che non ha alcuna autorità per fare. Non si tratta tanto di una questione di moralità quanto di un eccesso di autorità da parte del Presidente.

La tragica verità sul fatto che i soldati e le donne americani vengano schierati per combattere - come è avvenuto per le Nazioni Unite nelle guerre di Corea e del Golfo - è che coloro che sono morti in quelle guerre non sono morti per il loro Paese, perché morire per il nostro Paese sotto la nostra bandiera costituisce un atto di sovranità, che era totalmente assente nelle guerre di Corea e del Golfo. Poiché né il Consiglio di Sicurezza né alcun Consiglio delle Nazioni Unite hanno sovranità, la bandiera delle Nazioni Unite è priva di significato.

Non una sola risoluzione del Consiglio di Sicurezza dell'ONU, che riguardi direttamente o indirettamente gli Stati Uniti, ha validità, poiché queste risoluzioni sono prese da un organismo che non ha alcuna sovranità. La Costituzione degli Stati Uniti è al di sopra di qualsiasi cosiddetto organismo mondiale, e questo include in particolare le Nazioni Unite; la Costituzione degli Stati Uniti è al di sopra e superiore a qualsiasi accordo o trattato con qualsiasi nazione o gruppo di nazioni, sia esso legato alle Nazioni Unite o meno. Ma le Nazioni Unite conferiscono al Presidente degli Stati Uniti, di fatto e di diritto, poteri dittatoriali illimitati non concessi dalla Costituzione americana.

Ciò che il Presidente Bush ha fatto nella Guerra del Golfo ha aggirato la Costituzione emettendo un proclama (un ordine esecutivo) direttamente a nome del Consiglio di Sicurezza delle Nazioni Unite. La Camera e il Senato, da parte loro, sono venuti meno al loro dovere costituzionale di impedire l'emissione illegale di tale ordine. Avrebbero potuto farlo rifiutando di finanziare la guerra. Né la Camera né il Senato avevano il diritto, né lo hanno oggi, di finanziare un accordo (o un trattato) con un organismo mondiale che si pone al di sopra della Costituzione degli Stati Uniti, soprattutto quando quell'organismo mondiale non ha alcuna sovranità, e soprattutto quando quell'organismo minaccia la sicurezza degli Stati Uniti.

La legge pubblica[4] 85766, sezione 1602, recita:

> "...Nessuna parte dei fondi stanziati in questa o in qualsiasi altra legge sarà utilizzata per pagare...qualsiasi persona, impresa o società, o combinazione di persone, imprese o società per condurre uno studio o un piano su quando o come o in quali circostanze il governo degli Stati Uniti dovrebbe

---

[4] Diritto pubblico, NDT.

cedere questo Paese e il suo popolo a qualsiasi potenza straniera".

La legge pubblica 471, sezione 109, stabilisce inoltre che:

"È illegale utilizzare i fondi per qualsiasi progetto che promuova il governo mondiale o la cittadinanza all'interno di un mondo unificato".

In che modo le Nazioni Unite hanno affrontato questo diritto fondamentale? Anche le guerre di Corea, del Vietnam e del Golfo hanno violato la Costituzione degli Stati Uniti, in quanto hanno violato l'Articolo 1, Sezione 8, Clausola 11:

"Il Congresso avrà il potere di dichiarare la guerra".

Non è detto che il Dipartimento di Stato, il Presidente o le Nazioni Unite abbiano questo diritto...

Le Nazioni Unite vorrebbero che impegnassimo il nostro Paese in una guerra in territori stranieri, ma l'articolo 1, sezione 10, clausola 1, afferma che non è previsto che gli Stati Uniti come nazione si impegnino in una guerra in Paesi stranieri. Inoltre, l'articolo 1, sezione 8, clausola 1, consente di spendere le entrate fiscali solo per i seguenti scopi:

(1) "... pagare i debiti, provvedere alla difesa comune e al benessere generale degli Stati Uniti".

Non dice nulla sul pagamento di quote (tributi) alle Nazioni Unite o a qualsiasi altro organismo mondiale, e non viene data alcuna autorità per consentirlo. Inoltre, vi è il divieto contenuto nell'articolo 1, sezione 10, clausola 1, che afferma:

(2) "Nessuno Stato potrà, senza il consenso del Congresso... mantenere truppe o navi da guerra in tempo di pace... o impegnarsi in una guerra, a meno che non sia effettivamente invaso o si trovi in imminente pericolo".

Poiché non c'è stata una valida dichiarazione di guerra costituzionale da parte del Congresso dalla Seconda Guerra Mondiale, gli Stati Uniti sono in pace e quindi le nostre truppe di stanza in Arabia Saudita, o in qualsiasi altra parte della regione del Golfo Persico, in Botswana e in Somalia, sono lì in violazione della Costituzione e non dovrebbero essere finanziate, ma riportate immediatamente a casa.

La domanda più scottante per gli Stati Uniti dovrebbe essere: "Come ha fatto l'ONU ad autorizzare l'uso della forza contro l'Iraq (cioè a dichiarare guerra), quando non ha alcuna sovranità, e perché i nostri rappresentanti hanno acconsentito a una tale farsa e violazione della nostra Costituzione che hanno giurato di difendere? "Inoltre, l'ONU non ha la sovranità necessaria per concludere un trattato con gli Stati Uniti, secondo la nostra Costituzione.

Cosa si intende per sovranità? Si basa su un territorio adeguato, una forma di moneta costituzionale, una popolazione consistente, entro confini chiaramente delimitati e definitivamente misurabili. Le Nazioni Unite non soddisfano affatto queste condizioni e, a prescindere da ciò che dicono i nostri politici, non potranno mai essere considerate un organismo sovrano nel senso della definizione di sovranità della Costituzione statunitense. Ne consegue che non potremo mai avere un trattato con le Nazioni Unite, né ora né mai. La risposta potrebbe essere che, per pura ignoranza della Costituzione o come servitori del Comitato dei 300, i senatori nel 1945 approvarono la Carta delle Nazioni Unite in violazione del loro giuramento di difendere e sostenere la Costituzione degli Stati Uniti.

Le Nazioni Unite sono una sanguisuga senza scopo e senza radici, un parassita che si nutre del suo ospite americano. Se ci sono truppe dell'ONU in questo Paese, dovrebbero essere espulse immediatamente, perché la loro presenza nel nostro Paese è una profanazione della nostra Costituzione e non dovrebbe, di fatto, essere tollerata da coloro che hanno giurato di sostenere la Costituzione. Le Nazioni Unite sono un'estensione continua della piattaforma socialista fabiana stabilita nel 1920, ogni elemento della quale è stato implementato esattamente in accordo con il progetto socialista fabiano per l'America. La presenza dell'ONU in Cambogia, la sua inazione in Bosnia-Erzegovina non hanno bisogno di essere amplificate.

Alcuni legislatori si sono accorti dell'accordo con le Nazioni

Unite. Uno di loro era il rappresentante Jessie Sumner dell'Illinois:

"Signor Presidente, lei sa ovviamente che il programma di pace del nostro governo non è la pace. È guidata dagli stessi vecchi guerrafondai, che si atteggiano ancora a principi della pace, che ci hanno coinvolto nella guerra sostenendo che il loro obiettivo era di tenerci fuori dalla guerra (una descrizione molto azzeccata della diplomazia della menzogna). Come il Lend-Lease e altre proposte di legge che ci hanno coinvolto in una guerra, pur promettendo di tenerci fuori dalla guerra, questa misura (il trattato ONU) ci coinvolgerà in tutte le guerre future.

Al rappresentante Sumner si è unito un altro legislatore esperto, il rappresentante Lawrence H. Smith:

"Votare per questa proposta significa dare l'approvazione al comunismo mondiale. Perché altrimenti avrebbe il pieno sostegno di tutte le forme di comunismo altrove? Questa misura (dell'ONU) colpisce il cuore stesso della Costituzione. Esso prevede che il potere di dichiarare guerra sia tolto al Congresso e dato al Presidente. Questa è l'essenza della dittatura e del controllo dittatoriale che tutto il resto deve inevitabilmente seguire".

Smith ha anche dichiarato:

"Al Presidente vengono dati poteri assoluti (che la Costituzione degli Stati Uniti non concede), per portare in qualsiasi momento, e con qualsiasi pretesto, i nostri figli e le nostre figlie dalle loro case per combattere e morire in battaglia, non solo per il periodo di tempo che egli può scegliere, ma anche per il periodo di tempo che i membri di maggioranza dell'organizzazione internazionale possono scegliere. Tenete presente che gli Stati Uniti saranno in minoranza, per cui le politiche relative alla durata della permanenza dei nostri soldati in Paesi stranieri in qualsiasi guerra futura saranno più una questione di nazioni straniere che della nostra...".

I timori di Smith si sono rivelati corretti, perché è proprio quello che ha fatto il presidente Bush quando ha portato via i nostri figli e le nostre figlie dalle loro case e li ha mandati a combattere nella Guerra del Golfo sotto la copertura delle Nazioni Unite, un organismo mondiale che non ha alcuna sovranità. La differenza tra un trattato (che è ciò che i documenti approvati dal Senato nel 1945 dovevano essere) e un accordo è che un trattato richiede la sovranità, mentre un accordo no.

Nel 1945, il Senato degli Stati Uniti ha discusso per soli tre giorni - se così si può chiamare il dibattito sui trattati. Come tutti sappiamo, i trattati hanno una storia millenaria e il Senato non poteva, e non ha esaminato la Carta delle Nazioni Unite con tutte le sue risorse. Il Dipartimento di Stato americano ha inviato i suoi personaggi più subdoli per mentire e confondere i senatori. Un buon esempio di ciò è stata la testimonianza del defunto John Foster Dulles, uno dei 13 principali Illuminati americani, membro del Comitato dei 300 e di un governo mondialista per loro volere.

Dulles e la sua squadra, scelti dal Comitato dei 300, furono istruiti a sovvertire il Senato e a confonderlo completamente, la maggior parte dei quali non aveva familiarità con la Costituzione, come la testimonianza del Congressional Record rende abbastanza chiaro. Dulles era un uomo disonesto, che mentiva apertamente e si tirava indietro quando pensava di poter essere colto in fallo. Una performance assolutamente infida e perfida.

Dulles aveva il sostegno del senatore W. Lucas, l'agente dei banchieri insediato al Senato. Ecco cosa ha detto il senatore Lucas a nome dei suoi padroni, i banchieri di Wall Street:

> "... Mi sento molto forte su questo punto (la Carta delle Nazioni Unite), perché ora è il momento per i senatori di determinare il significato della Carta. Non dobbiamo aspettare un anno, o un anno e mezzo, quando le condizioni sono diverse (dall'immediato dopoguerra). Non voglio che un senatore ritiri il suo giudizio prima di un anno e mezzo da oggi...".

Chiaramente, questa tacita ammissione da parte del senatore Lucas implicava che il Senato, per prendere in considerazione in modo adeguato la Carta delle Nazioni Unite, avrebbe impiegato almeno diciotto mesi. Era anche un'ammissione che se i documenti fossero stati presi in considerazione, il trattato sarebbe stato respinto.

Perché questa fretta indecorosa? Se il buon senso avesse prevalso, se i senatori avessero fatto i loro compiti, avrebbero visto che ci sarebbe voluto almeno un anno, e probabilmente due, per studiare adeguatamente la carta che era stata presentata loro e per votarla. Se i senatori del 1945 lo avessero fatto, migliaia di militari sarebbero ancora vivi oggi invece di aver sacrificato la loro vita per questo organismo non sovrano chiamato Nazioni Unite.

Per quanto scioccante possa sembrare la verità, la dura realtà è che la guerra di Corea è stata una guerra incostituzionale combattuta per conto di un organismo non sovrano. Quindi i nostri coraggiosi soldati non sono morti per il loro Paese. Lo stesso vale per la Guerra del Golfo. Ci saranno molte altre "guerre di Corea"; la guerra del Golfo e la Somalia sono ripensamenti del fallimento del Senato statunitense nel respingere il trattato ONU nel 1945. Gli Stati Uniti sono stati coinvolti in molte guerre incostituzionali per questo motivo.

Nella sua opera fondamentale sul diritto costituzionale, il giudice Thomas M. Cooley ha scritto:

> "La Costituzione stessa non cede mai a un trattato o a un atto legislativo. Non cambia con i tempi, né si piega, in teoria, alla forza delle circostanze... Il Congresso deriva i suoi poteri di legiferare dalla Costituzione, che è la misura della sua autorità. La Costituzione non impone alcuna restrizione al potere, ma è soggetta a restrizioni implicite che nulla può essere fatto sotto la Costituzione del Paese o privare qualsiasi dipartimento del governo o qualsiasi Stato della sua autorità costituzionale - il Congresso e il Senato, in un trattato, non possono dare sostanza a un trattato più grande di loro, o al potere delegato del Senato e della Camera dei Rappresentanti."

Il professor Hermann von Hoist, nella sua monumentale opera,

Constitutional Law of the United States, ha scritto

"Per quanto riguarda l'estensione di un potere di trattato, la Costituzione tace (cioè è riservato - vietato), ma è chiaro che non può essere illimitato. Il potere esiste solo in virtù della Costituzione, e qualsiasi trattato che sia in contrasto con una disposizione della Costituzione è quindi inammissibile e, secondo il diritto costituzionale, ipso facto nullo".

Il trattato delle Nazioni Unite viola almeno una dozzina di disposizioni della Costituzione e, poiché un "trattato" non può scavalcare la Costituzione, ogni sua risoluzione del Consiglio di Sicurezza è nulla per quanto riguarda gli Stati Uniti. Ciò include la nostra presunta appartenenza a questa organizzazione parassitaria. Gli Stati Uniti non sono mai stati membri delle Nazioni Unite, non lo sono oggi e non potranno mai esserlo a meno che il popolo non accetti di far emendare la Costituzione dal Senato e di farla ratificare da tutti gli Stati, per consentire l'adesione alle Nazioni Unite.

Esiste un gran numero di casi in cui la giurisprudenza sostiene questa affermazione. Poiché non è possibile includerli tutti in questa sede, citerò i tre casi in cui questo principio è stato stabilito: Cherokee Tobacco contro gli Stati Uniti, Whitney contro Robertson e Godfrey contro Riggs (133 U.S., 256).

Per riassumere la nostra posizione sull'adesione all'ONU, noi, popolo sovrano degli Stati Uniti, non siamo obbligati a obbedire alle risoluzioni dell'ONU perché la promulgazione della Carta dell'ONU da parte del Senato, che ha preteso di allineare la Costituzione al diritto dell'ONU, è in conflitto con le disposizioni della Costituzione ed è quindi, ipso facto, nulla.

Nel 1945, i senatori furono ingannati nel credere che un trattato avesse poteri superiori alla Costituzione. Evidentemente, i senatori non avevano letto ciò che Thomas Jefferson aveva da dire;

"Considerare il potere di stipulare trattati come illimitato significa rendere la Costituzione un pezzo di carta bianca per costruzione. "

Se i senatori del 1945 si fossero preoccupati di leggere le ampie informazioni contenute nel Congressional Record sulla stipula di trattati e accordi, non avrebbero agito nell'ignoranza approvando la Carta delle Nazioni Unite.

Le Nazioni Unite sono in realtà un organismo governativo mondialista creato allo scopo di distruggere la Costituzione degli Stati Uniti - che è chiaramente l'intenzione dei suoi autori originali, i fabianisti Sydney e Beatrice Webb, il dottor Leo Posvolsky e Leonard Woolf. Una buona fonte di conferma di quanto sopra si trova in *Fabian Freeway, High Road to Socialism in the U.S.* di Rose Martin.

Le basi del complotto socialista per sovvertire gli Stati Uniti si trovano in giornali come il *New Statesman* e la *New Republic*. Entrambi i documenti sono stati pubblicati intorno al 1915 e le copie si trovavano al British Museum di Londra quando studiavo lì. Nel 1916, *Brentanos* di New York pubblicò lo stesso materiale con il titolo: "International Government", accompagnato da elogi da parte dei socialisti americani di ogni genere.

La Carta delle Nazioni Unite è stata davvero scritta dai traditori Alger Hiss, Molotov e Posvolsky? Le prove del contrario abbondano, ma in sostanza è successo che la RIIA ha preso il documento fabiano-socialista di Beatrice Webb e l'ha inviato al Presidente Wilson affinché le sue disposizioni fossero inserite nella legge statunitense. Il documento non fu letto dal Presidente Wilson, ma consegnato al Colonnello House per un'azione immediata. Wilson, e tutti i presidenti dopo di lui, hanno sempre agito con alacrità quando si sono rivolti ai nostri padroni britannici a Chatham House. Il colonnello House si ritirò nella sua residenza estiva, "Magnolia", nel Massachusetts, il 13 e 14 luglio 1918, con l'aiuto del professor David H. Miller, del Gruppo Investigativo. Miller, dell'Harvard Survey, di elaborare le proposte britanniche per un organismo di governo mondiale unificato.

House tornò a Washington con una proposta di 23 articoli, che il Ministero degli Esteri britannico accettò come base per la Società delle Nazioni. Questo non è stato altro che un tentativo di sovvertire la Costituzione americana. La bozza "House" fu trasmessa al governo britannico per l'approvazione e poi ridotta a 14 articoli.

Da qui nacquero i "14 punti" di Wilson, in realtà non di Wilson ma del governo britannico, coadiuvato dal socialista Walter Lippman, che divennero poi la base di un documento presentato alla Conferenza di pace di Parigi (quando si parla di società segrete sovversive, va notato che la parola "pace" è usata in senso strettamente comunista-socialista).

Se i senatori avessero fatto i compiti a casa nel 1945, avrebbero subito scoperto che il trattato ONU non era altro che una versione riscaldata del documento socialista ideato dai Fabiani britannici e sostenuto dai loro cugini americani. Questo avrebbe fatto scattare un campanello d'allarme. Se i senatori avessero scoperto chi erano in realtà gli infidi redattori della Società delle Nazioni, avrebbero certamente respinto il documento senza esitazione.

È chiaro che i senatori non sapevano cosa stavano guardando, a giudicare dalle osservazioni del senatore Harold A. Burton: "I senatori non erano consapevoli di ciò che stavano guardando. Burton:

> "Abbiamo di nuovo la possibilità di recuperare e stabilire, non una Società delle Nazioni, ma l'attuale Carta delle Nazioni Unite, anche se l'80% delle sue disposizioni (nella Carta delle Nazioni Unite) sono, in sostanza, le stesse della Società delle Nazioni del 1919...".

Se i senatori avessero letto il *Congressional Record* sulla Società delle Nazioni, in particolare le pagine 8175-8191, avrebbero trovato conferma dell'affermazione del senatore Burton secondo cui la Carta delle Nazioni Unite non era altro che una Carta della Società delle Nazioni rinnovata. I loro sospetti avrebbero dovuto essere suscitati dal fatto che la Società delle Nazioni avesse trasferito i suoi beni alla proposta di Nazioni Unite. Avrebbero anche notato che il compito di rimodellare la versione moderna della Società delle Nazioni è stato svolto da un gruppo di persone dissolute e prive di interesse per il benessere degli Stati Uniti: Alger Hiss, il cui mentore era il demolitore della Costituzione,

Felix Frankfurter, Leo Posvolsky, e dietro di loro i banchieri internazionali personificati dai Rothschild, dai Warburg e dai Rockefeller.

L'ex deputato John Rarick ha detto bene quando ha definito le Nazioni Unite una "creatura del governo invisibile". Se i senatori avessero solo esaminato la storia della rinnovata Società delle Nazioni, avrebbero scoperto che è stata resuscitata a Chatham House e che nel 1941 è stata inviata con le istruzioni del RIIA a Cordell Hull, Segretario di Stato (scelto dal Council on Foreign Relations, come tutti i Segretari di Stato dal 1919), che ne ha ordinato l'attivazione.

Il momento era perfetto, 14 giorni dopo Pearl Harbor, quando i nostri padroni britannici ritenevano che non avrebbe ricevuto molta attenzione da parte dell'opinione pubblica e che in ogni caso, dopo l'orrore di Pearl Harbor, l'opinione pubblica sarebbe stata favorevole. Così il 22 dicembre 1941, su richiesta dei banchieri internazionali del Comitato dei 300, Cordell Hull fu incaricato di informare il Presidente Roosevelt del suo ruolo nella presentazione della versione "nuova e migliorata" della Società delle Nazioni.

L'organizzazione sorella del RIIA, il Council on Foreign Relations (CFR), raccomandò a Roosevelt di ordinare immediatamente la creazione di un comitato consultivo presidenziale sulla politica estera del dopoguerra. Ecco come il CFR ha raccomandato le azioni da intraprendere:

> "Che la Carta delle Nazioni Unite diventi la legge suprema della terra e che i giudici di ogni Stato siano vincolati da essa, nonostante qualsiasi disposizione contraria nella costituzione di qualsiasi Stato".

Quello che i senatori avrebbero scoperto nel 1945, se si fossero presi la briga di guardare, era che la direttiva del CFR equivaleva a un tradimento, che non avrebbero potuto approvare senza violare il loro giuramento di sostenere la Costituzione. Avrebbero scoperto che nel 1905 un gruppo di banchieri internazionali credeva di poter sovvertire la Costituzione utilizzando un organismo mondiale come veicolo, e che la direttiva del CFR era semplicemente parte di quel processo in corso.

Un trattato non può essere legalmente superiore alla Costituzione, eppure il trattato ONU ha avuto la precedenza sulla Costituzione. La Costituzione, o parte di essa, non può essere semplicemente abrogata dal Congresso, ma un trattato può essere annullato o demolito. Secondo la Costituzione, un trattato è semplicemente una legge che può essere abrogata dal Congresso in due modi:

(1) Approvare una legge che abroghi il trattato.

(2) Tagliare i fondi del trattato.

Per evitare tali abusi di potere, noi, popolo sovrano, dobbiamo chiedere al nostro governo di tagliare i finanziamenti alle Nazioni Unite, che sono spesso espressi come "quote". Il Congresso deve approvare una legge di abilitazione per finanziare tutti gli obblighi degli Stati Uniti, ma è chiaramente illegale che il Congresso approvi finanziamenti di abilitazione per uno scopo illegale, come la nostra cosiddetta adesione alle Nazioni Unite, che si è posta al di sopra della Costituzione. Se i senatori del 1945 avessero fatto le dovute ricerche e non avessero permesso a Dulles di imbrogliare, mentire, insabbiare, ingannare e fuorviare, avrebbero trovato il seguente scambio di battute tra il senatore Henry M. Teller e il senatore James B. Allen e ne ha approfittato. Ecco uno scambio eloquente tra due senatori:

Il senatore Teller: "Non ci può essere alcun trattato che vincoli il governo degli Stati Uniti per quanto riguarda la riscossione delle entrate.

Senatore Allen: "Molto bene. Questo, per sua natura, è del tutto nazionale e non può essere oggetto di un trattato".

Senatore Teller: "Non è perché si tratta di una questione interna; è perché la Costituzione ha posto questa materia nelle mani esclusive del Congresso".

Senatore Allen: "No, signor Presidente, non necessariamente, perché la riscossione delle entrate è una questione puramente nazionale. È la base della vita della nazione e deve essere esercitata dal solo governo, senza il consenso o la partecipazione di alcuna potenza straniera (o organismo mondiale)...".

Un trattato non è la legge suprema del Paese. È solo una legge, e nemmeno sicura. Qualsiasi trattato che metta a rischio la Costituzione è ipso facto immediatamente nullo. Inoltre, un trattato può essere infranto. Questo è ben stabilito dal "Droit des gens" di Vattel, a pagina 194:

"Nell'anno 1506, gli Estati Generali del Regno di Francia riuniti a Tores impegnarono Luigi XII a rompere un trattato che aveva concluso con l'imperatore Massimiliano e l'arciduca Filippo, suo figlio, perché questo trattato era pernicioso per il regno. Decisero inoltre che né il trattato né il giuramento che lo accompagnava potevano vincolare il regno, che non aveva il diritto di alienare i beni della corona".

Certamente il trattato ONU è distruttivo per la sicurezza nazionale e il benessere degli Stati Uniti. Nella misura in cui un emendamento costituzionale, necessario perché gli Stati Uniti siano membri delle Nazioni Unite, non è stato adottato e accettato da tutti i 50 Stati, non siamo membri delle Nazioni Unite. Tale emendamento avrebbe sottratto al Congresso il diritto di dichiarare la guerra e avrebbe posto la dichiarazione di guerra nelle mani delle Nazioni Unite a un livello superiore a quello della Costituzione, ponendo l'esercito americano sotto il controllo e il comando delle Nazioni Unite.

Inoltre, sarebbe necessario un emendamento alla Costituzione per includere una dichiarazione di guerra delle Nazioni Unite e degli Stati Uniti nello stesso documento, o anche solo per essere associati ad essa, direttamente o implicitamente. Solo su questo punto le Nazioni Unite minacciano la sicurezza della Costituzione e quindi, solo su questo punto, la nostra adesione alle Nazioni Unite è decisamente nulla e non dovrebbe essere consentita. Il senatore Langer, uno dei due senatori che votarono contro la Carta delle Nazioni Unite, nel luglio 1945 avvertì i suoi colleghi che il trattato era pericoloso per l'America.

Il defunto rappresentante degli Stati Uniti Larry McDonald ha esposto in modo esauriente la sedizione di massa e il tradimento del trattato delle Nazioni Unite, come riportato nel Congressional Record, Extension of Remarks, del 27 gennaio 1982, con il titolo "Get Us Out:

> "Le Nazioni Unite, negli ultimi tre decenni e mezzo, sono state impegnate in una gigantesca cospirazione senza regole, per lo più a spese dei contribuenti americani, per asservire la nostra Repubblica a un governo mondiale dominato dall'Unione Sovietica e dal suo Terzo Mondo. Stufi di questa cospirazione a ruota libera, un numero sempre maggiore di funzionari pubblici responsabili e di cittadini riflessivi è pronto a dimettersi..."

McDonald aveva ragione, ma negli ultimi due anni abbiamo assistito a un netto cambiamento nel modo in cui le Nazioni Unite sono gestite principalmente da Gran Bretagna e Stati Uniti, e torneremo su questo punto a tempo debito. Sotto il Presidente Bush, c'era un chiaro desiderio di rimanere nelle Nazioni Unite, in quanto si adattava al suo stile politico e alle sue aspirazioni reali.

Nel 1945, stufi della guerra, i senatori pensarono che le Nazioni Unite sarebbero state un modo per porre fine alle guerre. Non sapevano che lo scopo delle Nazioni Unite era esattamente l'opposto. Oggi sappiamo che solo cinque senatori lessero effettivamente la carta redatta da Alger Hiss prima di votare a favore del trattato.

L'obiettivo delle Nazioni Unite, o meglio, l'obiettivo degli uomini dietro le Nazioni Unite non è la pace, nemmeno nel senso comunista del termine.

Si tratta infatti di una rivoluzione mondiale, del rovesciamento del buon governo e del buon ordine e della distruzione della religione stabilita. Il socialismo e il comunismo non sono necessariamente il fine in sé, ma solo il mezzo per raggiungere un fine. Il caos economico che viene ora perpetrato contro gli Stati Uniti è un mezzo molto più potente per raggiungere questo scopo.

La rivoluzione mondiale, di cui le Nazioni Unite sono parte integrante, è tutta un'altra cosa; il suo obiettivo è quello di rovesciare completamente i valori morali e spirituali di cui le nazioni occidentali hanno goduto per secoli. Come parte di questo obiettivo, la leadership cristiana deve necessariamente essere distrutta, e questo è già stato ampiamente realizzato collocando falsi leader in luoghi dove esercitano una notevole influenza. Billy Graham e Robert S. Schuler sono due buoni esempi di cosiddetti leader cristiani che non lo sono. Gran parte di questo programma rivoluzionario fu confermato da Franklin D. Roosevelt nel suo libro *Our Way*.

Se si legge tra le righe dell'infida e sediziosa Carta delle Nazioni Unite, si scopre che molti degli obiettivi descritti nei paragrafi precedenti sono impliciti e, in alcuni casi, persino espliciti nel pernicioso "trattato" che, se il popolo non lo rovescia, calpesterà la nostra Costituzione e ci renderà schiavi di una dittatura selvaggia e repressiva sotto un governo mondialista.

In breve, gli obiettivi della rivoluzione spirituale e morale globale che sta imperversando - e in nessun luogo come negli Stati Uniti - sono i seguenti:

(1) La distruzione della civiltà occidentale.

(2) Scioglimento del governo legale

(3) Distruzione del nazionalismo e, con esso, dell'ideale del patriottismo.

(4) Portare il popolo degli Stati Uniti alla scarsità attraverso tasse progressive sul reddito, tasse sulla proprietà, tasse di successione, tasse sulle vendite e così via, fino alla nausea.

(5) L'abolizione del diritto divino alla proprietà privata attraverso la tassazione della proprietà e la crescente tassazione delle eredità. (Il Presidente Clinton ha già fatto un grande passo in questa direzione).

(6) Distruzione dell'unità familiare attraverso il "libero amore", l'aborto, il lesbismo e l'omosessualità. (Anche in questo caso, il Presidente Clinton si è collocato saldamente dietro questi

obiettivi rivoluzionari, distruggendo ogni dubbio sulla sua posizione rispetto alle forze della rivoluzione mondiale).

Il Comitato dei 300 si avvale di un gran numero di esperti che vorrebbero farci credere che si stanno verificando cambiamenti seriamente pericolosi e spesso dirompenti a causa dei "tempi che cambiano", come se la loro direzione potesse cambiare senza che qualche forza li imponga. Il Comitato ha un gran numero di "insegnanti" e "leader" il cui unico compito nella vita è quello di ingannare il maggior numero possibile di persone facendogli credere che i grandi cambiamenti "semplicemente accadono" e quindi, naturalmente, devono essere accettati.

A tal fine, questi "leader", che sono all'avanguardia nella realizzazione dei "programmi sociali" del Manifesto Comunista, hanno abilmente impiegato i metodi dell'Istituto Tavistock per le Relazioni Umane, come il "condizionamento direzionale interno" e la "Ricerca Operativa", per farci accettare i cambiamenti come se fossero le nostre stesse idee.

Un esame critico della Carta delle Nazioni Unite mostra che essa differisce solo leggermente dal Manifesto comunista del 1848, una copia integrale e inalterata del quale si trova al British Museum di Londra. Contiene un estratto del manifesto, presumibilmente opera di Karl Marx (l'ebreo Mordechai Levy) e Friedrich Engels, ma in realtà scritto da membri degli Illuminati, che sono ancora oggi molto attivi attraverso i loro 13 membri principali del consiglio negli Stati Uniti.

Nel 1945, nessuna di queste informazioni vitali fu vista dai senatori, che si affrettarono a firmare questo pericoloso documento. Se i nostri legislatori conoscessero la Costituzione, se la nostra Corte Suprema la facesse rispettare, allora saremmo in grado di riecheggiare le parole del defunto senatore Sam Ervin, un grande studioso della Costituzione, così ammirato dai liberali per il suo lavoro sul Watergate: "Non c'è modo di aderire alle Nazioni Unite" e costringere i nostri legislatori a riconoscere il fatto che la Costituzione degli Stati Uniti è suprema su qualsiasi trattato.

Le Nazioni Unite sono un organo di guerra. Si sforza di mettere il potere nelle mani dell'esecutivo invece che in quelle del legislatore. Prendiamo ad esempio la Guerra di Corea e la Guerra del Golfo. Nella Guerra del Golfo, le Nazioni Unite, e non il Senato e la Camera, hanno dato al Presidente Bush l'autorità di entrare in guerra con l'Iraq, permettendogli di usare la dichiarazione di guerra costituzionalmente prevista come mezzo per aggirarla. Il presidente Harry Truman invocò lo stesso potere non autorizzato per iniziare la guerra di Corea.

Se noi, popolo sovrano, continuiamo a credere che gli Stati Uniti siano un membro legale delle Nazioni Unite, dobbiamo essere pronti a nuove azioni illegali da parte dei nostri presidenti, come abbiamo visto nell'invasione di Panama e nella Guerra del Golfo. Agendo sotto la copertura delle risoluzioni del Consiglio di Sicurezza, il Presidente degli Stati Uniti può assumere i poteri di un re o di un dittatore. Tali poteri sono espressamente vietati dalla Costituzione.

In virtù dei poteri conferitigli dalle risoluzioni del Consiglio di Sicurezza delle Nazioni Unite, il Presidente potrà trascinarci in qualsiasi guerra futura decida di combattere. Le basi per questo metodo di sabotaggio delle procedure costituzionalmente previste per la dichiarazione di guerra sono state sperimentate e messe in atto nei giorni precedenti la Guerra del Golfo, che senza dubbio verrà utilizzata per sempre come precedente per future guerre non dichiarate, come parte della strategia di guerra. Le guerre producono cambiamenti profondi che non possono essere raggiunti con la diplomazia.

Per essere assolutamente chiari sulle procedure stabilite dalla Costituzione che devono essere seguite PRIMA che gli Stati Uniti possano essere impegnati in una guerra, esaminiamole:

(1)   Il Senato e la Camera devono approvare risoluzioni separate che dichiarino l'esistenza di uno stato di belligeranza tra gli Stati Uniti e l'altra nazione. A questo proposito, dobbiamo studiare la parola "belligerante", perché senza "belligeranza" non ci può essere l'intenzione di andare in guerra...

ᵃᵃᵃᵃᵃᵃᵃᵃᵃᵃᵃᵃᵃᵃᵃ

---

(2) La Camera e il Senato devono quindi approvare separatamente e individualmente le risoluzioni che dichiarano l'esistenza di uno stato di guerra tra i belligeranti, una o più nazioni, e gli Stati Uniti. L'America viene così ufficialmente avvertita che sta per entrare in guerra.

(3) La Camera e il Senato devono quindi approvare risoluzioni individuali e separate per informare le forze armate che gli Stati Uniti sono ora in guerra con la nazione o le nazioni belligeranti.

(4) La Camera e il Senato devono poi decidere se la guerra debba essere una guerra "imperfetta" o "perfetta". Una guerra imperfetta significa che solo un ramo dell'esercito può essere coinvolto, mentre una guerra perfetta significa che ogni uomo, donna e bambino degli Stati Uniti è in guerra pubblica con ogni uomo, donna e bambino dell'altra o delle altre nazioni. In quest'ultimo caso, sono impegnati tutti i rami delle forze armate.

Se il Presidente non ottiene una dichiarazione di guerra costituzionale dal Congresso, tutti i militari statunitensi inviati a combattere la guerra non dichiarata devono rientrare negli Stati Uniti entro 60 giorni dalla data di invio (questa disposizione di vitale importanza è diventata per lo più nulla). È facile vedere come la Costituzione sia stata dirottata dal Presidente Bush; le nostre forze armate sono ancora in guerra con l'Iraq e vengono ancora utilizzate per far rispettare un blocco illegale delle Nazioni Unite. Se avessimo un governo che rispettasse davvero la Costituzione, la Guerra del Golfo non sarebbe mai avvenuta e le nostre truppe non sarebbero ora in Medio Oriente e nemmeno in Somalia.

Queste misure di dichiarazione di guerra sono state concepite specificamente per evitare che gli Stati Uniti entrino in guerra in modo precipitoso, motivo per cui il Presidente Bush ha aggirato la Costituzione per farci entrare nella Guerra del Golfo. Né le Nazioni Unite hanno l'autorità di imporre agli Stati Uniti una regola che ci dica di obbedire a un blocco economico dell'Iraq o di qualsiasi altra nazione - perché le Nazioni Unite non hanno sovranità. Ci occuperemo della Guerra del Golfo nei capitoli successivi.

Questi poteri, che non sono conferiti al presidente ma al ramo legislativo de facto, rendono le Nazioni Unite l'organismo più potente del mondo attraverso le risoluzioni del Consiglio di Sicurezza. Da quando abbiamo abbandonato la forma di neutralità di Jefferson, siamo stati governati da una serie di vagabondi dopo l'altra che hanno saccheggiato l'America a piacimento e continuano a farlo. Fu Thomas Jefferson a lanciare un severo avvertimento, che i nostri agenti al Congresso hanno allegramente ignorato, sul fatto che l'America sarebbe stata distrutta da accordi segreti con governi stranieri con il desiderio di dividere e governare il popolo americano, in modo da servire gli interessi dei governi stranieri prima dei bisogni del nostro popolo.

Gli aiuti all'estero non sono altro che un programma per derubare e saccheggiare i paesi delle loro risorse naturali e per consegnare il denaro dei contribuenti americani ai dittatori di quei paesi, in modo che il Comitato dei 300 possa raccogliere osceni benefici da questo saccheggio illegale, mentre il popolo americano, che non è migliore degli schiavi dei faraoni egiziani, geme sotto l'enorme peso di contribuire agli "aiuti all'estero". Nel capitolo sugli assassinii, abbiamo citato il Congo belga come buon esempio di ciò che intendiamo. Il Congo belga era ovviamente gestito a beneficio del Comitato dei 300, non del popolo congolese.

Le Nazioni Unite utilizzano gli aiuti esteri come mezzo per saccheggiare le risorse delle nazioni sovrane. Nessun pirata o ladro è mai stato così bravo. Persino Kubla Kahn non fu fortunato come i Rothschild, i Rockefeller, i Warburg e i loro simili. Se una nazione è timida nel consegnare le proprie risorse naturali, come nel caso del Congo, che ha cercato di proteggersi dalla predazione straniera, le truppe dell'ONU entrano per "costringerla ad adeguarsi", anche a costo di uccidere i civili, cosa che le truppe dell'ONU hanno fatto al Congo spodestando e uccidendo il suo leader, come nel caso di Patrice Lumumba. L'attuale tentativo di assassinare il Presidente iracheno Hussein è un altro esempio di come le Nazioni Unite sovvertano la legge americana e le leggi delle nazioni indipendenti.

La questione è quanto a lungo noi, popolo sovrano, continueremo a tollerare la nostra appartenenza illegale a questa organizzazione governativa mondialista. Solo noi, il popolo sovrano, possiamo ordinare ai nostri agenti, ai nostri servitori, alla Camera e al Senato, di revocare immediatamente la nostra adesione a un organismo mondiale, che è dannoso per il benessere degli Stati Uniti d'America.

II. La brutale e illegale Guerra del Golfo

L a più recente delle guerre combattute con il pretesto della Guerra del Golfo si distingue dalle altre per il fatto che il Comitato dei 300, il Consiglio per le Relazioni Estere, gli Illuminati e i Bilderberger non hanno coperto adeguatamente le loro tracce durante il percorso verso la guerra. La Guerra del Golfo è quindi una delle guerre più facili da ricondurre a Chatham House e Harold Pratt House e, fortunatamente per noi, una delle più facili da dimostrare.

La Guerra del Golfo deve essere vista come un elemento unico della strategia complessiva del Comitato dei 300 nei confronti degli Stati islamici produttori di petrolio del Medio Oriente. In questa sede è possibile fornire solo una breve panoramica storica. È fondamentale conoscere la verità e liberarsi dalla propaganda degli opinionisti di Madison Avenue, noti anche come "agenzie pubblicitarie".

Gli imperialisti britannici, aiutati dai loro cugini americani, hanno iniziato ad attuare i loro piani per prendere il controllo di tutto il petrolio del Medio Oriente a emetà del 1900. L'illegale Guerra del Golfo era parte integrante di questo piano. Dico illegale perché, come spiegato nei capitoli dedicati alle Nazioni Unite, solo il Congresso può dichiarare guerra, come stabilito dall'Articolo I, Sezione 8, Clausole 1, 11, 12, 13, 14, 15 e 18 della Costituzione degli Stati Uniti. Henry Clay, un'autorità riconosciuta della Costituzione, lo ha detto in diverse occasioni.

Nessun funzionario eletto può scavalcare le disposizioni della Costituzione e sia l'ex Segretario di Stato James Baker III che il Presidente George Bush avrebbero dovuto essere sottoposti a impeachment per aver violato la Costituzione. Una fonte dei servizi segreti britannici mi ha riferito che quando Baker incontrò la Regina Elisabetta II a Buckingham Palace, si vantò di aver aggirato la Costituzione e poi, in presenza della Regina, rimproverò Edward Heath per essersi opposto alla guerra. Edward Heath, ex primo ministro britannico, è stato licenziato dal Comitato dei 300 per non aver sostenuto la politica di unità europea e per la sua forte opposizione alla Guerra del Golfo.

Baker ha fatto notare alla riunione dei capi di Stato e dei diplomatici che ha respinto i tentativi di fargli discutere le questioni costituzionali. Baker si è anche vantato di come le sue minacce contro la nazione irachena siano state messe in atto, e la Regina Elisabetta II ha annuito in segno di assenso. È evidente che Baker e il Presidente Bush, anch'egli presente all'incontro, hanno anteposto la loro lealtà al governo mondialista al giuramento fatto di sostenere la Costituzione degli Stati Uniti.

La terra d'Arabia esiste da migliaia di anni ed è sempre stata conosciuta come Arabia. Questa terra era legata agli eventi in Turchia, Persia (oggi Iran) e Iraq attraverso le famiglie Wahabi e Abdul Aziz. Nel 15ème secolo, gli inglesi, sotto la guida dei banchieri rapinatori veneziani dei Guelfi della Nobiltà Nera, videro l'opportunità di stabilirsi in Arabia, dove si scontrarono con la tribù dei Koreish, la tribù del Profeta Maometto, figlio postumo dell'Hashemita Abdullah, da cui provenivano le dinastie Fatimide e Abbaside.

La Guerra del Golfo fu un'estensione dei tentativi del Comitato dei 300 di distruggere gli eredi di Maometto e il popolo hashemita in Iraq. I governanti dell'Arabia Saudita sono odiati e disprezzati da tutti i veri seguaci dell'Islam, soprattutto da quando hanno permesso agli "infedeli" (le truppe statunitensi) di stazionare nella terra del profeta Maometto.

Gli articoli essenziali della religione musulmana consistono nella fede in un unico Dio (Allah), nei suoi angeli e nel suo profeta Muhammad, l'ultimo dei profeti, e nella fede nella sua opera rivelata, il Corano; nella fede nel Giorno della Resurrezione e nella predestinazione degli uomini da parte di Dio. I sei doveri fondamentali dei credenti sono la recita della professione di fede, che attesta l'unicità di Dio e la ferma accettazione della missione di Maometto; cinque preghiere quotidiane; il digiuno totale durante il mese di Ramadan; il pellegrinaggio alla Mecca almeno una volta nella vita.

L'adesione rigorosa ai principi fondamentali della religione musulmana fa di una persona un fondamentalista, cosa che le famiglie wahabite e Abdul Aziz (la famiglia reale saudita) non sono. La famiglia reale saudita si è lentamente ma inesorabilmente allontanata dal fondamentalismo, il che non l'ha resa popolare presso i Paesi islamici fondamentalisti come l'Iraq e l'Iran, che ora la accusano di aver reso possibile la Guerra del Golfo. Saltando secoli di storia, arriviamo al 1463, quando una grande guerra, istigata e pianificata dai banchieri veneziani della Guelfa Nera, scoppia nell'Impero Ottomano. I guelfi veneziani (imparentati direttamente con la regina Elisabetta II d'Inghilterra) avevano ingannato i turchi facendogli credere di essere amici e alleati, ma gli ottomani avrebbero imparato un'amara lezione.

Per comprendere questo periodo, è necessario sapere che la nobiltà nera inglese è sinonimo di nobiltà nera veneziana. Sotto la guida di Maometto il Conquistatore, i Veneziani furono cacciati dall'attuale Turchia. Il ruolo di Venezia nella storia del mondo è stato volutamente e grossolanamente sottovalutato. La sua influenza è oggi sottovalutata, così come il ruolo svolto nella rivoluzione bolscevica, nelle due guerre mondiali e nella Guerra del Golfo. Gli Ottomani furono traditi dagli inglesi e dai veneziani, che "vennero come amici, ma tennero un pugnale nascosto dietro la schiena", come si racconta. Questa è una delle prime incursioni nel mondo della guerra. George Bush l'ha replicato con grande successo proponendosi come amico del popolo arabo.

Grazie all'intervento britannico, i turchi furono cacciati dalle porte di Venezia e la presenza araba si stabilì saldamente nella penisola. Gli inglesi utilizzarono gli arabi sotto la guida del colonnello Thomas E. Lawrence per abbattere l'Impero Ottomano, prima di tradirli e creare lo Stato sionista di Israele con la Dichiarazione Balfour. Questo è un buon esempio di doppiezza diplomatica. Dal 1909 al 1915, il governo britannico si servì di Lawrence per guidare le forze arabe a combattere i turchi e a scacciarli dalla Palestina. Il vuoto lasciato dai turchi fu colmato dagli immigrati ebrei che si riversarono in Palestina secondo i termini della Dichiarazione Balfour.

Il governo britannico continuò il suo inganno spostando le truppe britanniche nel Sinai e in Palestina. Sir Archibald Murray assicurò a Lawrence che ciò serviva a prevenire l'immigrazione ebraica in base alla Dichiarazione Balfour firmata da Lord Rothschild, un importante membro degli Illuminati.

I termini in base ai quali gli arabi accettarono di intervenire nel conflitto con gli Ottomani (ai quali la nobiltà nera britannica aveva giurato fedeltà indiscussa), furono negoziati dallo sceriffo Hussein dell'Hijaz e includevano specificamente una clausola in base alla quale la Gran Bretagna non avrebbe permesso ulteriori immigrazioni di ebrei in Palestina, Transgiordania e Arabia. Hussein fece di questa richiesta il fulcro dell'accordo firmato con il governo britannico.

Naturalmente, il governo britannico non ha mai avuto intenzione di onorare i termini dell'accordo con Hussein, aggiungendo i nomi di altri Paesi alla Palestina per poter dire: "Beh, li abbiamo tenuti fuori da quei Paesi". Questa fu la goccia che fece traboccare il vaso, perché i sionisti non avevano alcun interesse a mandare gli ebrei in altri Paesi del Medio Oriente che non fossero la Palestina.

Il governo britannico ha sempre messo gli Abdul-Aziz e i Wahabiti (la famiglia reale saudita) contro lo sceriffo Hussein, accordandosi segretamente con le due famiglie che pretendevano di riconoscere "ufficialmente" Hussein come re dell'Hijaz (cosa che il governo britannico fece il 15 dicembre 1916). Il governo britannico accettò di sostenere segretamente le due famiglie fornendo loro armi e denaro sufficienti per conquistare le città-stato indipendenti dell'Arabia.

Naturalmente, Hussein non era a conoscenza dell'accordo collaterale e accettò di lanciare un attacco su larga scala contro i turchi. Ciò spinse le famiglie wahabite e Abdul Aziz a formare un esercito e a lanciare una guerra per riportare l'Arabia sotto il loro controllo. Le compagnie petrolifere britanniche riuscirono così a convincere Hussein a combattere i turchi per loro conto, senza volerlo.

Finanziate dalla Gran Bretagna nel 1913 e nel 1927, le armate di Abdul Aziz-Wahabi condussero una sanguinosa campagna contro le città-stato indipendenti dell'Arabia, conquistando l'Hijaz, Jauf e Taif. La città santa hashemita della Mecca fu attaccata il 13 ottobre 1924, costringendo Hussein e suo figlio Ali a fuggire. Il 5 dicembre 1925, Medina si arrese dopo una battaglia particolarmente sanguinosa. Il governo britannico, dimostrando ancora una volta di non conoscere la realtà, non dice ai wahhabiti e ai sauditi che il suo vero obiettivo è la distruzione della santità della Mecca e l'indebolimento generale della religione musulmana, profondamente voluto dagli oligarchi britannici e dai loro cugini veneziani della nobiltà nera.

Il governo britannico non disse nemmeno alle famiglie saudite e wahhabite che erano solo pedine nel gioco per assicurare il petrolio arabo alla Gran Bretagna, di fronte alle rivendicazioni di Italia, Francia, Russia, Turchia e Germania. Il 22 settembre 1932, gli eserciti sauditi e wahhabiti schiacciarono una ribellione nel territorio prevalentemente hashemita della Transgiordania. In seguito, l'Arabia fu ribattezzata Arabia Saudita e doveva essere governata da un re appartenente a entrambe le famiglie. Così, con l'inganno della diplomazia attraverso la menzogna, le compagnie petrolifere britanniche presero il controllo dell'Arabia. Questa sanguinosa campagna è descritta in dettaglio nella mia monografia intitolata "Chi sono i veri re sauditi e sceicchi kuwaitiani? ".

Una volta liberato dalla minaccia ottomana e dal nazionalismo arabo sotto il governo dello sceriffo Hussein, il governo britannico, agendo per conto delle sue compagnie petrolifere, entrò in un nuovo periodo di prosperità. Essi redassero e assicurarono un trattato tra l'Arabia Saudita, come si chiamava ora, e l'Iraq, che divenne la base per tutta una serie di patti interarabi e musulmani, che il governo britannico dichiarò di voler applicare contro l'immigrazione ebraica in Palestina.

Contrariamente a quanto la leadership britannica disse ai partiti arabo-musulmani, la Dichiarazione Balfour, che era già stata negoziata, permetteva agli ebrei non solo di immigrare in Palestina, ma di farne una patria. Questo accordo, dichiarato nei termini di un accordo anglo-francese, poneva la Palestina sotto l'amministrazione internazionale. Questo è ciò che le Nazioni Unite di oggi stanno facendo con la stessa facilità, con Cyrus Vance che sta tagliando la Bosnia-Erzegovina, un Paese riconosciuto dalla comunità internazionale, in piccole enclavi in modo che la Serbia possa prenderle a tempo debito.

Poi, il 2 novembre 1917, l'annuncio pubblico della Dichiarazione Balfour, secondo la quale il governo britannico - e non gli arabi o i palestinesi, di cui era la terra - era favorevole alla creazione della Palestina come patria nazionale per il popolo ebraico. La Gran Bretagna si impegnò a fare tutto il possibile per facilitare il raggiungimento di questo obiettivo, "con la chiara consapevolezza che nulla sarà fatto che possa pregiudicare i diritti civili e religiosi delle comunità non ebraiche esistenti in Palestina".

Un pezzo più audace è difficile da trovare altrove. Si noti che gli abitanti effettivi della Palestina sono stati declassati a "comunità non ebraiche". Si noti anche che la dichiarazione, che in realtà era un proclama, fu firmata da Lord Rothschild, leader dei sionisti britannici, che non era un membro della famiglia reale britannica, né un membro del gabinetto di Balfour, e quindi aveva ancora meno diritto di Balfour di firmare un tale documento.

Il palese tradimento degli arabi fece talmente arrabbiare il colonnello Lawrence che minacciò di denunciare la doppiezza del governo britannico, minaccia che gli sarebbe costata la vita. Lawrence aveva promesso solennemente a Hussein e ai suoi uomini che l'immigrazione ebraica in Palestina non sarebbe continuata. I documenti conservati al British Museum mostrano chiaramente che la promessa fatta da Lawrence allo sceriffo Hussein fu fatta da Sir Archibald Murray e dal generale Edmund

Allenby per conto del governo britannico.

Nel 1917, le truppe britanniche marciarono su Baghdad, segnando l'inizio della fine dell'Impero Ottomano. Per tutto questo periodo, le famiglie wahhabite e saudite furono continuamente rassicurate da Murray che non sarebbe stato permesso agli ebrei di entrare in Arabia e che i pochi ebrei che sarebbero stati autorizzati a immigrare si sarebbero stabiliti solo in Palestina. Il 10 gennaio 1919, gli inglesi si diedero un "mandato" per governare l'Iraq, che divenne legge il 5 maggio 1920. Nessun governo al mondo ha protestato contro l'azione illegale della Gran Bretagna. Sir Percy Cox fu nominato Alto Commissario. Naturalmente, il popolo iracheno non è stato affatto consultato.

Nel 1922, la Società delle Nazioni aveva approvato i termini della Dichiarazione Balfour (Rothschild), che dava al governo britannico il mandato di governare la Palestina e il Paese Hashemita chiamato Transgiordania. Ci si può solo meravigliare dell'audacia del governo britannico e della Società delle Nazioni.

Nel 1880, il governo britannico fece amicizia con un mansueto sceicco arabo di nome Emir Abdullah al Salem Al Sabah. Al Sabah è diventato il loro rappresentante nell'area lungo il confine meridionale dell'Iraq, dove sono stati scoperti i giacimenti di petrolio di Rumaila all'interno del territorio iracheno. La famiglia Al Sabah ha tenuto d'occhio questo ricco deposito mentre il governo iracheno se ne occupava.

Nel 1899 gli inglesi cercarono un altro bottino, gli enormi giacimenti d'oro nelle piccole repubbliche boere del Transvaal e dello Stato Libero di Orange, di cui parleremo nei capitoli successivi. Lo citiamo qui per illustrare la ricerca del Comitato dei 300 di accaparrarsi le risorse naturali delle nazioni quando e dove possibile.

A nome del Comitato dei 300, il 25 novembre 1899 - lo stesso anno in cui i britannici entrarono in guerra con le Repubbliche boere - il governo britannico stipulò un accordo con l'emiro Al Sabah in base al quale le terre che sconfinavano nei giacimenti petroliferi di Rumaila, in Iraq, venivano cedute al governo britannico, anche se la terra era parte integrante dell'Iraq e l'emiro Al Sabah non aveva diritti su di essa.

L'accordo viene firmato dallo sceicco Mubarak Al Sabah, che si reca a Londra in pompa magna con il suo seguito, con tutte le spese pagate dai contribuenti britannici e non dalle compagnie petrolifere britanniche che sono i beneficiari dell'accordo. Il Kuwait divenne di fatto un protettorato britannico non dichiarato. La popolazione locale non ha avuto voce in capitolo nell'insediamento degli Al Sabah, dittatori assoluti che hanno subito dato prova di spietatezza.

Nel 1915, i britannici invasero l'Iraq e occuparono Baghdad in un atto che il presidente George Bush avrebbe definito "aggressione ingiusta", un termine che ha usato per descrivere l'azione dell'Iraq contro il Kuwait per reclamare le terre rubate dalla Gran Bretagna. Il governo britannico istituì un "mandato" autoproclamato, come abbiamo già visto, e il 23 agosto 1921, due mesi dopo essere arrivato a Baghdad, l'autoproclamato Alto Commissario Cox nominò l'ex re Faisal di Siria a capo di un regime fantoccio a Bassora. La Gran Bretagna aveva ora un fantoccio nell'Iraq settentrionale e un altro nell'Iraq meridionale.

Per rafforzare la loro posizione, insoddisfatti del plebiscito palesemente truccato che aveva conferito il mandato agli inglesi, fu ordito un elaborato e sanguinoso complotto. Agenti dei servizi segreti britannici dell'MI6 sono stati inviati a fomentare una rivolta tra i curdi di Mosul. Incoraggiati alla rivolta dal loro leader, lo sceicco Mahmud, organizzarono una grande insurrezione il 18 giugno 1922. Per mesi, agenti dei servizi segreti britannici dell'MI6 hanno detto allo sceicco Mahmud che le sue possibilità di ottenere uno Stato autonomo per i curdi non sarebbero mai state migliori.

Perché l'MI6 ha agito apparentemente contro gli interessi del governo britannico? La risposta sta nella diplomazia della menzogna. Eppure, mentre ai curdi veniva detto che la loro secolare richiesta di uno Stato autonomo stava per diventare realtà, Cox diceva ai leader iracheni a Baghdad che i curdi stavano per ribellarsi. Questo, secondo Cox, era uno dei tanti motivi per cui gli iracheni avevano bisogno di una presenza britannica continua nel Paese. Dopo due anni di combattimenti, i curdi furono sconfitti e i loro leader giustiziati.

Nel 1923, tuttavia, la Gran Bretagna fu costretta da Italia, Francia e Russia a riconoscere un protocollo che concedeva l'indipendenza all'Iraq una volta entrato nella Società delle Nazioni, o almeno entro il 1926. Questo ha fatto arrabbiare la Royal Dutch Shell Co e la British Petroleum, che hanno chiesto ulteriori azioni, temendo di perdere le loro concessioni petrolifere che scadevano nel 1996. Un altro colpo agli imperialisti britannici e alle loro compagnie petrolifere fu l'assegnazione all'Iraq, da parte della Società delle Nazioni, della città di Mosul, ricca di petrolio.

L'MI6 organizzò un'altra rivolta curda da febbraio ad aprile 1925. Sono state fatte false promesse al governo iracheno, con racconti di ciò che sarebbe accaduto se i britannici avessero ritirato la loro protezione dall'Iraq. I curdi sono stati spinti all'insurrezione. L'obiettivo era quello di dimostrare alla Società delle Nazioni che dare Mosul all'Iraq era un errore e che era negativo per il mondo avere un governo "instabile" a capo di un'importante riserva di petrolio. L'altro vantaggio era che i curdi avrebbero probabilmente perso e i loro leader sarebbero stati nuovamente giustiziati. Questa volta, però, il complotto non ha funzionato: la Lega è rimasta ferma sulla sua decisione riguardo a Mosul. Ma la ribellione si risolse nuovamente in una sconfitta per i curdi e nell'esecuzione dei loro leader.

I curdi non hanno mai capito che il loro nemico non era l'Iraq, ma gli interessi petroliferi britannici e americani. Fu Winston Churchill, non gli iracheni, che nel 1929 ordinò alla Royal Air Force di bombardare i villaggi curdi perché i curdi si opponevano agli interessi petroliferi britannici nei giacimenti di Mosul, di cui comprendevano perfettamente il valore.

Nei mesi di aprile, maggio e giugno del 1932 i curdi intrapresero una nuova insurrezione, ispirata e guidata dall'M16, con l'obiettivo di convincere la Società delle Nazioni ad adottare una politica di compromesso sul petrolio di Mosul; il tentativo non ebbe successo e il 3 ottobre 1932 l'Iraq divenne una nazione indipendente con il pieno controllo su Mosul. Le compagnie petrolifere britanniche resistettero per altri 12 anni, finché non furono costrette a lasciare l'Iraq nel 1948.

E anche dopo aver lasciato l'Iraq, i britannici non ritirarono la loro presenza dal Kuwait con la motivazione spuria che non era parte dell'Iraq, ma un Paese separato. Dopo l'assassinio del presidente Kassem, il governo iracheno temeva una nuova rivolta dei curdi, ancora sotto il controllo dei servizi segreti britannici. Il 10 giugno 1963, i curdi di Mustafa al-Barzani minacciarono di muovere guerra a Baghdad, già duramente impegnata a stroncare la minaccia comunista. Il governo iracheno ha concluso un accordo che concede ai curdi una certa autonomia e ha emesso una proclamazione in tal senso.

Incoraggiati dall'intelligence britannica, i curdi ripresero a combattere nell'aprile del 1965, poiché l'Iraq non aveva compiuto alcun progresso nell'attuazione delle disposizioni del proclama del 1963. Il governo di Baghdad accusò la Gran Bretagna di interferire nei suoi affari interni e i disordini curdi continuarono per altri quattro anni. L'11 marzo 1970 i curdi ottennero finalmente l'autonomia. Ma, come in precedenza, solo un numero molto limitato di disposizioni contenute nell'accordo è stato attuato. L'accordo era stato interrotto nel 1923 quando, su insistenza di Turchia, Germania e Francia, si era tenuta una conferenza a Losanna, in Svizzera, sotto gli auspici della Società delle Nazioni.

Il vero motivo della conferenza di Losanna del 1923 fu la scoperta dei giacimenti petroliferi di Mosul, nel nord dell'Iraq. La Turchia ha improvvisamente deciso di avere diritti sui vasti giacimenti di petrolio sotto le terre occupate dai curdi. A questo punto anche l'America è interessata e John D. Rockefeller chiede al presidente Warren Harding di inviare un osservatore. L'osservatore americano ha accettato la situazione illegale del Kuwait. Rockefeller non aveva alcuna intenzione di minare la nave britannica, purché potesse ottenere la sua parte della nuova scoperta petrolifera. L'Iraq perse i suoi diritti in base al vecchio accordo con la Turkish Petroleum Company, mentre lo status del Kuwait rimase invariato. La questione del petrolio di Mosul è stata deliberatamente lasciata vaga su insistenza del delegato britannico. La delegazione britannica ha dichiarato che tali questioni saranno risolte "attraverso futuri negoziati". Il sangue dei militari americani sarà ancora versato per assicurare il petrolio di Mosul alle compagnie petrolifere britanniche e americane, proprio come è stato versato per il petrolio del Kuwait.

Il 25 giugno 1961, il primo ministro iracheno Hassan Abdul Kassem attaccò ferocemente la Gran Bretagna sulla questione del Kuwait, sottolineando che i negoziati promessi alla Conferenza di Losanna non avevano avuto luogo. Kassem ha affermato che il territorio chiamato Kuwait è parte integrante dell'Iraq ed è stato riconosciuto come tale per oltre 400 anni dall'Impero Ottomano. Al contrario, gli inglesi concessero l'indipendenza al Kuwait.

Ma era chiaro che la manovra britannica per rimandare lo status del Kuwait e dei giacimenti petroliferi di Mosul era stata quasi sventata da Kassem. Da qui l'improvvisa necessità di concedere l'indipendenza al Kuwait, prima che il resto del mondo scoprisse le tattiche britanniche e americane. Il Kuwait non potrà mai essere indipendente perché, come gli inglesi sanno bene, è un pezzo di Iraq ricavato dai giacimenti petroliferi di Rumaila e dato alla British Petroleum.

Se Kassem fosse riuscito a recuperare il Kuwait, i governanti britannici avrebbero perso miliardi di dollari di entrate petrolifere. Ma quando Kassem scomparve dopo l'indipendenza del Kuwait, il movimento di protesta britannico perse il suo slancio. Concedendo l'indipendenza al Kuwait nel 1961 e ignorando il fatto che la terra non gli apparteneva, la Gran Bretagna fu in grado di respingere le giuste rivendicazioni dell'Iraq. Come sappiamo, la Gran Bretagna ha fatto la stessa cosa in Palestina, in India e, più tardi, in Sudafrica.

Per i successivi 30 anni, il Kuwait rimase uno Stato vassallo della Gran Bretagna, con le compagnie petrolifere che incanalavano miliardi di dollari nelle banche britanniche, mentre l'Iraq non riceveva nulla. Le banche britanniche fiorirono in Kuwait, amministrate da Whitehall e dalla City di Londra. Questa situazione si è protratta fino al 1965. A parte la crudeltà degli Al Sabah, non esisteva il sistema "un uomo, un voto". In realtà, non c'è stato alcun voto per il popolo. I governi britannico e americano non se ne curarono.

Il governo britannico stipulò questo accordo con la famiglia Al Sabah, che ora sarebbe rimasta padrona del Kuwait (il nome dato a questa parte del territorio iracheno), sotto la piena protezione del governo britannico. È così che il Kuwait è stato rubato all'Iraq. Il fatto che il Kuwait non abbia presentato domanda di adesione alle Nazioni Unite quando lo ha fatto l'Arabia Saudita dimostra che non è mai stato un Paese nel vero senso della parola.

La creazione del Kuwait è stata fortemente contestata dai successivi governi iracheni, che hanno potuto fare ben poco per reclamare il territorio dalla potenza militare britannica. Il 1er luglio 1961, dopo anni di proteste contro l'annessione del territorio del Kuwait, il governo iracheno ha finalmente agito sulla questione. L'emiro Al Sabah chiese alla Gran Bretagna di onorare l'accordo del 1899 e il governo britannico inviò forze militari in Kuwait. Baghdad ha fatto marcia indietro, ma non ha mai rinunciato alla sua giusta rivendicazione del territorio.

Il sequestro da parte della Gran Bretagna del territorio iracheno, che chiamò Kuwait e al quale concesse l'indipendenza, deve essere considerato uno dei più audaci atti di pirateria dei tempi moderni e contribuì direttamente alla Guerra del Golfo. Mi sono dilungato a spiegare i retroscena degli eventi che hanno portato alla Guerra del Golfo, a mostrare quanto gli Stati Uniti abbiano agito in modo ingiusto nei confronti dell'Iraq e il potere del Comitato dei 300.

Di seguito è riportata una sintesi degli eventi che hanno portato alla Guerra del Golfo:

1811-1818. I wahabiti d'Arabia attaccarono e occuparono La Mecca, ma furono costretti a ritirarsi dal Sultano d'Egitto.

1899, 25 novembre. Lo sceicco Mubarak al-Sabah cede alla Gran Bretagna parte dei giacimenti petroliferi di Rumaila. Le terre cedute sono state riconosciute per 400 anni come territorio iracheno. Molto poco popolata fino al 1914. Il Kuwait diventa un protettorato britannico.

1909-1915. Gli inglesi si servono del colonnello Thomas Lawrence dei servizi segreti britannici per stringere amicizia con gli arabi. Lawrence assicura agli arabi che il generale Edmund Allenby impedirà agli ebrei di entrare in Palestina. Lawrence non viene informato delle vere intenzioni della Gran Bretagna. Lo sceriffo Hussein, sovrano della Mecca, raduna un esercito arabo per attaccare i turchi. La presenza dell'Impero Ottomano in Palestina e in Egitto viene distrutta.

1913. Gli inglesi accettarono segretamente di armare, addestrare e rifornire Abdul Aziz e le famiglie wahhabite in vista della conquista delle città-stato arabe.

1916. Le truppe britanniche entrano nel Sinai e in Palestina. Sir Archibald Murray spiega a Lawrence che si tratta di una mossa per impedire l'immigrazione ebraica, che lo sceriffo Hussein accetta. Hussein ha dichiarato uno Stato arabo il 27 giugno; è diventato re il 29 ottobre. Il 6 novembre 1916, Gran Bretagna, Francia e Russia riconoscono Hussein come leader del popolo arabo; il 15 dicembre il governo britannico lo conferma.

1916. Con una mossa bizzarra, i britannici fanno riconoscere all'India le città-stato arabe di Nejd, Qaif e Jubail come possedimenti della famiglia Ibn Saud di Abdul Aziz.

1917. Le truppe britanniche conquistano Baghdad. La Dichiarazione Balfour è firmata da Lord Rothschild che tradisce gli arabi e concede una patria agli ebrei in Palestina. Il generale Allenby occupa Gerusalemme.

1920. Conferenza di San Remo. Indipendenza della Turchia; risoluzione delle controversie petrolifere. Inizia il controllo britannico dei Paesi ricchi di petrolio in Medio Oriente. Il governo britannico instaura un regime fantoccio a Bassora, guidato dal re Faisal di Siria. Ibn Saud Abdul Aziz attacca Taif nell'Hijaz e riesce a conquistarla solo dopo una lotta di quattro anni.

1922. Aziz licenzia Jauf e uccide la dinastia della famiglia Shalan. La Dichiarazione Balfour viene approvata dalla Società delle Nazioni.

1923. Turchia, Germania e Francia si oppongono all'occupazione britannica dell'Iraq e chiedono un vertice a Losanna. La Gran Bretagna accetta di liberare l'Iraq, ma conserva i giacimenti petroliferi di Mosul per creare un'entità separata nel nord dell'Iraq. A maggio, gli inglesi indeboliscono il potere di Amir Abdullah Ibn Hussein, figlio dello sceriffo Hussein della Mecca, e chiamano il nuovo Paese "Transgiordania".

1924. Il 13 ottobre, i wahabiti e Adbul Aziz attaccarono e catturarono la città santa della Mecca, luogo di sepoltura del Profeta Maometto. Hussein e i suoi due figli furono costretti a fuggire.

1925. Medina si arrende alle forze di Ibn Saud.

1926. Ibn Saud si proclama re dell'Hijaz e sultano del Nejd.

1927. Gli inglesi firmarono un trattato con Ibn Saud e i wahabiti, concedendo loro piena libertà d'azione e riconoscendo le città-stato catturate come loro possedimenti. È l'inizio della lotta tra British Petroleum e le compagnie petrolifere americane per le concessioni petrolifere.

1929. La Gran Bretagna firma un nuovo trattato di amicizia con l'Iraq, riconoscendo la sua indipendenza, ma lasciando in sospeso lo status del Kuwait. Primi attacchi su larga scala agli immigrati ebrei contestati dagli arabi al "Muro del Pianto".

1930. Il governo britannico pubblica il Libro Bianco della Commissione Passfield, che raccomanda l'arresto immediato dell'immigrazione ebraica in Palestina e il divieto di assegnare nuove terre ai coloni ebrei a causa del "numero eccessivo di arabi senza terra". La raccomandazione è stata emendata dal Parlamento britannico e le misure adottate sono state simboliche.

1932. L'Arabia viene ribattezzata Arabia Saudita.

1935. British Petroleum costruisce un oleodotto dai giacimenti di Mosul, oggetto di contesa, al porto di Haifa. La Commissione Peel riferisce al Parlamento britannico che ebrei e arabi non potranno mai lavorare insieme; raccomanda la spartizione della Palestina.

1936. I sauditi firmano un patto di non aggressione con l'Iraq, ma lo infrangono durante la Guerra del Golfo. I sauditi decidono di sostenere gli Stati Uniti e, così facendo, disonorano il precedente accordo con l'Iraq.

1937. La Conferenza panaraba in Siria respinge il piano della Commissione Peel per l'immigrazione degli ebrei in Palestina. Gli inglesi arrestano i leader arabi e li deportano alle Seychelles.

1941. La Gran Bretagna invade l'Iran per "salvare" il Paese dalla Germania. Churchill istituisce un governo fantoccio che prende ordini da Londra.

1946. La Gran Bretagna concede l'indipendenza alla Transgiordania, che nel 1949 viene ribattezzata Regno Hashemita di Giordania. Segue una diffusa e violenta opposizione sionista.

1952. Gravi rivolte in Iraq contro il mantenimento della presenza britannica, indignazione contro la complicità degli Stati Uniti con le compagnie petrolifere...

1953. Il nuovo governo giordano ordina alle truppe britanniche di lasciare il Paese.

1954. La Gran Bretagna e gli Stati Uniti criticano la Giordania per aver rifiutato di partecipare ai colloqui di armistizio con Israele, provocando la caduta del gabinetto giordano. La Sesta Flotta statunitense minaccia i Paesi arabi sbarcando i Marines in Libano (un atto di guerra). Re Hussein non si lascia intimidire e risponde denunciando gli stretti legami degli Stati Uniti con Israele.

1955. Rivolta palestinese in Cisgiordania Israele dichiara che "i palestinesi sono un problema della Giordania".

1959. L'Iraq protesta contro l'inclusione del Kuwait nel CETAN. Accusa i sauditi di "aiutare l'imperialismo britannico". Viene rafforzato il controllo britannico sul Kuwait. L'uscita dell'Iraq verso il mare è tagliata fuori.

1961. Il primo ministro iracheno Kassem avverte la Gran Bretagna: "Il Kuwait è terra irachena e lo è da 400 anni". Kassem viene poi misteriosamente assassinato. Il governo britannico dichiara il Kuwait nazione indipendente. Le compagnie petrolifere britanniche ottengono il controllo di gran parte dei giacimenti di Rumaila. Il Kuwait firma un trattato di amicizia con la Gran Bretagna. Le truppe britanniche si muovono per contrastare un possibile attacco dall'Iraq.

1962. La Gran Bretagna e il Kuwait mettono fine al patto di difesa.

1965. Il principe ereditario Sabah Al Salem Al Sabah diventa emiro del Kuwait.

1967. Iraq e Giordania entrano in guerra contro Israele. L'Arabia Saudita evita di schierarsi, ma invia in Giordania 20.000 soldati a cui è vietato prendere parte ai combattimenti.

Ormai la presa del Comitato del 300 sull'economia mediorientale era quasi completa. La strada intrapresa da Gran Bretagna e America non era nuova, ma un'estensione iniziata da Lord Bertrand Russell:

> "Affinché un governo mondiale funzioni senza problemi, dovranno essere soddisfatte alcune condizioni economiche. Diverse materie prime sono essenziali per l'industria. Tra questi, uno dei più importanti è attualmente il petrolio. È probabile che l'uranio, sebbene non più necessario per scopi bellici, sarà essenziale per l'uso industriale dell'energia nucleare. Non c'è alcuna giustificazione per la proprietà privata di queste materie prime essenziali - e penso che dovremmo includere nella proprietà indesiderata non solo quella di individui o società, ma anche quella di Stati separati.

La materia prima senza la quale l'industria è impossibile dovrebbe appartenere all'autorità internazionale ed essere concessa a nazioni separate".

Si tratta di una profonda dichiarazione del "profeta" del Comitato dei 300, fatta proprio nel momento in cui l'ingerenza britannica e americana negli affari arabi era al suo apice. Si noti che Russell sapeva già allora che non ci sarebbe stata una guerra nucleare. Russell era a favore di un governo unico mondiale, o del nuovo ordine mondiale di cui parla il presidente Bush. La Guerra del Golfo è stata una continuazione dei precedenti sforzi per strappare il controllo del petrolio iracheno ai suoi legittimi proprietari e per proteggere la posizione radicata della British Petroleum e di altre major del cartello petrolifero per conto del Comitato dei 300.

La Dichiarazione Balfour è il tipo di documento per cui i britannici sono diventati famigerati. Nel 1899 avevano portato l'inganno contro le piccole repubbliche boere del Sudafrica a nuovi livelli. Mentre parlava di pace, già turbata dalle centinaia di migliaia di vagabondi e straccioni che affluivano nelle repubbliche boere sulla scia della più grande scoperta d'oro della storia del mondo, la regina Vittoria si preparava alla guerra.

La Guerra del Golfo è stata combattuta per due motivi principali: il primo è l'odio per tutto ciò che è musulmano da parte del RIIA e dei loro cugini americani del CFR, oltre al forte desiderio di proteggere il loro proxy, Israele. La seconda era l'avidità sfrenata e il desiderio di controllare tutti i Paesi produttori di petrolio del Medio Oriente.

Per quanto riguarda la guerra in sé, la manovra statunitense è iniziata almeno tre anni prima che Bush passasse ufficialmente all'offensiva. Gli Stati Uniti hanno prima armato l'Iraq, poi lo hanno spinto ad attaccare l'Iran in una guerra che ha decimato entrambi i Paesi: la "guerra del tritacarne". Questa guerra è stata progettata per indebolire l'Iraq e l'Iran fino al punto in cui non avrebbero più rappresentato una minaccia credibile per gli interessi petroliferi britannici e americani e, come forza militare, non avrebbero più rappresentato una minaccia per Israele.

Nel 1981, l'Iraq chiese al Banco Nazionale del Lavoro (BNL) di Brescia una linea di credito per acquistare armi da un'azienda italiana. Questa società ha poi venduto mine all'Iraq. Poi, nel 1982, il Presidente degli Stati Uniti Ronald Reagan rimosse l'Iraq dalla lista degli Stati sponsor del terrorismo in risposta a una richiesta del Dipartimento di Stato.

Nel 1983, il Dipartimento dell'Agricoltura degli Stati Uniti ha concesso all'Iraq un prestito di 365 milioni di dollari, apparentemente per l'acquisto di prodotti agricoli, ma gli eventi successivi hanno rivelato che il denaro era stato utilizzato per acquistare attrezzature militari. Nel 1985, l'Iraq contattò la filiale di Atlanta, in Georgia, della BNL, chiedendole di elaborare i prestiti concessi dalla Commodity Credit Corporation del Dipartimento dell'Agricoltura degli Stati Uniti.

Nel gennaio 1986, a Washington, si tenne una riunione di alto livello tra la CIA e la National Security Agency (NSA). La discussione si è incentrata sull'opportunità che gli Stati Uniti condividano con il governo di Teheran i dati di intelligence sull'Iraq. L'allora vicedirettore dell'NSA, Robert Gates, si oppose all'idea, ma il Consiglio di sicurezza nazionale lo scavalcò.

Solo nel 1987 il Presidente Bush ha fatto una serie di riferimenti pubblici a sostegno dell'Iraq, tra cui uno in cui ha detto che "gli Stati Uniti devono costruire una forte relazione con l'Iraq per il futuro". Poco dopo, la filiale di Atlanta della NLB accettò segretamente di fornire all'Iraq un prestito commerciale di 2,1 miliardi di dollari. Nel 1989 sono terminate le ostilità tra Iraq e Iran.

Nel 1989, un memorandum segreto preparato dall'agenzia di intelligence del Dipartimento di Stato avvertì il Segretario James Baker:

> "L'Iraq mantiene il suo approccio autoritario agli affari esteri... e sta lavorando duramente per (produrre) armi chimiche e biologiche e nuovi missili".

Baker non fece nulla di concreto in merito a questo rapporto e, come vedremo, in seguito incoraggiò attivamente il presidente Saddam Hussein a credere che gli Stati Uniti sarebbero stati imparziali nella loro politica verso i vicini del Medio Oriente.

Nell'aprile dello stesso anno, un rapporto sulla proliferazione nucleare del Dipartimento dell'Energia indicava che l'Iraq aveva avviato un progetto per la costruzione di una bomba atomica. A giugno è seguito un rapporto preparato congiuntamente da Eximbank (un'agenzia bancaria statunitense), dalla CIA e dalla Federal Reserve Banks, secondo il quale uno studio congiunto ha rivelato che l'Iraq stava integrando la tecnologia statunitense

"direttamente nelle industrie irachene di missili, carri armati e mezzi corazzati".

Il 4 agosto 1989, l'FBI fa irruzione negli uffici della BNL ad Atlanta. Alcuni sospettano che ciò sia stato fatto per evitare qualsiasi indagine reale sul fatto che i prestiti all'Iraq siano stati utilizzati per acquistare tecnologia militare sensibile e altro know-how militare, piuttosto che per gli scopi previsti dal Dipartimento dell'Agricoltura.

A settembre, in uno sforzo che gli addetti ai lavori considerano una mossa preventiva per assolvere se stessa dalla responsabilità, la CIA ha riferito a Baker che l'Iraq stava ottenendo la capacità di costruire armi nucleari attraverso varie società di facciata sospettate di essere collegate al Pakistan ai massimi livelli. Il Pakistan è stato a lungo sospettato, e persino accusato dalla Commissione statunitense per l'energia atomica, di costruire armi nucleari, il che ha portato a una grave rottura delle relazioni con Washington, descritte come "ai minimi storici".

Nell'ottobre 1989, il Dipartimento di Stato inviò a Baker una nota per "limitare i danni", raccomandandogli di "ritirare" il programma di credito del Dipartimento dell'Agricoltura ai ricercatori del BNL. La nota è stata siglata da Baker, cosa che alcuni interpretano come un'approvazione della raccomandazione. È generalmente accettato che l'atto di siglare un documento significhi l'approvazione del suo contenuto e di qualsiasi azione prevista.

Poco dopo, con una mossa a sorpresa, il Presidente Bush firmò la Direttiva 26 sulla sicurezza nazionale, che sosteneva il commercio degli Stati Uniti con l'Iraq. "L'accesso al Golfo Persico e ai principali Stati amici della regione è vitale per la sicurezza nazionale degli Stati Uniti", ha dichiarato Bush. Questa è la conferma che, già nell'ottobre 1989, il Presidente si è permesso di agire come se l'Iraq fosse un alleato degli Stati Uniti, quando in realtà i preparativi per la guerra contro di esso erano già in corso.

Poi, il 26 ottobre 1989, poco più di tre settimane dopo che Bush aveva dichiarato l'Iraq uno Stato amico, Baker chiamò il Segretario all'Agricoltura Clayton Yeutter e gli chiese di aumentare i crediti commerciali agricoli per l'Iraq. In risposta, Yeutter ordinò al suo dipartimento di fornire 1 miliardo di dollari in crediti commerciali assicurati al governo di Baghdad, anche se il Dipartimento del Tesoro aveva espresso delle riserve.

Il Segretario di Stato aggiunto Lawrence Eagleburger ha assicurato al Tesoro che il denaro era necessario per "ragioni geopolitiche":

> "La nostra capacità di influenzare il comportamento iracheno in aree che vanno dal Libano al processo di pace in Medio Oriente (un riferimento obliquo a Israele) è rafforzata dall'espansione del commercio", ha dichiarato Eagleburger.

Tuttavia, ciò non è bastato a dissipare i sospetti e l'ostilità di alcuni democratici del Congresso, che potrebbero aver reagito alle informazioni ricevute da Israele. Nel gennaio 1990, il Congresso ha vietato i prestiti all'Iraq e ad altri otto Paesi che gli investigatori del Congresso ritenevano ostili agli Stati Uniti. Si è trattato di una battuta d'arresto per il grande piano di guerra contro l'Iraq, di cui Bush non voleva che il Congresso fosse a conoscenza. Il 17 gennaio 1990, quindi, ha esentato l'Iraq dal divieto del Congresso.

Probabilmente temendo che l'intervento del Congresso potesse sconvolgere i piani di guerra, lo specialista del Dipartimento di Stato John Kelly ha inviato un promemoria al Sottosegretario di Stato per la Politica Robert Kimit per criticare il Dipartimento dell'Agricoltura per il suo ritardo nel fornire prestiti all'Iraq. Questo incidente del febbraio 1990 è di grande importanza, in quanto dimostra che il Presidente era ansioso di completare la fornitura di armi e tecnologia all'Iraq per evitare che il calendario della guerra cadesse.

Il 6 febbraio James Kelly, avvocato della Federal Reserve Bank di New York responsabile della regolamentazione delle operazioni di BNL negli Stati Uniti, scrive una nota che avrebbe dovuto destare grande preoccupazione: il previsto viaggio in Italia degli investigatori penali della Federal Reserve viene rinviato. BNL aveva citato le preoccupazioni della stampa italiana. Un viaggio a Istanbul è stato rinviato su richiesta del Procuratore Generale Richard Thornburgh.

La nota di Kelly del febbraio 1990 diceva in parte:

"...Un elemento chiave della relazione e la mancata approvazione dei prestiti alimenterà la paranoia di Saddam e accelererà la sua rivolta contro di noi".

Se non sapessimo già del progetto di guerra contro l'Iraq, quest'ultima dichiarazione sembrerebbe sorprendente. Come potevano gli Stati Uniti continuare ad armare il presidente Hussein se temevano che si sarebbe "rivoltato contro di noi"? Logicamente, la giusta linea d'azione sarebbe stata quella di sospendere gli stanziamenti piuttosto che armare una nazione che il Dipartimento di Stato pensava potesse rivoltarsi contro di noi.

Il marzo 1990 porta alcuni sviluppi sorprendenti. I documenti prodotti dal tribunale federale di Atlanta mostrano che Reinaldo Petrignani, ambasciatore italiano a Washington, disse a Thornburgh che incriminare funzionari italiani nell'indagine sulla BNL sarebbe stato "equivalente a uno schiaffo in faccia agli italiani". Petrignani e Thornburgh hanno successivamente negato che questa conversazione abbia avuto luogo. La prova è stata una sola: il profondo coinvolgimento dell'amministrazione Bush nei prestiti della BNL all'Iraq.

Nell'aprile 1990, il Comitato interagenzie del Consiglio di sicurezza nazionale, guidato dal vice consigliere per la sicurezza nazionale Robert Gates, si riunì alla Casa Bianca per discutere un possibile cambiamento nell'atteggiamento degli Stati Uniti nei confronti dell'Iraq - un nuovo colpo di scena nel ciclone della diplomazia della menzogna.

Lo stesso mese, in un'altra inaspettata svolta degli eventi apparentemente non prevista da Bush o dall'NSA, il Dipartimento del Tesoro negò all'USDA uno stanziamento di 500 milioni di dollari. Nel maggio 1990, il Dipartimento del Tesoro ha riferito di aver ricevuto una nota dall'NSA che contestava la sua azione. Il memo affermava che il personale dell'NSA voleva impedire che i crediti agricoli fossero concessi

"perché aggraverebbe le già tese relazioni di politica estera con l'Iraq".

Il 25 luglio 1990, probabilmente prima di quanto il Comitato dei 300 volesse, la trappola scattò. Incoraggiato da un numero crescente di fallimenti, il Presidente Bush ha permesso all'ambasciatore statunitense April Glaspie di incontrare il Presidente Hussein. Lo scopo dell'incontro era quello di rassicurare il Presidente Saddam Hussein che gli Stati Uniti non avevano alcuna controversia con lui e che non sarebbero intervenuti nelle dispute di confine interarabe, secondo una serie di cablogrammi del Dipartimento di Stato non ancora divulgati e ottenuti dal deputato Henry Gonzalez. Si trattava di un chiaro riferimento al conflitto tra Iraq e Kuwait per i giacimenti di petrolio di Rumaila.

Gli iracheni interpretarono le parole di Glaspie come un segnale da parte di Washington di poter inviare il loro esercito in Kuwait, partecipando così al complotto. Come disse Ross Perot nelle elezioni del novembre 1992:

"Suggerisco che in una società libera di proprietà del popolo, il popolo americano dovrebbe sapere cosa abbiamo detto all'ambasciatore Glaspie di dire a Saddam Hussein, perché abbiamo speso un sacco di soldi, rischiato vite e perso vite in questo sforzo e non abbiamo raggiunto la maggior parte dei nostri obiettivi".

Nel frattempo, Glaspie è scomparsa dalla circolazione ed è stata segregata in una località segreta poco dopo che si è diffusa la notizia del suo ruolo nella pratica dell'Iraq. Alla fine, dopo essere stata incalzata dai media e affiancata da due senatori liberali, che si sono comportati come se Glaspie fosse una moglie trofeo bisognosa di molta galanteria, si è presentata davanti a una commissione del Senato e ha negato tutto. Poco dopo, Glaspie si è "dimessa" dal Dipartimento di Stato e senza dubbio ora vive in una comoda oscurità da cui dovrebbe essere strappata, messa sotto giuramento in un tribunale e costretta a testimoniare la verità su come l'amministrazione Bush ha calcolato di ingannare non solo l'Iraq, ma anche questa nazione.

Il 29 luglio 1990, quattro giorni dopo l'incontro di Glaspie con il presidente iracheno, l'Iraq iniziò a muovere il suo esercito verso il confine con il Kuwait, continuando l'inganno, Bush inviò una squadra a Capitol Hill per testimoniare contro l'imposizione di sanzioni contro l'Iraq, rafforzando la convinzione del presidente Hussein che Washington avrebbe chiuso un occhio sull'imminente invasione dell'Iraq.

Due giorni dopo, il 2 agosto 1990, l'esercito iracheno attraversò il confine artificiale con il Kuwait. Sempre in agosto, la CIA, in un rapporto top secret, ha comunicato a Bush che l'Iraq non avrebbe invaso l'Arabia Saudita e che l'esercito iracheno non aveva predisposto alcun piano di emergenza in tal senso.

Nel settembre 1990, l'ambasciatore italiano Rinaldo Petrignani, accompagnato da alcuni funzionari della BNL, incontrò i pubblici ministeri e gli investigatori del Ministero della Giustizia. Durante l'incontro, Petrignani ha dichiarato che BNL è stata "vittima di una terribile frode - la buona reputazione della banca è di grande importanza, dato che lo Stato italiano è il proprietario di maggioranza". Questi fatti sono stati rivelati in documenti consegnati al presidente della Commissione bancaria della Camera, Henry Gonzalez.

Per gli osservatori più esperti, questo significava solo una cosa: era in atto una cospirazione per lasciare liberi i veri colpevoli di Roma e Milano e incolpare il colpevole locale. Non c'è da stupirsi che sia stato adottato l'atteggiamento di "non colpevolezza": in seguito sono emerse prove inconfutabili che i prestiti effettuati dalla filiale di Atlanta della BNL avevano la piena approvazione delle sedi centrali della BNL a Roma e Milano.

L'11 settembre 1990, Bush convocò una sessione congiunta del Congresso e dichiarò falsamente che il 5 agosto 1990 l'Iraq aveva 150.000 truppe e 1.500 carri armati in Kuwait, pronti a colpire l'Arabia Saudita. Bush ha basato la sua dichiarazione su informazioni false trasmesse dal Dipartimento della Difesa. Il Dipartimento della Difesa doveva sapere che questa informazione era falsa, altrimenti i suoi satelliti KH11 e KH12 erano malfunzionanti, mentre noi sappiamo che non lo erano. A quanto pare, Bush aveva bisogno di esagerare per convincere il Congresso che l'Iraq rappresentava una minaccia per l'Arabia Saudita.

Nel frattempo, l'esercito russo ha diffuso le proprie immagini satellitari che mostrano il numero esatto di truppe in Kuwait. Per coprire Bush, Washington sostenne che le immagini satellitari provenivano da un satellite commerciale venduto, tra gli altri, alla televisione ABC. Affidando le immagini satellitari a una società commerciale, la Russia si è impegnata in un piccolo inganno. È chiaro che il Dipartimento della Difesa e il Presidente hanno mentito al popolo americano e ora sono stati colti in flagrante.

All'epoca, il presidente Gonzalez si poneva domande scomode sul possibile coinvolgimento dell'amministrazione Bush nello scandalo BNL. Nel settembre 1990, l'assistente del procuratore generale per gli affari legislativi scrisse un promemoria al procuratore generale che diceva:

> "Il nostro miglior tentativo di ostacolare qualsiasi ulteriore indagine del Congresso da parte della Commissione bancaria della Camera sui prestiti (BNL) è quello di chiedervi di contattare direttamente il presidente Gonzalez".

Il 26 settembre, pochi giorni dopo aver ricevuto il promemoria, Thornburgh telefonò a Gonzalez e gli disse di non indagare sul caso BNL a causa delle questioni di sicurezza nazionale coinvolte. Gonzalez ha deciso bruscamente di cancellare l'indagine della Commissione bancaria della Camera sulla BNL. Thornburgh ha poi negato di aver detto a Gonzalez di lasciare in pace la BNL. Gonzalez mise presto le mani su un promemoria del Dipartimento di Stato datato 18 dicembre, che illustrava l'appello di Thornburgh alla "sicurezza nazionale". La nota affermava inoltre che l'indagine del Dipartimento di Giustizia sulla BNL non aveva sollevato alcun problema o preoccupazione per la sicurezza nazionale.

Inoltre, la Defense Intelligence Agency ha annunciato che le sue squadre in Italia erano venute a conoscenza del fatto che la filiale bresciana della BNL aveva prestato 255 milioni di dollari all'Iraq per acquistare mine terrestri da un produttore italiano. Il giorno dell'annuncio della "vittoria alleata" nella Guerra del Golfo, il Dipartimento di Giustizia ha incriminato il capro espiatorio dello scandalo BNL, come previsto. Christopher Drogoul è accusato di aver prestato illegalmente più di 5 miliardi di dollari all'Iraq e di aver accettato tangenti fino a 2,5 milioni di dollari. Pochi credevano che un oscuro funzionario addetto ai prestiti in una piccola filiale di una banca di Stato italiana avesse il potere di concludere da solo operazioni di tale portata.

Tra il gennaio e l'aprile del 1990, mentre crescevano le pressioni sull'amministrazione Bush per spiegare le clamorose anomalie dello scandalo NLB, il Consiglio di sicurezza nazionale prese provvedimenti per serrare i ranghi. L'8 aprile, Nicolas Rostow, consigliere generale dell'NSC, ha convocato una riunione ad alto livello per esplorare le modalità di risposta alle pressanti richieste di documentazione provenienti, tra gli altri, dal presidente della commissione bancaria della Camera Gonzalez.

Alla riunione hanno partecipato C. Boyden Gray, consulente legale di Bush, Fred Green, consulente dell'Agenzia per la Sicurezza Nazionale, Elizabeth Rindskopf, consigliere generale della CIA, e una schiera di avvocati che rappresentano i Dipartimenti dell'Agricoltura, della Difesa, della Giustizia, del Tesoro, dell'Energia e del Commercio. Rostow ha aperto l'incontro avvertendo che il Congresso sembrava intenzionato a indagare sui rapporti dell'amministrazione Bush con l'Iraq prima della guerra.

Rostow ha detto agli avvocati che "il Consiglio di sicurezza nazionale sta coordinando la risposta dell'amministrazione alle richieste del Congresso di documenti relativi all'Iraq", aggiungendo che ogni richiesta di documenti da parte del Congresso deve essere vagliata per "questioni di privilegio esecutivo, di sicurezza nazionale, ecc. Si dovrebbero valutare alternative alla fornitura di documenti. Queste informazioni sono state ottenute da Gonzalez.

Cominciavano ad apparire delle crepe nella politica di ostruzionismo altrimenti solida dell'amministrazione. Il 4 giugno 1990, i funzionari del Dipartimento del Commercio hanno ammesso di aver omesso informazioni sui documenti di esportazione per nascondere il fatto che il Dipartimento aveva effettivamente concesso licenze di esportazione per spedizioni di attrezzature e tecnologie militari all'Iraq.

Crepe ancora maggiori cominciarono a manifestarsi a luglio, quando l'ufficiale di collegamento con il Congresso della CIA Stanley Moskowitz riferì che i funzionari della banca BNL a Roma non solo sapevano benissimo cosa era successo nella filiale di Atlanta molto prima dell'incriminazione di Drogoul, ma avevano di fatto firmato e approvato i prestiti all'Iraq. Ciò è in diretta contraddizione con la dichiarazione dell'Ambasciatore Petrignani al Dipartimento di Giustizia, secondo cui la sede di Roma della BNL non sapeva nulla dei prestiti all'Iraq effettuati dalla sua filiale di Atlanta.

In un altro sorprendente colpo di scena, nel maggio 1992, il procuratore generale William Barr scrisse una lettera a Gonzales accusandolo di aver danneggiato gli "interessi della sicurezza nazionale" rivelando la politica dell'amministrazione nei confronti dell'Iraq. Nonostante la gravità dell'accusa, Barr non fornisce alcuna conferma a sostegno dell'accusa. È chiaro che il Presidente è nervoso e che le elezioni di novembre si avvicinano rapidamente. Questo punto non è sfuggito a Gonzalez, che ha definito le accuse di Barr "politicamente motivate".

Il 2 giugno 1992 Drougal si è dichiarato colpevole di frode bancaria. Un giudice scontento, Marvin Shoobas, chiede al Dipartimento di Giustizia di nominare un procuratore speciale per indagare sull'intero caso BNL. Ma il 24 luglio 1992 l'attacco a Gonzalez riprende con una lettera del direttore della CIA Robert Gates. Ha criticato il Presidente per aver rivelato il fatto che la CIA e diverse altre agenzie di intelligence statunitensi erano a conoscenza dei rapporti dell'amministrazione Bush con l'Iraq prima della Guerra del Golfo. Più avanti nel mese. La lettera di Gates è stata resa pubblica dalla Commissione bancaria della Camera.

In agosto, l'ex capo dell'ufficio di Atlanta dell'FBI ha accusato apertamente il Dipartimento di Giustizia di averla tirata per le lunghe e di aver ritardato le incriminazioni per quasi un anno nel caso BNL. Il 10 agosto 1992, Barr si è rifiutato di nominare un procuratore speciale per indagare sui rapporti dell'amministrazione Bush con l'Iraq prima della Guerra del Golfo, come richiesto dalla Commissione giudiziaria della Camera.

Poi, il 4 settembre, Barr ha scritto una lettera alla Commissione bancaria della Camera in cui dichiarava che non avrebbe rispettato i mandati di comparizione della Commissione per i documenti della BNL e le informazioni correlate. Ben presto fu chiaro che Barr doveva aver dato istruzioni a tutte le agenzie governative di rifiutarsi di collaborare con la Commissione bancaria della Camera, perché quattro giorni dopo la pubblicazione della lettera di Barr, la CIA, la Defense Intelligence Agency, il Servizio Doganale, il Dipartimento del Commercio e l'Agenzia per la Sicurezza Nazionale dichiararono che non intendevano rispondere alle richieste di informazioni e documenti sulla questione BNL.

Gonzalez portò la battaglia in aula e rivelò che, sulla base del rapporto della CIA del luglio 1991, era chiaro che la direzione della BNL a Roma era a conoscenza e aveva approvato i prestiti all'Iraq dalla filiale di Atlanta. I procuratori federali di Atlanta sono rimasti sbalorditi da questa informazione altamente dannosa.

Il 17 settembre 1991, in un'ovvia mossa di contenimento dei danni, la CIA e il Dipartimento di Giustizia accettarono di dire ai procuratori federali di Atlanta che le uniche informazioni in loro possesso sul BNL erano già state rese pubbliche, una bugia palese e sconsiderata dalle conseguenze sconvolgenti. La fretta di scagionare se stessi e i loro dipartimenti è stata all'origine di tutte le accuse e le lotte intestine che sono andate in onda su tutti i canali di informazione poco prima delle elezioni.

Sapendo di aver trascorso la maggior parte degli ultimi cento giorni del suo mandato cercando disperatamente di coprire gli scandali che stavano scoppiando intorno a lui, Bush ricevette un'ancora di salvezza: i media accettarono di non riportare i dettagli del complotto. La cortina fumogena della "sicurezza nazionale" aveva fatto il suo dovere.

Nel tentativo di prendere le distanze dalle altre parti coinvolte nell'insabbiamento del BNL-Iraqgate, il Dipartimento di Giustizia ha deciso di rilasciare presto documenti altamente dannosi che dimostrano che la CIA era a conoscenza del "via libera" della BNL di Roma ai prestiti all'Iraq. L'informazione è stata poi trasmessa al giudice Shoob, i cui precedenti dubbi sull'incriminazione di Drougal sembravano essere giustificati.

Poi, il 23 settembre 1992, Gonzalez annunciò di aver ricevuto documenti classificati che dimostravano chiaramente che nel gennaio 1991 la CIA sapeva che la BNL aveva approvato i prestiti all'Iraq ad alto livello. Nella sua lettera, Gonzalez ha espresso preoccupazione per le bugie di Gates ai procuratori federali di Atlanta, secondo cui la sede di Roma della BNL non era a conoscenza di ciò che faceva la sua filiale di Atlanta.

La Commissione Intelligence del Senato ha inoltre accusato Gates di aver fuorviato il Dipartimento di Giustizia, i procuratori federali e il giudice Shoob sulla portata della conoscenza della CIA degli eventi della BNL. Il Dipartimento di Giustizia ha permesso al signor Drogoul di ritirare la sua dichiarazione di colpevolezza il 1er ottobre. L'unica battaglia, combattuta e vinta dal presidente della Commissione bancaria della Camera contro l'amministrazione Bush, è stata ignorata dai media per rispetto dei desideri del caucus repubblicano e per proteggere Bush, uno dei suoi figli prediletti.

Il giudice Shoob si è ritirato dal caso BNL pochi giorni dopo. Ha dichiarato di aver concluso che

> "È probabile che le agenzie di intelligence statunitensi fossero a conoscenza dei rapporti della BNL-Atlanta con l'Iraq... La CIA continua a non collaborare nei tentativi di scoprire informazioni sulla sua conoscenza o sul suo coinvolgimento nel finanziamento dell'Iraq da parte della BNL-Atlanta".

In un primo momento non è stato possibile rivelare la fonte di queste informazioni, ma il succo di esse è apparso in seguito in un articolo pubblicato dal *New York Times*.

Un importante sviluppo si ebbe quando il senatore David Boren accusò la CIA di aver nascosto e mentito ai funzionari del Dipartimento di Giustizia. Nella sua risposta, la CIA ha ammesso di aver fornito informazioni false al Dipartimento di Giustizia nel suo rapporto di settembre - non un'ammissione importante, dal momento che Gonzalez, tra gli altri, ne aveva già le prove. La CIA ha dichiarato che si è trattato di un errore in buona fede. Non c'è stato "alcun tentativo di ingannare nessuno o di insabbiare qualcosa", ha dichiarato l'agenzia. La CIA ha anche riconosciuto a malincuore di non aver rilasciato tutti i documenti in suo possesso sulla BNL.

Il giorno dopo, il consulente legale capo della CIA, Rindskopf (che ha partecipato al briefing del 1991 organizzato da Nicolas Rostow della National Security Agency per limitare i danni), ha ripetuto il ritornello dell'"errore onesto", definendo il caso un "errore certamente deplorevole" dovuto a un sistema di archiviazione difettoso. Era questa la scusa migliore che il consulente capo della CIA poteva trovare? Né il senatore Boren né il rappresentante Gonzalez erano convinti.

Va ricordato che il vero scopo della riunione del 1991 convocata da Nicholas Rostow era quello di controllare l'accesso a tutti i documenti e le informazioni governative che avrebbero potuto rivelare la vera relazione tra l'amministrazione Bush e il governo di Baghdad. Naturalmente, coloro che sono responsabili del tentativo di abbattere il muro che circonda tali informazioni avevano il diritto di essere molto scettici riguardo alla scusa banale di Rindskopf sull'archiviazione difettosa.

Gli sforzi di Rostow per limitare i danni subirono un altro colpo l'8 ottobre 1992, quando alcuni funzionari della CIA furono chiamati a testimoniare davanti a una sessione a porte chiuse della Commissione Intelligence del Senato. Secondo le informazioni ricevute da fonti vicine al Comitato, i funzionari della CIA non hanno avuto vita facile e hanno finito per incolpare il Dipartimento di Stato, sostenendo che aveva nascosto informazioni e poi fornito informazioni fuorvianti su BNL-Atlanta su insistenza di un alto funzionario del Dipartimento di Giustizia.

Il 9 ottobre 1992 fu emessa una smentita ufficiale, con il Dipartimento di Stato che rifiutava di assumersi la responsabilità di aver chiesto alla CIA di non rilasciare documenti rilevanti della BNL ai procuratori di Atlanta. Il Dipartimento di Giustizia ha poi lanciato la propria accusa, accusando la CIA di aver consegnato in modo disordinato alcuni documenti classificati e di averne nascosti altri. Il Comitato Select Intelligence del Senato ha accettato di avviare una propria indagine su queste accuse e controaccuse.

È emerso chiaramente che tutte le parti presenti alla riunione dell'8 aprile 1991 stavano cercando di prendere le distanze dal caso. Poi, il 10 ottobre, l'FBI annunciò che avrebbe indagato anch'essa sulla vicenda BNL-Atlanta. La CIA ha negato di aver mai ammesso alla Commissione Intelligence del Senato di aver nascosto informazioni su richiesta speciale del Dipartimento di Giustizia.

Questi strani eventi si susseguono così rapidamente che gli annunci quotidiani di accuse da parte di questa o quella agenzia governativa continuano fino al 14 ottobre 1992. L'11 ottobre, il Dipartimento di Giustizia annuncia che il suo Ufficio di responsabilità professionale indagherà su se stesso e sulla CIA, con l'assistenza dell'FBI. L'assistente del procuratore generale Robert S. Meuller III, portavoce del Dipartimento di Giustizia per la sezione di integrità pubblica, è stato incaricato di farlo. Le informazioni fornite dall'ufficio del senatore David Boren suggeriscono che Meuller è direttamente coinvolto nell'occultamento di informazioni da parte dei procuratori federali di Atlanta.

Il 12 ottobre 1992, appena due giorni dopo che l'FBI aveva annunciato che avrebbe condotto una propria indagine sull'affare BNL, ABC News affermò di aver ricevuto informazioni che il direttore dell'FBI William Sessions era indagato dall'Ufficio per la responsabilità professionale del Dipartimento di Giustizia. Le accuse includono l'uso improprio di aerei governativi, la costruzione di una recinzione intorno alla sua casa a spese del governo e l'abuso di privilegi telefonici - nessuna delle quali è in alcun modo collegata al caso BNL.

Il servizio della ABC è arrivato dopo che il 10 ottobre l'FBI aveva annunciato che avrebbe indagato sul caso BNL. Si trattava di un tentativo di fare pressione su Sessions affinché annullasse la promessa indagine dell'FBI. Il senatore Boren ha dichiarato ai giornalisti:

"La tempistica delle accuse contro il giudice Sessions mi fa pensare che sia in atto un tentativo di fare pressione su di lui per non condurre un'indagine indipendente".

Altri hanno sottolineato la dichiarazione di Sessions dell'11 ottobre, secondo cui la sua indagine non avrebbe richiesto l'assistenza di funzionari del Dipartimento di Giustizia, che potrebbero essere a loro volta indagati. "Il Dipartimento di Giustizia non parteciperà all'indagine (dell'FBI) e l'FBI non condividerà le informazioni", ha dichiarato Sessions. Negli ultimi giorni della sua campagna di rielezione, Bush ha continuato a negare categoricamente di essere personalmente a conoscenza o coinvolto negli scandali Iraqgate o Iran/Contra.

Le cose si misero male per il Presidente quando, il 12 ottobre 1992, il senatore Howard Metzenbaum, membro del Senate Select Committee on Intelligence, scrisse al procuratore generale Barr e chiese la nomina di un procuratore speciale:

> "... Dato che funzionari di altissimo livello potrebbero essere stati a conoscenza o aver partecipato a uno sforzo per assolvere BNL-Roma dalla sua complicità nelle attività di BNL-Atlanta, nessun ramo dell'esecutivo può indagare sulla condotta del governo degli Stati Uniti in questa vicenda senza che vi sia almeno l'apparenza di un conflitto di interessi".

La lettera di Metzenbaum affermava che esistevano prove di un "coinvolgimento segreto del governo statunitense nella vendita di armi all'Iraq", provenienti da procedimenti giudiziari ad Atlanta. Gonzalez ha inviato a Barr una lettera di protesta, chiedendo che venga nominato un procuratore speciale per

> "affrontare i ripetuti ed evidenti fallimenti e l'ostruzione della leadership del Dipartimento di Giustizia... Il modo migliore per farlo è fare la cosa giusta e presentare le proprie dimissioni", ha detto Gonzalez.

Poi, il 14 ottobre, il senatore Boren ha scritto a Barr chiedendogli di nominare un procuratore speciale indipendente:

> "È necessaria un'indagine veramente indipendente per determinare se sono stati commessi crimini federali nella gestione del caso BNL da parte del governo".

Boren prosegue affermando che il Dipartimento di Giustizia e la CIA hanno insabbiato il caso BNL. Il giorno successivo, la CIA pubblicò un cablogramma del suo capo stazione a Roma, in cui una fonte non identificata accusava alti funzionari in Italia e negli Stati Uniti di essere stati corrotti, apparentemente per impedire loro di dire ciò che sapevano sul caso BNL-Atlanta.

Seguì una tregua di cinque giorni nella tempesta di fuoco che circondava l'amministrazione Bush, fino a quando il Comitato ristretto del Senato iniziò la sua indagine sulle accuse che la CIA e l'NSA utilizzassero società di facciata per fornire all'Iraq attrezzature e tecnologie militari in violazione delle leggi federali. Alcuni democratici della Commissione giudiziaria del Senato hanno anche chiesto a Barr di nominare un procuratore indipendente, cosa che Barr ha nuovamente rifiutato di fare.

Bush stava lottando per la sua vita politica mentre il procuratore speciale Lawrence Walsh emetteva un'accusa contro l'ex segretario alla Difesa Caspar Weinberger, accusandolo di aver mentito al Congresso. Secondo fonti di Washington, "alla Casa Bianca c'era il pandemonio". Weinberger, da parte sua, ha dichiarato che non avrebbe svolto il ruolo di capro espiatorio per il Presidente. Secondo una fonte, C. Boyden Gray disse al Presidente che l'unica linea d'azione possibile era quella di graziare Weinberger.

Così, alla vigilia di Natale del 1992, Bush graziò Weinberger e altri cinque protagonisti dello scandalo Iran/Contra: L'ex consigliere per la sicurezza nazionale Robert McFarlane, gli agenti della CIA Clair George, Duane Clarridge e Alan Fiers e l'ex vicesegretario di Stato Elliott Abrams. L'indulgenza di Bush lo ha di fatto messo al riparo da Walsh, facendo fallire l'indagine sull'Iran/Contra. Per quanto riguarda Clinton, finora non ha mostrato alcun interesse prioritario a nominare un procuratore speciale.

Walsh ha subito espresso la sua rabbia ai media. Clemenza presidenziale

"dimostra che persone potenti con potenti alleati possono commettere gravi crimini mentre ricoprono alte cariche - abusando deliberatamente della fiducia del pubblico senza conseguenze... L'insabbiamento dell'Iran/Contra, che è continuato per sei anni, è ora finito... Questo ufficio è stato informato solo nelle ultime due settimane, l'11 dicembre 1992, che il Presidente Bush non ha prodotto agli investigatori i suoi appunti contemporanei altamente rilevanti (il diario di Bush), nonostante le ripetute richieste di tali documenti... Alla luce della cattiva condotta del Presidente Bush nel nascondere il suo diario giornaliero, siamo seriamente preoccupati per la sua decisione di graziare altri che hanno mentito al Congresso e ostacolato le indagini ufficiali."

Forse Walsh non sapeva a cosa andava incontro, o che l'insabbiamento era in corso da molto più tempo di quanto sospettasse. Il caso dell'agente israeliano Ben-Menashe è un buon esempio. La Task Force "October Surprise" della Camera dei Rappresentanti non ha ritenuto opportuno chiamare Ben-Menashe come testimone. Se la commissione lo avesse fatto, avrebbe appreso che Ben-Menashe aveva raccontato al corrispondente *del Time* Rajai Samghabadi di un grosso affare di armi "non ufficiale" tra Israele e Iran nel 1980.

Durante il processo a Ben-Menashe del 1989, in cui Samghabadi testimoniò a suo favore, emerse che la storia di un'enorme vendita illecita di armi da parte di Israele all'Iran fu ripetutamente proposta alla rivista *Time*, che si rifiutò di pubblicarla, nonostante fosse stata confermata da Bruce Van Voorst, un ex agente della CIA che lavorava per *Time*. Walsh non sembrava sapere che l'establishment liberale della East Coast, guidato dal Comitato dei 300, non si preoccupa della legge, perché la legge la fa lui.

Walsh si scontrò con lo stesso muro di mattoni del senatore Eugene McCarthy quando cercò di portare William Bundy davanti alla sua commissione e ottenne solo John Foster Dulles. Non sorprende che Walsh non abbia avuto successo, soprattutto quando si è trattato di affrontare uno Skull and Bonesman.[5] McCarthy aveva cercato di far testimoniare Dulles su alcune attività della CIA, ma Dulles si era rifiutato di collaborare.

R. James Woolsey, l'uomo nominato da Clinton a capo della CIA, farà qualcosa per assicurare i colpevoli alla giustizia? Woolsey è membro del National Security Club, ha lavorato sotto Henry Kissinger come membro del Consiglio di sicurezza nazionale ed è stato sottosegretario alla Marina nell'amministrazione Carter. Ha inoltre fatto parte di numerose commissioni ed è diventato uno stretto collaboratore di Les Aspin e Albert Gore.

Woolsey ha un altro amico intimo in Dave McMurdy, membro

---

[5] Membro della società segreta Skull and Bones.

della Commissione Intelligence della Camera e anch'egli consigliere chiave di Clinton. Di professione avvocato, Woolsey è stato socio dello studio legale Shae and Gardner, durante il quale ha agito come agente straniero senza registrarsi al Senato. Woolsey aveva anche un rapporto di lunga data tra avvocato e cliente con un alto funzionario della CIA.

Uno dei clienti più importanti di Woolsey era Charles Allen, funzionario dell'intelligence nazionale presso il quartier generale della CIA a Langley, in Virginia. Allen è stato accusato dal suo capo, William Webster, in un rapporto di indagine interna sullo scandalo Iran/Contra, di aver nascosto delle prove. Sembra che Allen non abbia mai consegnato tutti i suoi file sulla relazione con Manucher Ghorbanifar, l'intermediario nell'affare Iran/Contra. Webster minacciò Allen, che si rivolse a Woolsey per chiedere aiuto, dicendo di aver commesso "un semplice errore". Quando Sessions scoprì che Allen era rappresentato da Woolsey, lasciò cadere il caso. Chi è stato vicino alla questione dice che con Woolsey alla guida della CIA, altri che non sono stati graziati da Bush troveranno in Woolsey una "porta aperta".

III. La politica petrolifera degli Stati Uniti

L a politica petrolifera degli Stati Uniti all'estero fornisce una storia coerente di diplomazia dell'inganno. Durante la ricerca dei documenti del Dipartimento di Stato per questo libro, ho scoperto numerosi documenti che proclamano apertamente il sostegno alla Standard Oil in Messico e alle compagnie petrolifere statunitensi in Medio Oriente. A quel punto mi fu chiaro che il Dipartimento di Stato era coinvolto in una gigantesca cospirazione di diplomazia con l'inganno nel campo del petrolio estero.

Una direttiva del Dipartimento di Stato, datata 16 agosto 1919 e indirizzata a tutti i consoli e le ambasciate nei Paesi stranieri, richiedeva un massiccio lavoro di spionaggio e il raddoppio del personale dei servizi esteri per assistere le principali compagnie petrolifere statunitensi:

> "Signori, l'importanza vitale di assicurare un'adeguata fornitura di idrocarburi per le esigenze presenti e future degli Stati Uniti è stata portata all'attenzione del Dipartimento. Lo sviluppo di giacimenti comprovati e l'esplorazione di nuove aree sono perseguiti in modo aggressivo in molte parti del mondo da cittadini di vari Paesi e le concessioni per i diritti minerari sono attivamente ricercate. È auspicabile avere le informazioni più complete e aggiornate su queste attività svolte da cittadini statunitensi o da altri soggetti.

> "È quindi vostra responsabilità ottenere e trasmettere tempestivamente, di volta in volta, informazioni relative a locazioni petrolifere, cambiamenti nella proprietà delle proprietà petrolifere o cambiamenti significativi nella proprietà o nel controllo di società coinvolte nella produzione o nella distribuzione di petrolio.

"Dovrebbero essere fornite anche informazioni sullo sviluppo di nuovi giacimenti o sull'aumento dello sfruttamento delle regioni produttrici. È auspicabile che i dati siano completi e che i rapporti non si limitino alle voci specificamente menzionate sopra, ma includano informazioni relative a tutte le questioni di interesse per l'industria degli oli minerali che possono emergere di volta in volta..."

Questa direttiva è stata emanata dopo una lunga e aspra lotta con il governo messicano. Come vedremo nella storia che segue, A.C. Bedford, presidente della Standard Oil, aveva chiesto l'intervento del governo americano:

"Qualsiasi supporto diplomatico appropriato per ottenere e sfruttare le proprietà petrolifere all'estero dovrebbe essere sostenuto dal governo".

La Federal Trade Commission ha subito raccomandato un "sostegno diplomatico" a queste compagnie petrolifere all'estero.

Charles Evans Hughes testimoniò anche davanti al Coolidge Federal Oil Conservation Board, insistendo sul fatto che le politiche del Dipartimento di Stato e delle compagnie petrolifere dovessero essere sinonimi:

"La politica estera dell'amministrazione, espressa nella frase 'Open Door' (Porta aperta), coerentemente perseguita dal Dipartimento di Stato, ha permesso di promuovere in modo intelligente i nostri interessi americani all'estero e di salvaguardare in modo appropriato i bisogni del nostro popolo.

Ciò significava che era necessaria una fusione degli interessi petroliferi governativi e privati. Non è un caso che Evans sia stato consulente dell'American Petroleum Institute e della Standard Oil.

Un caso da manuale: lo sfruttamento del petrolio messicano

Anche la storia dello sfruttamento petrolifero messicano è un esempio di come ciò avvenga. La conquista della principale risorsa naturale del Messico - il suo petrolio - rimane una brutta macchia aperta sulle pagine della storia americana.

Il petrolio fu scoperto in Messico dal magnate britannico delle costruzioni Weetman Pearson, la cui società faceva parte della rete globale di imprese del Comitato dei 300. Pearson non era nel settore petrolifero, ma era sostenuto dalle compagnie petrolifere britanniche, in particolare dalla Royal Dutch Shell Company. Ben presto divenne il più grande produttore del Messico.

Il presidente messicano Porfirio Diaz concesse ufficialmente a Pearson i diritti esclusivi di esplorazione petrolifera, dopo averli già concessi a Edward Dahoney della Standard Oil, noto come "lo zar del petrolio messicano". Come vedremo, Diaz ha combattuto per gli interessi dei suoi sostenitori elitari. Era anche fortemente influenzato da Dahoney e dal presidente Warren Harding.

Questo può essere fatto risalire al Trattato di Guadalupe Hidalgo del 1848, in base al quale il Messico cedette agli Stati Uniti l'Alta California, il Nuovo Messico e il nord di Sonora, Coahuila e Tampaulis per 15 milioni di dollari. Il Texas era stato annesso dagli Stati Uniti nel 1845. Una delle ragioni principali dell'annessione del Texas è che i geologi erano a conoscenza dei vasti giacimenti di petrolio che si trovavano sotto la sua terra.

Nel 1876, Diaz rovesciò Leordo de Tejada e il 2 maggio 1877 fu dichiarato Presidente del Messico. Rimase in carica fino al 1911, ad eccezione di quattro anni (1880-1884). Diaz stabilizzò le finanze, intraprese progetti industriali, costruì ferrovie e incrementò il commercio durante il suo regno dittatoriale, rimanendo fedele a coloro che lo avevano messo al potere. La "regalità" del Messico era strettamente legata a quella della Gran Bretagna e dell'Europa.

Fu la promulgazione di un nuovo codice minerario, il 22 novembre 1884, ad aprire la strada a Pearson per lo sfruttamento del petrolio. A differenza della vecchia legge spagnola, la nuova legge prevede che un titolo di proprietà porti con sé la proprietà dei prodotti del sottosuolo. Inoltre, ha permesso che le terre comunali appartenenti a indios e meticci passassero nelle mani di

1,5 milioni di "classi superiori" messicane. È in questo contesto che Diaz ha iniziato a concedere concessioni agli investitori stranieri.

Il primo a ricevere una concessione fu Dahoney, stretto collaboratore del Segretario degli Interni Albert Fall e del Presidente Harding, al quale Dahony aveva dato ingenti somme di denaro per la sua campagna elettorale. Il gabinetto di Harding comprendeva non meno di quattro petrolieri, tra cui Fall. Nel 1900, Dahoney acquistò 280.000 acri della Hacienda del Tulillo per 325.000 dollari. Come "ricompensa" al presidente Diaz, Dahoney ha potuto letteralmente rubare la terra o comprarla a prezzi ridicolmente bassi.

Dopo quattro anni di attività, Dahoney produceva la maggior parte dei 220.000 barili di petrolio provenienti dal Messico. Pensando di essere ormai affermato, Dahoney, su istruzioni del governo statunitense, rifiutò di aumentare i pagamenti della "ricompensa" al presidente Diaz, anche se i giacimenti di Potrero e Cero Azul producevano più di un milione di dollari alla settimana. Questo atteggiamento era abbastanza tipico dell'avidità egoistica di John D., una tendenza che attraversava tutta la famiglia Rockefeller. A questo punto Diaz, scontento di Dahoney, fa a Pearson una "concessione unica". Nel 1910, la Mexican Eagle Company di Pearson aveva acquisito il 58% della produzione totale del Messico.

In risposta, Rockefeller ordinò che i pozzi di Pearson venissero fatti esplodere e che i suoi operai venissero attaccati da contadini che il suo denaro aveva armato allo scopo. Grandi bande di briganti sono state armate e addestrate per distruggere gli oleodotti e le strutture petrolifere dell'Aquila messicana. Tutti i trucchi malvagi insegnati da William "Doc" Avery Rockefeller sono emersi nella guerra di John D. Rockefeller contro Pearson.

Ma Pearson si dimostrò più che all'altezza di Rockefeller, reagendo con tattiche simili. Calcolando che in Messico non c'era abbastanza petrolio per continuare a combattere (cosa che si rivelò un grosso errore), Rockefeller si ritirò e lasciò il campo libero a Pearson. In seguito, John D. si pentì della sua decisione di ritirarsi dalla lotta e impegnò le risorse dello Standard per creare un caos sanguinoso in Messico. In quel Paese i disordini furono chiamati "rivoluzioni messicane", che nessuno capiva.

In riconoscimento dei suoi servizi agli interessi petroliferi britannici, Pearson ricevette il titolo di "Lord Cowdray" e divenne noto con questo nome. Divenne anche membro permanente del Comitato dei 300. Lord Cowdray era in buoni rapporti con il Presidente Wilson, ma dietro le quinte John D. stava cercando di minare questa relazione e di riprendere lo sfruttamento del petrolio messicano. Lord Cowdray, tuttavia, è determinato a mantenere la maggior parte dei profitti petroliferi messicani nelle casse del governo britannico.

La diplomazia petrolifera di Londra e Washington differisce poco in termini di aggressività. Le motivazioni e i metodi sono rimasti notevolmente invariati. Dopo tutto, il potere internazionale rimane soprattutto economico. Il 21 gennaio 1928, il contrammiraglio Charles Plunkett, comandante del cantiere navale di Brooklyn, vuotò il sacco in difesa del programma navale da 800 milioni di dollari del presidente Calvin Coolidge:

> "La pena per l'efficienza commerciale e industriale è inevitabilmente la guerra.

Questo in riferimento alla grande richiesta di petrolio per le navi militari. Plunkett aveva messo gli occhi sul petrolio in Messico.

Logicamente, la nazione che controlla i beni di base del mondo lo governa. Quando la Gran Bretagna disponeva di una grande marina militare, necessaria per mantenere il commercio mondiale, era la chiave delle operazioni britanniche nei Paesi produttori di petrolio. L'America imparò in fretta, soprattutto dopo l'arrivo della famiglia degli Illuminati di Dulles, come vedremo.

Torniamo in Messico, dove nel 1911 Diaz fu spodestato da Francisco Madero, e scopriamo il ruolo svolto dalla Standard Oil in questo sviluppo. Il generale Victoriano Huerto allarmò gli interessi petroliferi britannici dichiarando la sua intenzione di riprendere il controllo del petrolio messicano e gli inglesi chiesero a Lord Cowdray (che aveva ormai venduto le sue attività messicane alla Shell) di convincere il presidente Wilson ad aiutarli a rovesciare Huerta.

Era una buona idea, perché gli inglesi sapevano che la Standard Oil era dietro la rivoluzione di Madero del 1911, che aveva rovesciato il presidente Diaz. Una rivoluzione che la Standard Oil riteneva necessaria per porre fine allo stupro britannico del "loro" petrolio messicano. Francisco Madero, divenuto presidente del Messico il 6 novembre 1911, aveva una scarsa comprensione delle forze che lo muovevano e giocava al gioco politico, senza rendersi conto che la politica si basa esclusivamente sull'economia. Ma Huerta, che lo sostituì, sapeva come si giocava.

La Standard Oil fu fortemente coinvolta nella caduta di Porfirio Diaz. Le deposizioni di alcuni testimoni all'udienza del Comitato per le Relazioni Estere del Senato del 1913 implicarono Dahoney e la Standard Oil nel finanziamento della rivoluzione di Madero del 1911. Uno dei testimoni, Lawrence E. Converse, ha detto ai membri della commissione molto più di quanto Standard volesse far loro sentire:

"Il signor Madero mi disse che non appena i ribelli (le forze di Madero) avessero dato una buona prova di forza, diversi grandi banchieri di El Paso (Texas) erano pronti a dargli un anticipo. Credo che la somma fosse di 100.000 dollari e che gli interessi della Standard Oil avessero comprato il governo provvisorio del Messico... Loro (il governatore Gonzalez e il segretario di Stato Hernandez) dissero che gli interessi della Standard Oil stavano appoggiando Madero nella sua rivoluzione...".

L'amministrazione Wilson, ansiosa di limitare le concessioni di Cowdray, stabilisce relazioni diplomatiche con il governo di Madero, ordinando un embargo sulle armi contro qualsiasi controrivoluzionario. Il colonnello House (il controllore di Woodrow Wilson) ha fatto di Cowdray il cattivo quando Francisco Huerta ha rovesciato Madero. "Non ci piace (Cowdray), perché pensiamo che tra lui e Carden (Sir Lionel

Carden, ministro britannico per il Messico) si perpetuino molti dei nostri problemi", ha detto House.

Il colonnello House accusò giustamente Huerta di essere stato portato al potere dagli inglesi affinché le concessioni dello Standard potessero essere ridotte dall'espansione dello sfruttamento petrolifero di Lord Cowdray. Il presidente Wilson si rifiutò di riconoscere il governo Huerta, nonostante la Gran Bretagna e le altre grandi potenze lo facessero. Wilson ha dichiarato:

> "Non possiamo avere alcuna simpatia per coloro che cercano di appropriarsi del potere del governo per promuovere i loro interessi o ambizioni personali".

Un portavoce del Comitato dei 300 disse al Presidente Wilson: "Lei parla come un petroliere della Standard Oil". La domanda è stata posta:

> "... Che cosa rappresentano il petrolio o il commercio del Messico rispetto alla stretta amicizia tra Stati Uniti e Gran Bretagna? Entrambi i Paesi dovrebbero concordare su questo principio fondamentale: lasciare che i loro interessi petroliferi combattano le loro battaglie, legali e finanziarie".

Le persone vicine al Presidente Wilson affermano che egli era visibilmente scosso dal fatto che i servizi segreti britannici MI6 avevano scoperto i suoi legami diretti con le società messicane Standard, il che cominciava ad offuscare la sua immagine di Presidente democratico. House lo avvertì che l'esempio dato da Huerto nello sfidare il potere statunitense si sarebbe potuto ripercuotere in tutta l'America Latina se gli Stati Uniti (compresa la Standard Oil) non si fossero fatti valere. Questo era un bell'enigma da affrontare per un "democratico liberale".

Il Segretario agli Interni Fall ha sollecitato il Senato degli Stati Uniti a inviare forze militari americane in Messico per "proteggere le vite e le proprietà degli americani". Questo ragionamento è stato utilizzato anche dal Presidente Bush per inviare truppe statunitensi in Arabia Saudita per "proteggere le vite e le proprietà" della British Petroleum e dei suoi dipendenti, per non parlare dell'azienda della sua stessa famiglia, la Zapata Oil Company. Zapata è stata una delle prime compagnie petrolifere statunitensi a stringere amicizia con gli Al Sabah del Kuwait.

Nel 1913, la Commissione per le Relazioni Estere del Senato degli Stati Uniti convocò delle audizioni su quelle che definì "le rivoluzioni in Messico". L'opinione pubblica americana, allora come oggi, non aveva idea di cosa stesse accadendo e fu indotta dai giornali a credere che un gran numero di "messicani pazzi correvano in giro sparandosi addosso".

Dahoney, che si presentò come testimone esperto, fu piuttosto lirico nel chiedere velatamente al governo di Washington di usare la forza per trattenere Huerta. Ha detto:

"... Mi sembra che gli Stati Uniti debbano sfruttare l'intraprendenza, la capacità e lo spirito pionieristico dei loro cittadini per acquisire, possedere e conservare una quota ragionevole delle riserve petrolifere mondiali. Se non lo faranno, scopriranno che le riserve di petrolio che non rientrano nei limiti del territorio americano saranno rapidamente acquisite dai cittadini e dai governi di altre nazioni...".

Ci sembra di aver sentito una citazione simile in tempi più recenti, quando si diceva che il "pazzo" Saddam Hussein rappresentasse una minaccia per le forniture mondiali di petrolio. Il Segretario Fall ha aggiunto le sue richieste al Senato per un'intrusione armata in Messico:

"... e prestare la loro assistenza (cioè le forze militari americane) per il ripristino dell'ordine e il mantenimento della pace in quello sfortunato Paese, così come per l'affidamento delle funzioni amministrative nelle mani di cittadini messicani capaci e patriottici".

La somiglianza tra l'inganno perpetrato ai danni del Senato e del popolo degli Stati Uniti da Dahoney della Standard Oil e dal Segretario Fall ha un'inquietante somiglianza con la retorica di Bush prima e durante la sua guerra illegale contro l'Iraq. Bush dichiarò che era necessario che i soldati americani "portassero la democrazia in Kuwait".

La verità è che la democrazia era un concetto totalmente estraneo ai dittatori Al Sabah del Kuwait.

Una volta che l'America è riuscita a riavere il Kuwait per la British Petroleum (un esempio dell'amicizia speciale tra gli Stati Uniti e la Gran Bretagna di cui ha parlato il messaggero del Comitato dei 300 nella sua visita al Presidente Wilson), Bush ha rivolto la sua attenzione al "triste e infelice Paese dell'Iraq".

Come Wilson, che riteneva che il "tiranno Huerta" dovesse essere rimosso e che il Messico dovesse essere restaurato per "garantire l'ordine e la pace in quello sfortunato paese, mettendo le funzioni amministrative nelle mani di cittadini messicani competenti e patriottici", Bush, usando una formula simile, dichiarò che l'America doveva sbarazzarsi del "tiranno Saaaddam" (errore ortografico intenzionale).

Gli americani si convinsero presto che il Presidente Hussein era la causa di tutti i problemi dell'Iraq, cosa che il Colonnello House, attraverso Wilson, disse al popolo americano del Presidente messicano Huerta. In entrambi i casi, il denominatore comune, in Messico e in Iraq, è il petrolio e l'avidità. Oggi, il Segretario di Stato del Consiglio per le Relazioni Estere Warren Christopher ha sostituito Dahoney, Fall e Bush e continua a sostenere che Hussein deve essere abbattuto per salvare il popolo iracheno.

Christopher continua semplicemente a usare le bugie per coprire l'obiettivo del Comitato dei 300 di impadronirsi completamente dei giacimenti petroliferi dell'Iraq. Questo non è diverso dalla politica di Wilson nei confronti di Huerta.

Mentre nel 1912 Wilson presentò la "minaccia Huerta" come un pericolo per il Canale di Panama, Bush presenta Hussein come una minaccia per le forniture di petrolio degli Stati Uniti dall'Arabia Saudita. In entrambi i casi, non si trattava della verità: Wilson ha mentito sulla "minaccia" al Canale di Panama e Bush ha mentito su una "invasione in corso" dell'Arabia Saudita da parte dell'esercito iracheno. In entrambi i casi, non esisteva alcuna minaccia di questo tipo. L'aggressione verbale di Wilson nei confronti di Heurta fu resa pubblica in un discorso all'Allied Petroleum Council.

In un discorso preparato per lui dal colonnello House, Wilson disse al Congresso che il Messico era un "pericolo permanente per gli interessi americani".

"L'attuale situazione in Messico è incompatibile con l'adempimento degli obblighi internazionali del Messico, con lo sviluppo civile del Messico stesso e con il mantenimento di condizioni politiche ed economiche tollerabili in America Centrale", ha dichiarato Wilson.

"Il Messico è finalmente il luogo in cui il mondo ci guarda. L'America centrale sta per essere investita dalle grandi rotte commerciali globali e dall'incrocio che va da costa a costa fino all'istmo..."

Wilson annunciò infatti che, d'ora in poi, la politica delle compagnie petrolifere americane sarebbe diventata la politica degli Stati Uniti d'America.

Il Presidente Wilson era completamente asservito a Wall Street e alla Standard Oil. Nonostante il fatto che il 1er maggio 1911 la Corte Suprema avesse ordinato un'azione antitrust contro la Standard Oil, egli diede istruzioni ai consoli americani in America Centrale e in Messico di "trasmettere alle autorità l'idea che qualsiasi maltrattamento degli americani è suscettibile di sollevare la questione dell'intervento". Questa citazione proviene da un lungo documento del Dipartimento di Stato e dalle audizioni tenute dalla Commissione per le relazioni estere del Senato nel 1913.

In seguito a questo messaggio, Wilson chiese al Segretario di Stato William Bryan di chiarire che voleva che il Presidente Huerta se ne andasse rapidamente:

"È chiaro che Huerta ha il dovere immediato di dimettersi dal governo messicano e che il governo statunitense deve ora utilizzare tutti i mezzi necessari per ottenere questo risultato.

Nel migliore stile degli Stati Uniti imperialisti, il 12 novembre

1912 Wilson ha continuato con un'altra accusa contro il presidente Huerta:

"Se il generale Huerta non si ritirerà con la forza delle circostanze, sarà dovere degli Stati Uniti usare mezzi meno pacifici per rimuoverlo".

La dichiarazione bellicosa di Wilson è ancora più scioccante perché è seguita a un'elezione pacifica in cui il presidente Huerta è stato rieletto.

Ci si può chiedere perché, se questo era il caso di Panama, l'erede di John D., David Rockefeller, abbia lottato così duramente per dare il Canale di Panama al colonnello Torrijos, ma questo è l'argomento di un altro capitolo intitolato Panama e il trattato fraudolento Carter-Torrijos.

Non c'è da stupirsi se il popolo americano all'epoca accettò il bellicoso attacco di Wilson al Messico, sottilmente mascherato da "patriottico" e nell'interesse degli Stati Uniti. Dopo tutto, la maggior parte della popolazione, e credo l'87% degli americani, non ha forse appoggiato pienamente Bush nel suo attacco all'Iraq, e non siamo forse colpevoli di aver permesso che l'embargo disumano e totalmente ingiustificato contro l'Iraq rimanesse in vigore?

Non dobbiamo stupirci della somiglianza tra la retorica di Wilson e quella di Bush, perché entrambi erano controllati dal nostro governo segreto parallelo di alto livello,[6] proprio come Clinton è controllato da Chatham House a Londra, nella persona di Pamela Harriman. Non c'è da stupirsi che Warren Christopher stia continuando la grande menzogna contro l'Iraq. Il petrolio e l'avidità sono il fattore determinante nel 1993, proprio come nel 1912. Le accuse che rivolgo a Wilson sono ben documentate dallo scrittore Anton Mohr nel suo libro "La guerra del petrolio".

È stata l'America a danneggiare maggiormente il Messico nel 1912, facendolo sprofondare in una guerra civile falsamente descritta come "rivoluzione", così come siamo la nazione che ha

---

[6] Il famoso "Stato profondo".

danneggiato maggiormente l'Iraq nel 1991, e continuiamo a farlo, in barba alla nostra Costituzione, che i membri del Congresso che hanno giurato di difendere hanno fallito miseramente e miseramente.

Il Segretario Bryan disse alle potenze europee, che non gradivano quanto stava accadendo in Messico, che

"le prospettive di pace, di sicurezza della proprietà e di rapido pagamento degli obblighi esteri sono più promettenti se il Messico viene lasciato alle forze che attualmente vi combattono".

È stato un classico esempio di diplomazia della menzogna. Quello che Bryan non disse agli europei fu che, lungi dall'abbandonare il Messico "alle potenze", non lo fece. Wilson aveva già iniziato a isolare Huerta imponendo un embargo finanziario e sulle armi. Allo stesso tempo, armò e sostenne finanziariamente le forze controllate da Venustiano Carranza e Francisco Villa, incoraggiandole a rovesciare il generale Huerta.

Il 9 aprile 1914, il console statunitense inscenò una crisi a Tampico che portò all'arresto di un gruppo di marines americani. Il governo statunitense ha preteso delle scuse e, non avendole ricevute, ha interrotto i contatti con il governo Huerta. Il 21 aprile, l'incidente era degenerato al punto che alle truppe statunitensi fu ordinato di marciare su Vera Cruz.

Capitalizzando l'incidente di Tampico, Wilson fu in grado di giustificare l'invio di forze navali statunitensi a Vera Cruz. L'offerta di Huerta di sottoporre il caso Vera Cruz al tribunale dell'Aia fu rifiutata da Wilson. Come il suo successore Bush, nel caso del Presidente Hussein, Wilson non ha permesso che nulla ostacolasse la fine del governo del generale Huerta. In questo, Wilson fu abilmente assistito da Dahoney della Standard Oil, che informò Wilson e Bryan di aver dato al ribelle Carranza 100.000 dollari in contanti e 685.000 dollari in crediti di carburante.

A metà del 1914, il Messico fu ridotto al caos totale dall'ingerenza del presidente Wilson nei suoi affari. Il 5 luglio Huerta fu eletto presidente dal voto popolare, ma si dimise l'11 luglio quando fu chiaro che Wilson avrebbe fomentato disordini finché avesse tenuto le redini del governo messicano.

Un mese dopo, il generale Obregón prese il controllo di Città del Messico e insediò Carranza come presidente. Ma nel nord, Francisco Villa divenne un dittatore. Villa si oppose a Carranza, ma gli Stati Uniti riconobbero comunque Carranza. I Paesi latinoamericani temono ora un intervento degli Stati Uniti, rafforzato dai combattimenti tra le truppe di Villa e le forze statunitensi a Carrizal.

A seguito del clamore suscitato in America Latina, e tenendo conto in particolare delle reazioni dei suoi consulenti sull'America Latina, Wilson ordinò il ritiro delle forze statunitensi dal Messico il 5 febbraio 1917. Carranza deluse i suoi sostenitori americani in quanto non fece nulla per aiutare la loro causa. Invece, cercò di giustificare la rivoluzione del 1911, che secondo lui era necessaria per preservare l'integrità del Messico. Non era quello che le compagnie petrolifere americane gli avevano ordinato di dire.

Nel gennaio 1917, la nuova costituzione messicana era pronta e fu uno shock per la Standard Oil e per le società di Cowdray. Carranza fu eletto per quattro anni. La nuova costituzione, che di fatto dichiarava il petrolio una risorsa naturale inalienabile del popolo messicano, entrò in vigore il 19 febbraio 1918 e fu anche imposta una nuova tassa sui terreni petroliferi e sui contratti stipulati prima del 1er maggio 1917.

Questa imposta aggiuntiva, prevista dall'articolo 27 del cosiddetto documento statunitense, era "confiscatoria" ed essenzialmente incoraggiava le società statunitensi in Messico a non pagare le tasse. Il governo Carranza rispose a Washington che la tassazione era una questione di competenza dello "Stato sovrano del Messico". Per quanto il Dipartimento di Stato americano ci abbia provato, non è riuscito a far cambiare idea a Carranza: il petrolio messicano appartiene al Messico e se gli stranieri possono ancora investirvi, possono farlo solo a un prezzo: le tasse. Le compagnie petrolifere si rendono conto che Carranza si è ribellato.

A questo punto, Cowdray si rivolse al Presidente degli Stati Uniti, chiedendogli di "affrontare insieme il nemico comune (la nazionalizzazione)". Carranza era ormai persona non grata e Cowdray cercò di vendere le sue azioni perché vedeva una maggiore confusione in vista della lotta per il potere tra i tre principali generali messicani. L'offerta di vendita di Cowdray fu accettata dalla Royal Dutch Shell Company. Sebbene i termini fossero incerti, Cowdray ottenne un buon profitto dalla vendita delle sue azioni.

Dopo molti scontri, durante i quali Carranza fu ucciso e Villa assassinato, il generale Obregón fu eletto presidente il 5 settembre 1923. Il 26 dicembre Huerta guidò una rivolta contro Obregón, ma fu sconfitto. Obregón è stato appoggiato da Washington a condizione che limitasse l'applicazione della Costituzione ritenuta tanto discutibile dalle compagnie petrolifere straniere. Obregón impose invece una tassa del 60% sulle esportazioni di petrolio. Il governo statunitense e le compagnie petrolifere si infuriarono per quella che consideravano una defezione di Obregón.

Per quasi cinque anni, Washington continuò ad attaccare la Costituzione messicana, nascondendo le sue vere motivazioni. Nel 1927, il Messico era in preda a disordini civili e il suo tesoro era quasi vuoto. Il governo messicano fu costretto a capitolare. Non c'è descrizione migliore di come si sentirono i messicani di fronte al saccheggio del loro petrolio di un editoriale di *El Universal* di Città del Messico dell'ottobre 1927:

> "L'imperialismo americano è un prodotto fatale dell'evoluzione economica. È inutile cercare di convincere i nostri vicini del Nord a non essere imperialisti; non possono fare a meno di esserlo, per quanto possano avere buone intenzioni. Studiamo le leggi naturali dell'imperialismo economico, nella speranza di trovare un metodo che, invece di opporsi ciecamente, ne mitighi l'azione e la volga a nostro vantaggio".

A ciò è seguito un completo e totale annullamento della Costituzione messicana da parte del presidente Plutarco Calles.

Questo arretramento è stato portato avanti dai successivi governi messicani. Il Messico ha pagato per il riavvicinamento, arretrando dai principi per i quali aveva combattuto nel 1911 e nel 1917. Il 1^{oer} luglio 1928, il generale Obregón fu rieletto presidente, ma fu assassinato 16 giorni dopo. Le compagnie petrolifere straniere sono state accusate di aver commesso il crimine e di aver mantenuto il Messico in uno stato di incertezza.

Il governo statunitense agì in alleanza con la Standard Oil e Lord Cowdray per costringere il governo messicano a revocare il decreto del 19 febbraio 1918 che dichiarava il petrolio una risorsa naturale inalienabile del popolo messicano. Il 2 luglio 1934, il generale Lazaro Cardenas fu scelto da Calles come suo successore. In seguito Cardenas si scagliò contro Calles, definendolo "troppo conservatore" e, su pressione degli interessi petroliferi britannici e americani, fece arrestare Calles al suo ritorno dagli Stati Uniti nel 1936. I documenti del Dipartimento di Stato non lasciano dubbi sulla mano del governo statunitense in questi eventi.

Cardenas era favorevole alle compagnie petrolifere americane e britanniche, ma Vincente Lombardo Toledano, leader della Confederazione dei Lavoratori Messicani, era fortemente contrario. Cardenas fu costretto a piegarsi alle richieste di questo gruppo e il 23 novembre 1936 una nuova legge di espropriо diede al governo il potere di confiscare le proprietà, in particolare i terreni petroliferi. Questo è stato l'opposto di quello che il governo statunitense e le compagnie petrolifere si aspettavano, e ha gettato nel panico le compagnie petrolifere.

Nel 1936, 17 compagnie straniere erano impegnate a pompare il petrolio che apparteneva di diritto al Messico. La situazione era molto simile a quella del Sudafrica, dove, dalla guerra anglo-boera (1899-1902), la famiglia Oppenheimer del Comitato dei 300 aveva svuotato il Sudafrica dell'oro e dei diamanti, spendendoli a Londra e a Zurigo, mentre il popolo sudafricano ne traeva scarso beneficio. La guerra anglo-boera fu la prima dimostrazione aperta del potere e della potenza del Comitato dei 300.

Sia con l'"oro nero" che con l'"oro giallo" sono state saccheggiate le risorse nazionali del Messico e del Sudafrica, che appartengono realmente al popolo. Tutto questo è avvenuto sotto la copertura dell'accordo di pace, che è crollato solo quando sono emersi forti leader nazionali, come Daniel Malan in Sudafrica e Lazaro Cardenas in Messico.

Ma a differenza di Malan, che non riuscì a trattenere i cospiratori ladri nazionalizzando le miniere d'oro, Cardenas emanò un decreto il 1er novembre 1936, in cui si dichiaravano nazionalizzati i diritti sul sottosuolo della Standard Oil e di altre compagnie. L'effetto netto di questo decreto è stato quello di privare le compagnie petrolifere di operare in Messico e di rimpatriare i loro profitti negli Stati Uniti. Per anni, i lavoratori messicani del settore petrolifero hanno vissuto ai limiti della povertà, mentre Rockefeller e Cowdray gonfiavano le loro casse con i profitti. Cowdray divenne uno degli uomini più ricchi d'Inghilterra; gli americani conoscono fin troppo bene le dimensioni dell'impero Rockefeller.

Il sangue di migliaia di messicani era stato versato inutilmente a causa dell'avidità di Standard Oil, Eagle, Shell, ecc. Le rivoluzioni sono state deliberatamente provocate dai manipolatori statunitensi, sempre sostenuti dai funzionari governativi americani competenti. Mentre Cowdray viveva nel lusso più assoluto e frequentava i migliori club di Londra, i lavoratori messicani del petrolio stavano peggio degli schiavi dei Faraoni, vivendo nello squallore e ammassandosi in baracche che non si possono descrivere.

Il 18 marzo 1938, il governo Cardenas nazionalizzò le proprietà delle compagnie petrolifere statunitensi e britanniche. Gli Stati Uniti hanno reagito smettendo di acquistare argento dal Messico. Il governo britannico ha interrotto le relazioni diplomatiche. In segreto, la Standard Oil e le compagnie petrolifere britanniche finanziarono il generale Saturnino Cedillo, incitandolo alla rivolta contro Cardenas. Tuttavia, una massiccia dimostrazione di sostegno a Cardenas da parte della popolazione pose fine al tentativo di rivolta nel giro di poche settimane.

Gli Stati Uniti e la Gran Bretagna istituirono rapidamente un boicottaggio del petrolio messicano, che devastò la compagnia petrolifera nazionale nota come PEMEX. I Cardenas stipularono quindi accordi di baratto con la Germania e l'Italia. Questa condotta ingannevole da parte di entrambi i governi - che la maggior parte delle persone vedeva come pilastri della civiltà occidentale - continuò quando i comunisti cercarono di conquistare la Spagna e il governo messicano cercò di rompere il boicottaggio petrolifero inviando petrolio al governo del generale Franco.

Nella guerra franco-comunista, nota come guerra civile spagnola, Roosevelt sostenne la parte comunista e le permise di reclutare uomini e munizioni negli Stati Uniti. Washington adottò una politica ufficiale di "neutralità", ma l'inganno fu mal celato e si rivelò quando Texaco fu tirata in ballo.

La PEMEX decise di rifornire Franco di petrolio, utilizzando le navi cisterna della Texaco per trasportarlo nei porti spagnoli. Sir William Stephenson, capo dell'intelligence MI6, denunciò Texaco a Roosevelt. Come è consuetudine quando i governi anticomunisti di destra combattono per l'esistenza del loro Paese, il governo parallelo segreto degli Stati Uniti ordinò a Roosevelt di bloccare le forniture di petrolio messicano a Franco. Ma questo non ha impedito ai bolscevichi di reclutare negli Stati Uniti o di ottenere munizioni e finanziamenti da Wall Street La Texaco non ha agito per simpatia verso Franco o il Messico: il suo motivo era il profitto. Questo dimostra cosa succede quando un socialista fabiano come Roosevelt governa un Paese che si oppone al socialismo.

Solo nel 1946 una parvenza di ordine tornò in Messico con l'elezione del presidente Miguel Aleman. Il 30 settembre 1947, il governo messicano ha risolto definitivamente tutte le richieste di esproprio degli Stati Uniti e del Regno Unito. Ciò ha comportato un costo elevato per il popolo messicano e ha lasciato il controllo de facto del petrolio nelle mani delle compagnie petrolifere statunitensi e britanniche. Pertanto, il decreto di esproprio del 1936 firmato da Cardenas fu un successo solo parziale.

Nel 1966, quando diversi scrittori denunciarono l'avidità e la corruzione di Lord Cowdray, questi assunse Desmond Young per scrivere un libro in cui sbianchettava e minimizzava il suo coinvolgimento con Diaz e Huerta. Nel 1970, il presidente Richard Nixon, su richiesta del Council on Foreign Relations, firmò un accordo con il presidente Diaz Ordaz che prevedeva una soluzione pacifica delle future controversie sui confini e di altro tipo (ad esempio sul petrolio).

Questo accordo è valido ancora oggi e, mentre i metodi di saccheggio del petrolio messicano sono cambiati, l'intento e la motivazione non sono cambiati. C'è un'idea sbagliata comune sull'accordo di Nixon, ovvero che esso abbia rappresentato un cambiamento nella politica di Washington. L'intento era quello di dare l'impressione che ora riconosciamo il diritto del Messico alle sue risorse naturali. Si ripete il periodo in cui Morrow negoziò un accordo con Cailes-Obregón in quella che, secondo il popolo americano, era una "grande concessione da parte degli Stati Uniti", mentre in realtà non era affatto una concessione per quanto riguardava Washington. Questa è la politica della diplomazia della menzogna.

IV. Rockefeller: il genio del male

N essuna industria è stata così corrotta come la potente industria petrolifera, e nessun'altra industria ha meritato così tanto gli epiteti che le sono stati rivolti. Quando gli indiani d'America condussero padre Joseph de la Roche Daillon, un missionario francescano francese, alla misteriosa pozza d'acqua nera nella Pennsylvania occidentale, non potevano immaginare gli orribili risultati che sarebbero seguiti.

L'industria petrolifera è sopravvissuta a tutti i tentativi di sfondare le sue mura, sia da parte del governo che dei privati cittadini. L'industria petrolifera statunitense è sopravvissuta alle vendette personali dei defunti senatori Henry Jackson e Frank Church, ed è emersa da numerose inchieste con disinvoltura e con i suoi segreti intatti. Nemmeno le cause antitrust sono state in grado di spezzare il suo potere.

Non si può parlare dell'industria petrolifera senza menzionare John D. Rockefeller, che fondò la Standard Oil del New Jersey. Il nome Rockefeller è anche sinonimo di avidità e di inestinguibile sete di potere. L'odio che la maggior parte degli americani nutre per i Rockefeller è iniziato quando la "Grande Mano" è emersa nelle regioni petrolifere della Pennsylvania. È iniziata tra i discendenti dei pionieri trivellatori che si sono riversati a Titusville e Pit Head quando è iniziata la "corsa all'oro" nero nel 1865.

L'abilità di John D. Rockefeller nel derubare i cercatori e i trivellatori delle loro locazioni petrolifere ricorda in modo inquietante gli sforzi "pionieristici" di Cecil John Rhodes, Barny Barnato e altri agenti della Rothschild-Warburg che hanno fornito il denaro per le rapine e le truffe alla luce del giorno commesse da questi criminali ai danni dei proprietari dei diamanti di Kimberly e delle locazioni d'oro di Rand. Nelson Rockefeller una volta affermò che la fortuna della famiglia era "un caso", ma i fatti parlano diversamente.

La paranoia e il bisogno di segretezza che circondavano John D. Rockefeller furono trasmessi ai suoi figli e adottati come strategia contro le interferenze esterne nel settore petrolifero. Oggi, la società di contabilità del Comitato dei 300, Price Waterhouse, gestisce i libri contabili in modo tale che nemmeno i migliori contabili e le varie commissioni del Senato sono stati in grado di svelare le finanze dei Rockefeller. Questa è la natura della bestia. Spesso ci si chiede: "Perché Rockefeller era così profondamente disonesto?". Si può solo supporre che fosse insito nella sua natura.

John D. Rockefeller non credeva che l'amicizia avrebbe ostacolato il suo progresso e avvertì i suoi figli di non lasciare che "la buona amicizia avesse la meglio su di voi". Il suo dogma preferito riguardava il vecchio gufo saggio che non diceva nulla e sentiva molto. Le prime fotografie di John D. mostrano un viso lungo e arcigno, occhi piccoli, senza alcuna traccia di qualità umane.

Dato il suo aspetto, è ancora più sorprendente che i fratelli Clark abbiano accettato John D. come contabile e poi come socio della loro raffineria. I fratelli capirono presto che non ci si poteva fidare di Rockefeller. In breve tempo, furono costretti a ritirarsi, "comprati" secondo John D. Il libro di Ida Tarbell, "The History of the Standard Oil Company", è pieno di esempi della spietatezza e della disumanità di Rockefeller nei confronti di tutti tranne che di se stesso.

La Standard Oil Company è stata l'azienda più segreta della storia degli Stati Uniti, una tradizione portata avanti oggi dalla Exxon e dalle sue controllate. Si dice che la Standard Oil fosse chiusa e barricata come una fortezza. L'immagine di Rockefeller si era talmente appannata che assunse Ivy Lee, un uomo di pubbliche relazioni, per aiutarlo a ripristinare la sua immagine di filantropo. Ma nonostante i suoi sforzi, Lee non riuscì a cancellare l'eredità di odio lasciata da John D. L'immagine offuscata di Standard e dei Rockefeller continuò negli anni '90 e probabilmente rimarrà per sempre. La Standard Oil doveva essere il portabandiera dell'industria petrolifera nella sua condotta verso le nazioni con riserve di petrolio e gas nel sottosuolo.

I Rockefeller hanno sempre dettato legge e hanno deciso presto che l'unico modo per sfuggire alla tassazione era quello di collocare la maggior parte dei loro fondi e dei loro beni al di fuori degli Stati Uniti. Nel 1885, Rockefeller aveva stabilito mercati in Europa e in Estremo Oriente, che rappresentavano un incredibile 70% dell'attività della Standard Oil.

Ma la marcia di Rockefeller attraverso i continenti non fu priva di ostacoli. Il risentimento pubblico nei confronti di Standard raggiunse nuove vette dopo che scrittori come Ida Tarbell e H.D. Lloyd rivelarono che Standard era un'azienda con un esercito di spie al di sopra dei governi locali, statali e federali.

> "che hanno dichiarato guerra, negoziato la pace, ridotto tribunali, legislature e Stati sovrani a un'obbedienza senza pari alla sua volontà".

Quando il popolo americano venne a conoscenza delle pratiche monopolistiche di Standard, le denunce si riversarono sul Senato, dando vita allo Sherman Antitrust Act. Ma la legge era così volutamente vaga e lasciava molte domande senza risposta, che Rockefeller e la sua banda di avvocati potevano facilmente evitare di rispettarla. Rockefeller una volta l'ha descritto come "un esercizio di pubbliche relazioni senza alcuno stimolo". L'influenza di John D. Rockefeller al Senato non fu mai così evidente come durante i dibattiti sulla legge antitrust Sherman. All'epoca, i singoli senatori erano sottoposti a forti pressioni da parte dei lobbisti di Rockefeller.

Rockefeller subì una temporanea battuta d'arresto quando, l'11 maggio 1911, il giudice capo Edward White decise, in una causa antitrust intentata da Frank Kellogg contro Standard, che quest'ultima doveva scorporare tutte le sue filiali entro sei mesi. Rockefeller rispose impiegando un esercito di scrittori che spiegarono che la "natura peculiare" dell'attività petrolifera non si prestava ai normali metodi commerciali; doveva essere trattata come un'entità speciale, come aveva fatto John D. Rockefeller.

Per diluire la decisione del giudice White, Rockefeller istituì una propria forma di governo. Questo nuovo "governo" prese la forma di fondazioni e istituzioni filantropiche, sul modello del sistema di patronato delle corti reali europee. Queste istituzioni e fondazioni avrebbero protetto la fortuna di Rockefeller dall'imposta sul reddito, che i suoi mercenari del Senato avevano avvertito che sarebbe stata imposta negli anni a venire.

Questo fu l'inizio del "governo nel governo" dell'industria petrolifera, un potere che è ancora in vigore oggi. Non c'è dubbio che il CFR debba la sua rapida ascesa al potere a Rockefeller e Harold Pratt. Nel 1914, un membro del Senato definì l'impero Rockefeller "il governo segreto degli Stati Uniti". Gli strateghi di Rockefeller chiesero la creazione di un'agenzia di intelligence privata e, seguendo il loro consiglio, Rockefeller acquistò letteralmente il personale e le attrezzature del servizio di intelligence delle SS di Reinhardt Heydrich, oggi noto come "Interpol".

Con un'intelligence paragonabile a quella delle SS di Heydrich, i Rockefeller erano in grado di infiltrarsi nei Paesi, prendere virtualmente il controllo dei loro governi, cambiare le loro leggi fiscali e le loro politiche estere, e poi fare pressione sul governo degli Stati Uniti perché si adeguasse. Se le leggi fiscali fossero diventate più severe, i Rockefeller avrebbero semplicemente cambiato la legge. È stato questo bacillo dell'industria petrolifera a bloccare la produzione locale che avrebbe reso l'America totalmente indipendente dal petrolio straniero. Il risultato netto? Prezzi più alti per i consumatori americani e profitti osceni per le compagnie petrolifere.

I Rockefeller entrarono presto in scena in Medio Oriente, ma i loro sforzi per ottenere concessioni furono bloccati da Harry F. Sinclair. Sembra che Sinclair sia riuscito a battere i Rockefeller in ogni occasione. Poi ci fu una svolta drammatica, lo scandalo Tea Pot Dome, in cui il segretario agli Interni Albert Fall, amico di Sinclair, e l'amico di Fall, Dahoney, vennero incriminati per essersi impossessati delle riserve petrolifere navali di Tea Pot Dome e Elk Hills a scopo di lucro. Molti temevano che lo scandalo del Tea Pot Dome fosse stato architettato dai Rockefeller per screditare ed eliminare Sinclair come concorrente indesiderato.

Lo scandalo scosse Washington e costò il posto a Fall (da cui il termine "capro espiatorio"). Sinclair evita per un pelo il carcere. Tutti i suoi lucrosi contratti con la Persia e la Russia furono annullati. Ancora oggi si sospetta, ma non si dimostra, che lo scandalo del Tea Pot Dome sia stato un'operazione di sting di Rockefeller. Alla fine, la maggior parte delle concessioni di Sinclair in Medio Oriente, ad eccezione di quelle detenute dalla Gran Bretagna, passarono nelle mani di Rockefeller.

Gli eventi in Iran avrebbero presto dimostrato il potere di Rockefeller e dei suoi soci britannici. Nel 1941, quando Reza Shah Pahlavi dell'Iran rifiutò di unirsi ai cosiddetti "alleati" contro la Germania e di espellere i suoi cittadini dal Paese, Churchill andò su tutte le furie e ordinò l'invasione dell'Iraq, a cui si unirono gli alleati bolscevichi russi. Permettendo alle truppe russe di entrare in Iran, Churchill aprì la porta a una presenza russa nella regione, uno degli obiettivi tanto desiderati da Stalin. Si tratta di uno scioccante tradimento del popolo iraniano e dell'Occidente in generale, e dimostra che l'influenza dei Rockefeller è internazionale.

Questo è il potere delle compagnie petrolifere, soprattutto di quelle controllate dai Rockefeller. I rappresentanti della Standard Oil e della Royal Dutch Shell consigliarono a Churchill di arrestare ed espellere Reza Shah, cosa che egli fece prontamente, mandandolo prima alle Mauritius e poi in Sudafrica, dove morì in esilio. I documenti che ho esaminato al British Museum di Londra dimostrano che i Rockefeller erano fortemente coinvolti nella politica del Medio Oriente.

Al Parlamento britannico, Churchill si vantò:

> "Noi (le compagnie petrolifere) abbiamo appena spodestato un dittatore in esilio e insediato un governo costituzionale impegnato in un catalogo di serie riforme.

Quello che non ha detto è che il "governo costituzionale" era un governo fantoccio scelto dalle compagnie petrolifere e che il suo "catalogo completo di riforme" aveva come unico scopo quello di rafforzare gli interessi petroliferi statunitensi e britannici per ottenere quote ancora maggiori dei proventi del petrolio.

Nel 1951, però, l'atmosfera nazionalista che si respirava in Medio Oriente, iniziata in Egitto dove il colonnello Gamal Abdel Nasser era determinato a spodestare gli inglesi dal controllo del Paese, si era diffusa anche in Iran. In quel periodo, un vero patriota iraniano, il dottor Mohamed Mossadegh, emerse per sfidare il governo fantoccio di Churchill. L'obiettivo principale di Mossadegh era quello di spezzare il potere delle compagnie petrolifere straniere. Egli riteneva che lo stato d'animo del popolo iraniano fosse maturo per un'azione del genere.

Ciò allarmò profondamente i Rockefeller, che chiesero aiuto alla Gran Bretagna. Mossadegh disse a Rockefeller e British Petroleum che non avrebbe rispettato i loro accordi di concessione. Si dice che David Rockefeller abbia sviluppato un odio personale per Mossadegh. Pertanto, British Petroleum chiese al governo britannico di "porre fine alla seccatura creata da Mossadegh". Churchill, desideroso di soddisfare le richieste del cartello petrolifero delle Sette Sorelle (composto dalle sette maggiori compagnie petrolifere britanniche e americane del Medio Oriente), chiese l'aiuto degli Stati Uniti.

Politico di talento, colto e astuto, proveniente da un ambiente benestante, Mossadegh aveva il sincero desiderio di aiutare il popolo iraniano a trarre vantaggio dalla sua risorsa nazionale. Nel maggio 1951, Mossadegh nazionalizzò il petrolio iraniano. Fu lanciata una campagna pubblicitaria internazionale contro Mossadegh, che fu dipinto come uno sciocco ometto che girava per Teheran in pigiama, assorto nelle emozioni. Questo è ben lontano dalla verità.

Sotto la spinta delle compagnie petrolifere Rockefeller e con il sostegno del Dipartimento di Stato americano, viene ordinato un boicottaggio internazionale del petrolio iraniano. Il petrolio iraniano è diventato rapidamente invendibile. Il Dipartimento di

Stato dichiara il proprio sostegno al governo fantoccio di Churchill a Teheran, insediato dopo il rifiuto dello Scià di unirsi agli Alleati nella guerra contro la Germania.

Contemporaneamente, la CIA e l'MI6 lanciarono un'operazione congiunta contro Mossadegh. Quello che segue è un classico esempio di come i governi vengono sovvertiti e rovesciati attraverso una campagna di propaganda. Churchill, che aveva perso le elezioni dopo la fine della guerra, viene riportato al potere da un'opinione pubblica britannica sottoposta a lavaggio del cervello. Usò la sua posizione per muovere guerra al dottor Mossadegh e al popolo iraniano usando tattiche da brigante e da hacker, come dimostra l'esempio seguente:

La "Rose Marie", che navigava in acque internazionali e trasportava petrolio iraniano, non violava alcuna legge o trattato internazionale quando Churchill le ordinò di essere intercettata dalla Royal Air Force e fu costretta a navigare verso Aden, un porto controllato dagli inglesi. Il dirottamento di una nave in mare è stato pienamente sostenuto dal Dipartimento di Stato americano, su suggerimento della famiglia Rockefeller.

La mia fonte a Londra, il cui lavoro consiste nel monitorare l'industria petrolifera, mi disse nel 1970 che Churchill fu trattenuto solo con difficoltà dal suo gabinetto dall'ordinare alla RAF di bombardare la Rose Marie. Passò un anno, durante il quale l'Iran subì grandi perdite finanziarie. Nel 1953, il dottor Mossadegh scrisse al Presidente Dwight D. Eisenhower chiedendo aiuto. Avrebbe potuto scrivere a Rockefeller. Eisenhower, facendo leva sui nervi, non rispose.

Questa tattica ebbe l'effetto desiderato di spaventare Mossadegh. Alla fine, Eisenhower ha risposto e, in stile classico, ha consigliato al leader iraniano di "rispettare gli obblighi internazionali dell'Iran". Mossadegh continuò a sfidare i governi britannico e americano. Le compagnie petrolifere inviarono una deputazione a Eisenhower chiedendo un'azione immediata per rimuovere Mossadegh.

Kermit Roosevelt, che ha guidato l'operazione segreta della CIA contro Mossadegh, ha lavorato instancabilmente per creare all'interno di Teheran forze che potrebbero essere utilizzate per provocare disordini. Sono passate di mano ingenti somme di denaro, che secondo la mia fonte ammonterebbero a 3 milioni di dollari. Nell'aprile del 1953, lo scià Mohammed Reza Pahlavi, sotto le forti pressioni dei banchieri internazionali, tentò di destituire Mossadegh, ma il tentativo fallì. Un esercito di agenti equipaggiati dalla CIA e dall'MI6 iniziò ad attaccare l'esercito. Temendo di essere assassinato, lo Scià fuggì e Mossadegh fu rovesciato nell'agosto del 1953. Il costo per il contribuente americano è stato di quasi 10 milioni di dollari.

Vale la pena notare che mentre Kermit Roosevelt pianificava l'operazione segreta della CIA contro il dottor Mossadegh nel 1951, i suoi soci Rockefeller stavano affrontando a Washington un procedimento legale che avrebbe dovuto bloccare le operazioni in Iran. Il fatto è che l'onnipotente industria petrolifera sapeva di poter respingere la sfida come aveva fatto con tutte le altre. Il Dipartimento di Giustizia ha avviato un procedimento contro Exxon, Texaco, Standard Gulf, Mobil e Socal. (Non è stato fatto alcuno sforzo per perseguire Shell e BP).

La Standard Oil incaricò immediatamente Dean Acheson di insabbiare l'indagine. Acheson si dimostrò un buon esempio di come Rockefeller usasse persone importanti nel governo e nel settore privato per scavalcare il governo di Washington. All'inizio del 1952, Acheson passò all'attacco. Citando l'interesse del Dipartimento di Stato a proteggere le iniziative di politica estera dell'America, ammettendo così tacitamente che Big Oil dirigeva la politica estera dello Stato, Acheson chiese che l'indagine fosse abbandonata per non indebolire "le nostre buone relazioni in Medio Oriente".

Acheson non ha menzionato i disordini e l'instabilità creati in quel momento in Iran da Rockefeller, dalla CIA e dall'MI6. Il procuratore generale ha risposto con un attacco su larga scala ai monopoli petroliferi, avvertendo che il petrolio deve essere liberato "dalla morsa di pochi; la libera impresa può essere preservata solo proteggendola dagli eccessi del potere, sia governativo che privato". Hethen ha accusato il cartello di agire in modo da mettere in pericolo la sicurezza nazionale.

Rockefeller ordinò immediatamente di limitare i danni attraverso i suoi contatti nei Dipartimenti di Stato e di Giustizia. (Acheson denunciò pubblicamente l'indagine come un'azione "da parte di cani poliziotto dell'antitrust che non vogliono avere nulla a che fare con mammona e l'ingiusto". Il suo tono di voce era sempre bellicoso e minaccioso. Acheson ottenne l'appoggio dei Dipartimenti della Difesa e degli Interni per Rockefeller, che garantì per le Sette Sorelle in modo sorprendente.

"Le compagnie (Big Oil) svolgono un ruolo vitale nella fornitura del bene più essenziale per il mondo libero. Le operazioni petrolifere americane sono, a tutti gli effetti, strumenti della nostra politica estera".

Dean Acheson cercò allora di sollevare lo spauracchio dell'interferenza sovietica in Medio Oriente, che non era altro che un depistaggio per distogliere l'attenzione dal modo in cui operavano le compagnie petrolifere. Alla fine, tutte le accuse penali contro il cartello sono state ritirate...

Per dimostrare il loro totale disprezzo per la legge americana, i rappresentanti delle principali compagnie petrolifere si riunirono a Londra nel 1924 per evitare possibili accuse di cospirazione su richiesta di Sir William Fraser. La lettera che Fraser scrisse ai massimi dirigenti di Standard, Mobil, Texaco, BP, Socal e Shell, spiegava che dovevano incontrarsi per regolare i loro conti con uno Scià Reza Pahlavi ormai completamente eccitato.

I cospiratori si incontrarono nuovamente a Londra un mese dopo, dove furono raggiunti dall'amministratore delegato della compagnia petrolifera francese. È stato raggiunto un accordo per la formazione di un consorzio che avrebbe controllato il petrolio iraniano. Il nuovo organismo si chiama "consorzio" perché l'uso della parola "cartello" in America è considerato poco saggio. Il successo è garantito, dicono i leader statunitensi alle loro controparti straniere, perché il Dipartimento di Stato ha dato la sua benedizione all'incontro di Londra.

Per il Dipartimento di Stato, le Sette Sorelle[7] hanno svolto un ruolo chiave in Medio Oriente, impedendo la penetrazione comunista in una regione di vitale interesse per gli Stati Uniti. Dato che nel 1942 queste stesse compagnie petrolifere sostennero Churchill nel permettere alle truppe bolsceviche sovietiche di invadere l'Iran, dando così a Stalin la sua migliore opportunità di ottenere un punto d'appoggio in Medio Oriente, questa non è del tutto la verità.

Nel corso del procedimento del Dipartimento di Giustizia, iniziato nell'ottobre 1951, i testimoni del Dipartimento di Stato si sono sempre riferiti all'industria petrolifera come "il cosiddetto cartello". Il Dipartimento di Stato è densamente popolato da agenti Rockefeller, forse più di qualsiasi altra istituzione governativa controllata da David Rockefeller.

Ancora oggi sono fermamente convinto che non ci sia modo di spezzare le catene Rockefeller che legano le compagnie petrolifere e questa nazione al Council on Foreign Relations, che controlla tutti gli aspetti della nostra politica estera nei confronti delle nazioni petrolifere del mondo. È una situazione che noi, il popolo, dovremo affrontare, si spera, al più presto.

A Washington, la causa civile contro il cartello petrolifero è crollata di fronte alle minacce del Council on Foreign Relations, sostenuto dal suo fantoccio, il presidente Eisenhower. Eisenhower dichiarò che gli interessi della sicurezza nazionale statunitense erano minacciati dal procedimento. Eisenhower, un burattino del CFR, chiese al suo procuratore generale Herbert Brownell Jr. di dire alla corte che

"Le leggi antitrust dovrebbero essere considerate secondarie rispetto agli interessi della sicurezza nazionale".

Mentre Kermit Roosevelt combatteva a colpi di martello e tenaglia a Teheran, Eisenhower e Dulles proponevano alla corte un compromesso che avrebbe, nelle parole di Eisenhower, "protetto gli interessi del mondo libero nel Medio Oriente come

---

[7] Le "Sette Sorelle", le società che compongono il cartello del monopolio petrolifero mondiale. N/A.

principale fonte di approvvigionamento di petrolio". Non c'è da stupirsi che l'ayatollah Khomeini, decenni dopo, abbia definito gli Stati Uniti "il grande Satana". Khomeini non si riferiva al popolo degli Stati Uniti, ma al loro governo.

Khomeini sapeva perfettamente che l'americano comune era vittima di una cospirazione, che veniva mentito, truffato, derubato e costretto a sacrificare il sangue di milioni di suoi figli in guerre straniere alle quali non aveva assolutamente motivo di partecipare. Khomeini, appassionato di storia, era ben consapevole del Federal Reserve Act, che secondo lui "teneva il popolo in schiavitù". Quando l'ambasciata statunitense a Teheran fu sequestrata dalle Guardie Rivoluzionarie, nelle mani di Khomeini finirono diversi documenti incriminanti, che mostravano chiaramente il coinvolgimento della CIA con la British Petroleum, la Standard e le altre principali compagnie petrolifere.

Una volta dichiarato il successo del colpo di Stato, lo Scià tornò al suo palazzo. Non sapeva che due decenni dopo avrebbe subito la stessa sorte di Mossadegh, per mano dell'industria petrolifera e dei suoi governi per procura a Washington e Londra: la CIA e l'MI6. Lo Scià pensava di potersi fidare di David Rockefeller, ma, come molti altri, si rese presto conto che la sua fiducia era tristemente mal riposta.

Con l'accesso ai documenti che Mossadegh aveva dissotterrato e che mostravano l'entità del saccheggio delle risorse nazionali iraniane, lo Scià si disilluse presto nei confronti di Londra e Washington. Alla notizia delle rivolte in Messico e in Venezuela contro Rockefeller e Shell, nonché alla notizia del "Golden Gimmick" dell'Arabia Saudita, lo Scià iniziò a fare pressioni su Rockefeller e sugli inglesi per ottenere una quota maggiore dei proventi petroliferi iraniani, che all'epoca ammontavano solo al 30% del totale dei proventi petroliferi delle compagnie petrolifere.

Anche altri Paesi hanno sentito la frusta dell'industria petrolifera. Il Messico è un caso classico della capacità delle compagnie petrolifere di creare politiche estere che hanno superato i confini nazionali e sono costate ai consumatori americani un'enorme fortuna. Il petrolio sembrava essere il fondamento di un nuovo ordine economico, con un potere incontrastato nelle mani di poche persone appena conosciute al di fuori dell'industria petrolifera.

Le "major" sono state menzionate più volte. Si tratta di una sigla che indica le principali compagnie petrolifere che formano il cartello di maggior successo della storia commerciale. Exxon (chiamata Esso in Europa), Shell, BP, Gulf, Texaco, Mobil e Socol-Chevron. Insieme fanno parte di una vasta rete di banche, compagnie assicurative e società di brokeraggio interconnesse e interdipendenti, controllate dal Comitato dei 300, che è difficilmente conosciuto al di fuori della sua cerchia.

La realtà del governo mondialista, o governo di vertice del Nuovo Ordine Mondiale, non tollera interferenze da parte di nessuno, nemmeno da parte di potenti governi nazionali, leader di nazioni grandi o piccole, corporazioni o individui. Questi giganti sovranazionali hanno competenze e metodi di contabilità che hanno sconcertato i migliori cervelli del governo, e rimangono fuori dalla loro portata. Sembra che le major siano state in grado di indurre i governi ad assegnare loro concessioni petrolifere, indipendentemente da chi si opponeva. John D. Rockefeller avrebbe quasi certamente approvato questa impresa chiusa, gestita per 68 anni da Exxon e Shell.

Dalla portata e dalla complessità delle loro operazioni, che di solito hanno ritmi serrati e spesso coinvolgono attività in più Paesi contemporaneamente, si evince che l'industria petrolifera è una delle componenti più potenti delle operazioni economiche del Comitato dei 300.

In segreto, il club delle Sette Sorelle tramava guerre e decideva tra loro quali governi avrebbero dovuto piegarsi alle loro depredazioni. Quando sorgono problemi, come nel caso del dottor Mossadegh e poi del presidente iracheno Saddam Hussein, basta chiamare l'aviazione, la marina, l'esercito e i servizi segreti per risolvere il problema e sbarazzarsi del "fastidio". Questo non dovrebbe essere un problema più grande di quello di schiacciare una mosca. Le Sette Sorelle sono diventate un governo nel governo, come nel caso della Standard Oil di Rockefeller (SOCO-Exxon-Chevron).

Se si vuole conoscere la politica estera degli Stati Uniti e del Regno Unito nei confronti dell'Arabia Saudita, dell'Iran o dell'Iraq, basta studiare le politiche di BP, Exxon, Gulf Oil e ARAMCO. Qual è la nostra politica in Angola? È per proteggere le proprietà della Gulf Oil in quel Paese, anche se ciò significa sostenere un marxista dichiarato. Chi avrebbe potuto immaginare che Gulf, Exxon, Chevron e ARAMCO hanno più voce in capitolo negli affari esteri degli Stati Uniti dei membri del Congresso? In effetti, chi l'avrebbe mai detto. La Standard Oil avrebbe un giorno controllato la politica estera degli Stati Uniti e fatto in modo che il Dipartimento di Stato agisse come se fosse gestito a proprio vantaggio economico?

Esiste un altro gruppo così esaltato, così favorito da miliardi di dollari all'anno di agevolazioni fiscali? Mi viene spesso chiesto perché l'industria petrolifera statunitense, un tempo così vivace e piena di promesse, sia andata incontro a un forte declino. La risposta, in una parola, è l'avidità. Per questo motivo, la produzione nazionale di petrolio doveva essere ridotta, nel caso in cui l'opinione pubblica avesse scoperto cosa stava accadendo. Questa conoscenza è molto più difficile da ottenere quando si tratta di operazioni all'estero. Cosa sa l'opinione pubblica americana di ciò che sta accadendo nella politica petrolifera dell'Arabia Saudita? Mentre realizza profitti record, l'industria petrolifera chiede e ottiene ulteriori agevolazioni fiscali, sia aperte che nascoste all'opinione pubblica.

I cittadini statunitensi hanno beneficiato degli enormi profitti realizzati da Exxon, Texaco, Chevron e Mobil (prima della sua vendita)? La risposta è no, perché la maggior parte dei profitti sono stati realizzati "a monte", cioè al di fuori degli Stati Uniti, dove sono stati conservati, mentre i consumatori statunitensi pagavano prezzi sempre più alti per la benzina alla pompa.

La principale preoccupazione di Rockefeller era l'Arabia Saudita. Le compagnie petrolifere, con vari stratagemmi, si erano legate al re Ibn Saud. Il re, preoccupato che Israele potesse un giorno minacciare il suo Paese e rafforzare la lobby israeliana a Washington, aveva bisogno di qualcosa che gli desse un vantaggio. Il Dipartimento di Stato, su istigazione dei Rockefeller, ha dichiarato che poteva seguire una politica filo-saudita senza inimicarsi Israele solo utilizzando la Exxon (ARAMCO) come copertura. Queste informazioni sono state fornite alla Commissione per le Relazioni Estere del Senato. Era così delicato che ai membri della commissione non è stato permesso di vederlo.

Rockefeller aveva infatti pagato solo una piccola somma, 500.000 dollari, per ottenere un'importante concessione petrolifera da Ibn Saud. Dopo molta diplomazia, è stato escogitato un inganno che è costato ai contribuenti statunitensi almeno 50 milioni di dollari nel primo anno. Il risultato delle discussioni tra Exxon e Ibn Saud è noto come "Golden Gimmick" nella segretezza dei consigli di amministrazione dei Rockefeller. Le compagnie petrolifere statunitensi hanno accettato di pagare un sussidio al sovrano saudita di almeno 50 milioni di dollari all'anno, in base alla quantità di petrolio saudita pompato. Il Dipartimento di Stato permetterebbe quindi alle aziende statunitensi di dichiarare questi sussidi come "imposte sul reddito estero", che Rockefeller, ad esempio, potrebbe dedurre dalle imposte statunitensi della Exxon.

Con l'aumento della produzione di petrolio saudita a basso costo, sono aumentati anche i pagamenti dei sussidi. Si tratta di una delle più grandi truffe perpetrate ai danni del pubblico americano. Il succo del piano era che ogni anno venivano versati ai sauditi ingenti aiuti all'estero sotto forma di "sussidi". Quando il governo israeliano ha scoperto il piano, ha chiesto anch'esso "sussidi" che ora ammontano a 13 miliardi di dollari all'anno, tutti a spese dei contribuenti statunitensi.

Dal momento che il consumatore americano sta contribuendo a pagare meno il petrolio greggio importato rispetto a quello nazionale, non dovremmo forse beneficiare di questo accordo attraverso una riduzione dei prezzi della benzina alla pompa?

Dopo tutto, il petrolio saudita era così a buon mercato e, dati i sussidi alla produzione, non avrebbe dovuto tradursi in prezzi più bassi? Il consumatore americano trae qualche beneficio dal pagamento di questo enorme conto? Per niente. A parte le considerazioni geopolitiche, le major sono anche colpevoli di fissare i prezzi. Il petrolio arabo a basso costo, ad esempio, veniva prezzato al prezzo più alto del greggio nazionale quando veniva importato negli Stati Uniti attraverso un sotterfugio noto come "tariffa di trasporto ombra".

Secondo le prove concrete presentate alle audizioni sulle multinazionali nel 1975, le grandi compagnie petrolifere, guidate dalle compagnie Rockefeller, realizzavano il 70% dei loro profitti all'estero, profitti che all'epoca non potevano essere tassati. Poiché la maggior parte dei loro profitti proveniva dall'estero, l'industria petrolifera non era disposta a fare grandi investimenti nell'industria petrolifera nazionale. Di conseguenza, l'industria petrolifera nazionale iniziò a declinare. Perché spendere soldi per l'esplorazione e lo sfruttamento del petrolio nazionale quando era disponibile in Arabia Saudita, a un prezzo inferiore rispetto al prodotto locale e con un profitto molto più alto?

L'ignaro consumatore americano è stato e viene tuttora ingannato senza saperlo. Secondo dati economici segreti, che un mio contatto che lavora ancora nel campo del monitoraggio dell'intelligence economica mi ha mostrato, la benzina alla pompa in America, tenendo conto di tutte le tasse locali, statali e federali aggiunte al prezzo, non avrebbe dovuto costare al consumatore più di 35 centesimi al gallone alla fine del 1991. Eppure sappiamo che i prezzi alla pompa erano da tre a cinque volte più alti, senza alcuna giustificazione per i prezzi eccessivamente elevati.

L'immoralità di questo grossolano inganno sta nel fatto che se le grandi compagnie petrolifere, e ancora una volta devo sottolineare la leadership dei Rockefeller in questa faccenda, non fossero state così avide, avrebbero potuto produrre petrolio nazionale che avrebbe reso i nostri prezzi della benzina i più bassi del mondo. A mio parere, il modo in cui è stato organizzato questo inganno diplomatico tra il Dipartimento di Stato e l'Arabia Saudita rende il Dipartimento di Stato un partner in un'impresa criminale. In effetti, per non litigare con Israele e allo stesso tempo soddisfare i sauditi, il consumatore americano è stato sottoposto a un enorme onere fiscale, dal quale il Paese non ha ricevuto alcun beneficio. Non è un po' come la servitù involontaria vietata dalla Costituzione degli Stati Uniti?

I leader dell'Arabia Saudita hanno quindi chiesto che le compagnie petrolifere (ARAMCO) fissassero dei prezzi fissi, in modo che il Paese non subisse una diminuzione delle entrate in caso di calo del prezzo del petrolio. Quando vennero a conoscenza di questo accordo, l'Iran e l'Iraq chiesero e ottennero lo stesso accordo sui prezzi fissati dalle compagnie Rockefeller, pagando le tasse su un prezzo artificialmente più alto, non sul prezzo reale di mercato, compensato dalle tasse più basse che pagavano negli Stati Uniti - un grande vantaggio di cui non godeva nessun'altra industria in America.

Questo ha permesso a Exxon e Mobil (e a tutte le società ARAMCO) di pagare un'aliquota fiscale media del 5%, nonostante gli enormi profitti che stavano realizzando. Non solo le compagnie petrolifere frodavano i consumatori americani, e lo fanno tuttora, ma stanno facendo e attuando la politica estera degli Stati Uniti a estremo discapito del popolo americano. Questi accordi e queste azioni pongono l'industria petrolifera al di sopra della legge, conferendole una posizione da cui le compagnie possono dettare e dettano la politica estera al governo eletto, senza alcun controllo da parte dei nostri rappresentanti a Washington.

Le politiche delle compagnie petrolifere costano al contribuente americano miliardi di dollari in tasse aggiuntive e miliardi di dollari in profitti eccessivi alla pompa. L'industria petrolifera, e in particolare la Exxon, non teme il governo statunitense grazie al controllo esercitato dal governo segreto parallelo permanente di alto livello del Council on Foreign Relations (CFR), Rockefeller è intoccabile. In questo modo ARAMCO poteva vendere petrolio alla Marina francese a 0,95 dollari al barile, mentre alla Marina statunitense venivano addebitati 1,23 dollari al barile.

Uno dei pochi senatori che osò sfidare l'enorme potere dei Rockefeller fu il senatore Brewster. Durante le udienze del 1948, egli rivelò alcuni dei "comportamenti sleali" dell'industria petrolifera, accusandola di malafede "con l'avido desiderio di realizzare enormi profitti, cercando costantemente il mantello della protezione e dell'assistenza americana per preservare le loro vaste concessioni". I Rockefeller redassero una nota firmata dalle maggiori compagnie petrolifere statunitensi, il cui succo era che non avevano "alcun obbligo particolare nei confronti degli Stati Uniti". Il palese internazionalismo di Rockefeller fu finalmente smascherato.

A titolo di esempio, J. Eaton, in un articolo pubblicato da *The Oil Industry*, ha dichiarato: "L'industria petrolifera si trova ora di fronte alla questione del controllo governativo. Quando il governo degli Stati Uniti invitò l'American Petroleum Institute a nominare tre membri di una commissione istituita per studiare la legislazione sulla conservazione, il presidente dell'API E.W. Clarke disse:

> "Non possiamo impegnarci a commentare, e tanto meno ad aderire, a qualsiasi suggerimento che il governo federale possa regolamentare direttamente la produzione di petrolio greggio in più Stati".

L'API ha sostenuto che il governo federale non ha il potere di controllare le compagnie petrolifere ai sensi dell'articolo 1 della Costituzione degli Stati Uniti. Il 27 maggio 1927, l'API dichiarò che il governo non poteva dire all'industria cosa fare, anche se erano coinvolti la difesa comune e il benessere generale della nazione.

Una delle migliori e più ampie denunce dell'industria petrolifera è un rapporto di 400 pagine intitolato "Il cartello internazionale del petrolio". Questo grande rapporto è scomparso dalla circolazione, e mi risulta che Rockefeller e il CFR abbiano acquistato tutte le copie disponibili poco dopo la sua pubblicazione, impedendo la stampa di ulteriori copie del rapporto.

Ispirata dal defunto senatore John Sparkman e creata dal professor M. Blair, la storia del cartello del petrolio può essere fatta risalire a una cospirazione avvenuta nel castello di Achnacarry, una remota riserva di pesca in Scozia. Sparkman non ha risparmiato l'attacco all'impero petrolifero dei Rockefeller. Egli costruì meticolosamente un dossier che dimostrava che le principali compagnie petrolifere avevano intrapreso una cospirazione per raggiungere i seguenti obiettivi:

1) Controllare tutta la produzione di petrolio nei Paesi stranieri, per quanto riguarda la produzione, la vendita e la distribuzione del petrolio.

2) Controllo rigoroso di tutte le tecnologie e i brevetti relativi alla produzione e alla raffinazione del petrolio.

3) Condivisione di oleodotti e autocisterne tra le sette sorelle.

4) Condividere i mercati globali solo tra di loro.

5) Agiscono insieme per mantenere artificialmente alti i prezzi del petrolio e della benzina.

In particolare, il professor Blair ha accusato ARAMCO di mantenere alti i prezzi del petrolio mentre si procurava il petrolio saudita a prezzi incredibilmente bassi. In risposta alle accuse di Sparkman, nel 1951 il Dipartimento di Giustizia avviò una propria indagine, di cui si è parlato in precedenza in questo articolo.

Non è cambiato nulla. La Guerra del Golfo è un buon esempio di "business as usual". L'occupazione della Somalia ha anche connotazioni petrolifere. Grazie al nostro ultimo satellite spia, il Crosse Imager, che può trasmettere immagini di ciò che si trova nel sottosuolo, circa 3 anni fa sono state individuate in Somalia riserve di petrolio e gas molto grandi. Questa scoperta è stata tenuta assolutamente segreta e ha portato alla missione statunitense per sfamare apparentemente i bambini somali affamati, mostrata in televisione notte dopo notte per 3 mesi.

Una missione di salvataggio di "bambini affamati" è stata inscenata dall'amministrazione Bush per proteggere le operazioni di trivellazione di Aramco, Phillips, Conoco, Cohoco e British Petroleum, minacciate dai leader somali che avevano capito che stavano per essere saccheggiate. L'operazione degli Stati Uniti aveva poco a che fare con l'alimentazione dei bambini affamati. Perché gli Stati Uniti non hanno organizzato una missione di "salvataggio" simile in Etiopia, dove la carestia è un problema reale? La risposta, ovviamente, è che l'Etiopia non ha riserve di petrolio conosciute. Tuttavia, la sicurezza del porto di Berbera è l'obiettivo principale delle forze statunitensi. In Russia c'è grande disaccordo sul petrolio. I curdi dovranno soffrire ancora e ancora per il petrolio di Mosul. Rockefeller e BP sono ancora gli avidi arraffatori di petrolio di sempre.

V. Focus su Israele

Con l'eccezione di quella che oggi si chiama Arabia Saudita, la diplomazia della menzogna ha raggiunto il suo apice negli anni della formazione dello Stato di Israele, forse più di ogni altro Paese del Medio Oriente. Come ho fatto in tutto questo libro, ho cercato di essere assolutamente obiettivo nel trattare il contesto della formazione di Israele, data la propensione della maggioranza a considerare "antisemita" qualsiasi cosa venga detta sul Paese.

Questo racconto della nascita dello Stato di Israele non tiene conto delle questioni religiose, ma si basa esclusivamente su fattori politici, geografici, geopolitici ed economici. È difficile trovare un punto di partenza quando si tratta della storia di un Paese, ma dopo quasi quindici anni di ricerche ho stabilito che il 31 ottobre 1914 è stato l'inizio degli eventi che hanno portato alla fondazione di Israele.

La storia di un Paese non può essere separata da quella dei suoi vicini, e questo è particolarmente vero quando si tratta di tracciare la storia di Israele. Lord Horatio Kitchener, che era appena riuscito a porre fine alla sovranità e all'indipendenza delle Repubbliche boere in Sudafrica, fu inviato in Medio Oriente dal Comitato dei 300 che agiva attraverso il Ministero degli Esteri britannico.

Il governo britannico complottava contro l'Impero turco ottomano fin dal 1899 e nel 1914 era pronto a fare la sua mossa finale per abbattere la dinastia di 400 anni. Il piano del Comitato dei 300 era quello di coinvolgere gli arabi attraverso false promesse e di usare le forze arabe per fare il lavoro sporco della Gran Bretagna, come abbiamo visto nel capitolo che ha mostrato come il colonnello Thomas Lawrence fu usato a questo scopo.

Il primo passo in questa direzione fu un incontro tra Hussein, l'Alto Sceriffo della Mecca, la roccaforte hashemita, e Lord Kitchener. A Hussein fu offerta una garanzia di indipendenza in cambio di aiuto contro i turchi. Le trattative si sono concluse nel luglio del 1915. In questi incontri, il governo britannico assicurò ripetutamente a Sherif Hussein che l'immigrazione ebraica in Palestina non sarebbe mai stata permessa, il che, come ho descritto nei capitoli precedenti, era l'unica cosa che avrebbe garantito la partecipazione di Hussein.

Prima ancora che iniziassero i negoziati per la piena indipendenza della Mecca, emissari del governo britannico si incontrarono segretamente con membri delle famiglie Abdul Aziz e Wahabi per discutere della cooperazione britannica nell'aiutare queste due famiglie a sottomettere le città-stato arabe.

La strategia consisteva nel convincere Hussein e le sue forze militari ad aiutare a cacciare i turchi dall'Egitto, dalla Palestina, dalla Giordania e dall'Arabia, promettendo a Hussein e ai governanti delle città-stato arabe che l'immigrazione ebraica in Palestina non sarebbe stata permessa. La seconda parte della strategia prevedeva che le forze di Abdul Aziz e dei wahabiti (armate, addestrate e finanziate dalla Gran Bretagna) portassero tutte le città-stato indipendenti dell'Arabia sotto il loro controllo, mentre i governanti delle città-stato e Hussein erano impegnati a combattere la guerra della Gran Bretagna contro i turchi.

Il piano generale, proposto da Lord Kitchener, fu discusso dal governo britannico il 24 luglio 1914. Ma solo il 24 ottobre 1914 il governo britannico diede la sua risposta. I territori arabi, con alcune eccezioni in Siria, "in cui la Gran Bretagna è libera di agire senza pregiudicare il suo alleato, la Francia", sarebbero stati rispettati. Il 30 gennaio 1916, la Gran Bretagna accettò le proposte di Hussein che, in sostanza, prevedevano che in cambio del suo aiuto, Hussein sarebbe stato dichiarato Re dell'Hijaz e avrebbe governato il popolo arabo.

Il 27 giugno 1916, Hussein proclamò la creazione dello Stato arabo e il 29 ottobre fu proclamato re di Hijaz. Il 6 novembre

1916, Gran Bretagna, Francia e Russia riconobbero Hussein come leader dei popoli arabi e re di Hijaz. Le famiglie Abdul Aziz e Wahabi erano infastidite dai termini contraddittori dell'accordo con la Gran Bretagna? A quanto pare no, per la semplice ragione che erano stati informati in anticipo di questi sviluppi e sapevano che non erano altro che un necessario inganno di Hussein.

Nel 1915 e nel 1917, il governo britannico si incontrò con i leader del Congresso Sionista Mondiale per determinare il modo migliore per attuare l'immigrazione ebraica in Palestina, pianificata da tempo. Fu raggiunto un accordo per inviare agenti dell'MI6 in Arabia per contribuire all'addestramento degli eserciti di Abdul Aziz e dei wahabiti.

Gran Bretagna, Francia e Russia tennero un incontro segreto il 26 aprile 1916, concordando che la Palestina sarebbe stata posta sotto amministrazione internazionale. Nessun arabo fu informato, anche se i documenti del Foreign Office britannico suggeriscono che i leader del Congresso Sionista Mondiale furono informati dell'incontro e del suo scopo.

In precedenza, nel marzo 1915, Francia e Gran Bretagna avevano promesso Costantinopoli ai russi. In cambio, la Russia ha accettato di riconoscere l'indipendenza degli Stati arabi. La Gran Bretagna avrebbe controllato Haifa. La Francia otterrebbe la Siria. La Russia avrebbe ottenuto l'Armenia e il Kurdistan (il petrolio non era ancora un fattore). Ciò che è sorprendente è che nemmeno una volta gli abitanti di queste terre sono stati informati. Il modo in cui i governi furono in grado di negoziare terreni che non appartenevano loro è una testimonianza dell'enorme potere esercitato dalle società segrete sotto il controllo del Comitato dei 300.

Questo accordo perpetuo, noto come Accordo Sykes-Picot, fu concluso tra Gran Bretagna e Francia il 9 maggio 1916. Tutte le aree di influenza in Medio Oriente sono state definite in modo specifico, anche quando gli Stati arabi sono stati apparentemente riconosciuti come "indipendenti". I mezzi di controllo erano le società segrete, in particolare una loggia massonica a Salonicco.

Ignorando quanto era stato concordato, l'agente dell'MI6 colonnello Lawrence ("Lawrence d'Arabia") guidò le forze arabe dello sceriffo Hussein a una serie di vittorie spettacolari, catturando alla fine la linea ferroviaria chiave dell'Hijaz e costringendo i turchi a ritirarsi. La chiave per convincere gli arabi ad attaccare i turchi (entrambi erano nazioni islamiche) fu l'affermazione britannica che l'Impero Ottomano aveva stretto amicizia con gli ebrei espulsi dalla Spagna da Ferdinando e Isabella nel 1492 e aveva fatto di Costantinopoli un rifugio per gli ebrei. I negoziatori britannici (agenti dell'MI6) dissero a Hussein che questo garantiva che i governanti di Costantinopoli avrebbero visto di buon occhio l'immigrazione ebraica in Palestina, che era sotto il controllo turco.

Conosciuto affettuosamente come "Orrenz" dai suoi soldati arabi, ammirato e idolatrato, era impossibile per il colonnello Lawrence accettare il grave tradimento di Hussein e del suo esercito. Quando divenne chiaro che gli ebrei stavano entrando in Palestina in gran numero, Lawrence fu assassinato per impedirgli di rivelare le macchinazioni del governo britannico. I registri del Ministero della Guerra britannico mostrano che Lawrence ricevette assicurazioni personali dal generale Edmund Allenby, comandante delle forze britanniche in Medio Oriente, che l'immigrazione di ebrei in Palestina non sarebbe stata permessa in nessun caso.

Torniamo ora alla Dichiarazione Balfour, un documento notevole in quanto non fu redatto né firmato dal Primo Ministro britannico Arthur Balfour, ma da Lord Rothschild, in qualità di capo della sezione britannica della Federazione Sionista Mondiale. La Gran Bretagna promise agli ebrei terre in Palestina che in realtà appartenevano agli arabi, in violazione della promessa fatta a Sherif Hussein e delle solenni promesse fatte al colonnello Lawrence dal generale Allenby.

È ancora più sorprendente che, sebbene Lord Rothschild non fosse un membro del governo britannico, le sue proposte per la Palestina furono accettate dalla Società delle Nazioni il 25 aprile 1920 come documento ufficiale del governo britannico. La

Società delle Nazioni accettò la Dichiarazione Balfour e diede alla Gran Bretagna un mandato per amministrare la Palestina e la Transgiordania. L'unico cambiamento apportato fu che non sarebbe stato stabilito un focolare nazionale ebraico in Transgiordania, che i sionisti non volevano comunque.

Una volta che i turchi furono sconfitti dalle forze arabe sotto Lawrence, e successivamente gli arabi sotto Hussein, sconfitti dagli eserciti di Abdul Aziz, addestrati ed equipaggiati dagli inglesi, la strada fu libera per l'immigrazione ebraica in Palestina. Gli accordi furono confermati alla conferenza dei primi ministri alleati tenutasi a San Remo, in Italia, il 18 aprile 1920. Non sono stati invitati delegati arabi. Nel maggio 1921, in Palestina scoppiarono gravi disordini antiebraici a causa dell'improvviso afflusso di immigrati ebrei e del gran numero di bambini ebrei negli insediamenti che si stavano sviluppando in città.

Sir Herbert Samuel, Alto Commissario britannico per la Palestina, fu tentato di nominare un consiglio legislativo, ma gli arabi non lo vollero. I disordini continuarono a partire dal 1921 e nel 1929 scoppiò una disputa al Muro del Pianto che degenerò rapidamente in attacchi su larga scala contro gli ebrei, 50 dei quali furono uccisi.

Un rapporto del governo britannico pubblicato nel marzo 1931 attribuì la causa dei disordini all'"odio arabo per gli ebrei e alla delusione delle speranze arabe di indipendenza". Il governo britannico emise quindi un ordine del consiglio che limitava l'immigrazione ebraica, il che portò a uno sciopero degli ebrei che causò ampi disagi in Palestina.

I documenti del Ministero degli Esteri britannico indicano che nel giugno 1931 "furono presentate delle lamentele alla Commissione maschile della Società delle Nazioni, che attribuì i problemi a una forza di sicurezza inadeguata". Sebbene i documenti non indichino chi ha presentato le denunce, le annotazioni a margine dei documenti indicano Lord Rothschild.

In seguito alle pressioni della Società delle Nazioni, il governo britannico nominò Sir John Hope-Simpson per monitorare e riferire sui disordini in Palestina. Il suo rapporto, noto come Libro Bianco di Passfield, fu presentato al Parlamento nel 1930. Il Libro bianco evidenzia la situazione degli arabi senza terra e il loro crescente desiderio di possedere la terra. Egli sosteneva con forza il divieto per gli ebrei di acquisire altre terre se gli arabi erano senza terra e il blocco dell'immigrazione ebraica finché gli arabi erano disoccupati.

Con la fiducia degli ebrei fortemente scossa, il Congresso Sionista Mondiale passò all'offensiva e forzò un dibattito in Parlamento sul documento di Passfield. Secondo il *London Times* del novembre 1930, i dibattiti in Parlamento furono "tempestosi e acrimoniosi". Dopo due anni di intense pressioni sul governo britannico, la Federazione Sionista Mondiale riuscì a ottenere un allentamento delle restrizioni sul numero di ebrei ammessi in Palestina.

Nel 1933 Sir Arthur Wauchope, Alto Commissario britannico, respinse la richiesta araba di dichiarare illegale la vendita di terre arabe agli ebrei e di fermare l'immigrazione ebraica. In quel periodo si parlava di guerra in Europa e si riferivano quotidianamente delle persecuzioni contro gli ebrei in Germania. Questa situazione ha giocato a sfavore degli arabi. I sionisti organizzarono proteste e sommosse su larga scala contro la restrizione dell'immigrazione e i giornali londinesi riportarono notizie sfavorevoli sulle loro attività. Tuttavia, questo non serve a far progredire la causa del popolo palestinese.

Nel 1935, il motivo per cui la Gran Bretagna aveva chiesto il controllo di Haifa divenne chiaro con l'apertura dell'oleodotto Mosul-Haifa. Nell'aprile del 1936, l'Alto Comitato Arabo unì l'opposizione araba agli ebrei in Palestina e scoppiò una quasi guerra civile. Il governo britannico reagì inviando più truppe e nominando una commissione per indagare sulle cause dei disordini. Gli arabi hanno boicottato la commissione,

> "Perché gli inglesi sanno già qual è il problema, ma si nascondono dietro le commissioni e non fanno nulla per fermarne le cause".

La Commissione Peel raccolse testimonianze in Palestina nel 1936 e, poco prima di ripartire per Londra nel gennaio 1937, ascoltò una delegazione araba che in precedenza aveva boicottato le riunioni della commissione. L'8 luglio 1937, il rapporto della Commissione Peel fu reso pubblico. Il documento infliggeva un colpo devastante alle aspirazioni ebraiche, affermando senza mezzi termini che ebrei e arabi non potevano vivere insieme e raccomandando la divisione della Palestina in tre Stati:

(a) Uno Stato ebraico che occuperebbe circa un terzo del territorio. In essa risiederebbero 200.000 arabi, la cui terra è di proprietà degli arabi.

(b) Un territorio del Mandato britannico che comprende una striscia di terra da Giaffa a Gerusalemme lungo la ferrovia. Includerebbe Betlemme e Gerusalemme.

(c) Il resto del territorio sarà uno Stato arabo unito alla Transgiordania.

Il rapporto della Commissione Peel fu adottato dalla Federazione Sionista Mondiale, ma fu denunciato dal mondo arabo e da diversi Paesi europei, in particolare dalla Francia. Le raccomandazioni della Commissione Peel furono adottate dalla Società delle Nazioni il 23 agosto 1937.

L'assassinio dell'Alto Commissario Yelland Andrew, il 2 agosto 1937, è attribuito ai sionisti. Secondo i palestinesi e gli arabi, fu organizzato per suscitare l'odio del popolo britannico verso gli arabi. Nel 1937, gli scontri tra ebrei e arabi si trasformarono in una guerra totale.

Ciò portò al rinvio delle raccomandazioni della Commissione Peel e alla nomina di una nuova commissione sotto la guida di Sir John Woodhead. È importante sapere che le tattiche del governo britannico portavano a un unico obiettivo, l'abbandono totale della causa araba in Palestina. I documenti segreti dell'MI6 dell'epoca non sono stati resi noti, nemmeno al Parlamento britannico. Hanno suggerito che il "problema palestinese" era impossibile da risolvere e hanno dato suggerimenti per insabbiare il problema per evitare ulteriori disordini arabi. Quando i leader arabi si riferivano al problema come "problema sionista", Lord Rothschild dava ordine alla stampa britannica di garantire che il problema fosse sempre espresso come "problema palestinese".

Un orribile massacro di 20 ebrei ebbe luogo a Tiberiade e le forze arabe si impadronirono di Betlemme e della Città Vecchia di Gerusalemme; entrambe le città furono riconquistate dalle truppe britanniche solo con grande difficoltà. I documenti del Ministero degli Esteri britannico, pur non esprimendo un parere chiaro, sembrano tuttavia indicare che gli attacchi alle città e ai villaggi e le uccisioni di ebrei erano opera di agenti provocatori che non volevano un accordo per consentire una maggiore immigrazione ebraica.

Il rapporto della Commissione Woodhead, che esprimeva l'opinione che la spartizione della Palestina non fosse una soluzione pratica, fu pubblicato nel novembre 1938. Il documento chiedeva una conferenza immediata di arabi ed ebrei. I colloqui iniziarono a Londra nel febbraio 1939, ma l'impasse non fu risolta e l'incontro fu sciolto un mese dopo senza alcun risultato.

Poi, il 17 maggio 1939, il governo britannico annunciò un nuovo piano per uno Stato palestinese indipendente entro il 1949. Avrebbe avuto una relazione di trattato con la Gran Bretagna; arabi ed ebrei avrebbero dovuto condividere il governo "in modo tale da assicurare che gli interessi essenziali di ciascuna comunità siano salvaguardati", si leggeva nel rapporto.

Il piano prevedeva di bloccare l'immigrazione ebraica per cinque anni, a meno che gli arabi non accettassero di lasciarla continuare, ma in ogni caso, entro il 1949, doveva essere consentito l'ingresso di 75.000 ebrei nel Paese. L'obiettivo del governo britannico era che gli ebrei costituissero circa un terzo della popolazione. Il trasferimento di terre arabe agli ebrei doveva essere proibito.

Il piano fu approvato dal Parlamento britannico, ma violentemente denunciato dal Congresso Sionista Mondiale e dai leader ebraici americani. Anche i palestinesi rifiutarono il piano e scoppiarono scontri tra ebrei e arabi in tutto il Paese. Ma la Palestina passò in secondo piano pochi mesi dopo, quando la Gran Bretagna dichiarò guerra alla Germania e ricevette rapidamente il sostegno del Congresso Sionista Mondiale.

Una volta che la Gran Bretagna dichiarò guerra alla Germania, una marea di rifugiati ebrei dall'Europa si diresse verso la Palestina e nel maggio 1942 una conferenza di sionisti americani adottò il Programma Biltmore, che rifiutava il Piano Woodhead modificato, che chiedeva una Palestina indipendente, e chiedeva invece uno Stato ebraico, con un esercito ebraico e una distinta identità ebraica.

Tre anni dopo, il Congresso sionista mondiale chiese che un milione di ebrei fossero ammessi in Palestina come rifugiati dall'Europa devastata dalla guerra. Nell'ottobre 1945, l'Egitto e la Siria avvertirono il presidente Truman che la guerra sarebbe seguita ai tentativi di creare uno Stato ebraico in Palestina. Nel luglio 1946, la pressione sionista era al culmine, culminando nel bombardamento dell'Hotel King David a Gerusalemme, che uccise 91 persone. Il rapporto delle Nazioni Unite affermava che l'attacco era opera di terroristi dell'Irgun. Gli arabi accusarono gli Stati Uniti e la Gran Bretagna di armare e addestrare l'Irgun e l'Haganah per creare un esercito israeliano.

Gli inglesi abbandonarono la Palestina nel febbraio 1947 e la consegnarono alle Nazioni Unite, ammettendo così di aver tradito Lawrence e gli arabi e abdicando definitivamente alle proprie responsabilità nei confronti della Palestina. Così facendo, hanno abbandonato il loro stesso accordo di mantenere la linea fino al 1949. L'Assemblea generale delle Nazioni Unite votò la spartizione della Palestina il 29 novembre 1946. Ci sarebbero stati uno Stato ebraico e uno Stato arabo, con Gerusalemme sotto la supervisione delle Nazioni Unite. Il voto è stato approvato dal Congresso sionista mondiale, ma respinto dagli Stati arabi e dalla Palestina.

Il Consiglio della Lega Araba annunciò nel dicembre 1947 che si sarebbe opposto alla spartizione del Paese con la forza e iniziò ad attaccare le comunità ebraiche in tutta la Palestina. Il 1948 vide l'ascesa delle controforze Irgun e Haganah, addestrate dall'MI6 e armate dagli americani. Il terrore regnava e centinaia di migliaia di arabi lasciarono le loro terre. In un atto finale di tradimento e di abdicazione alla responsabilità nei confronti degli arabi, l'ultimo dei 30.000 soldati britannici fu ritirato.

Il 14 maggio 1948, sfidando le risoluzioni delle Nazioni Unite, il leader sionista David Ben-Gurion annunciò la creazione di un governo ebraico provvisorio per lo Stato di Israele. Le Nazioni Unite, non volendo o non potendo fermare Ben Gurion, lasciarono che la dichiarazione rimanesse valida. Il 16 maggio, sia gli Stati Uniti che la Russia riconoscono il nuovo governo Ben Gurion, ignorando le grida di tradimento dei palestinesi, di tutte le nazioni arabe e di almeno otto governi europei.

Più tardi, nello stesso mese, la Lega Araba dichiarò guerra al neonato Stato di Israele. Le forze israeliane, illegalmente equipaggiate e armate non dagli inglesi ma da forniture militari statunitensi provenienti da scorte destinate alle forze americane in Europa, hanno la meglio. Il conte Folke Bernadotte, mediatore delle Nazioni Unite, fu assassinato dai terroristi dell'Irgun il 17 settembre mentre cercava di stabilire una tregua. Questo ha portato le Nazioni Unite a negoziare un armistizio e una temporanea cessazione delle ostilità. Bernadotte è accusato di favorire la causa araba, anche se i documenti dimostrano che cercò di essere neutrale.

Israele è entrato a far parte delle Nazioni Unite nel maggio 1949 ed è stato riconosciuto da Stati Uniti, Gran Bretagna, URSS e Francia. I Paesi arabi hanno protestato presso le Nazioni Unite, incolpando Gran Bretagna, Francia e Stati Uniti di aver aiutato Israele ad aprire una conduttura dal Mare di Galilea al deserto del Negev, che forniva ampia irrigazione agli insediamenti e all'agricoltura ebraica, a costo di prelevare unilateralmente acqua dal Giordano a spese della popolazione araba. Gli arabi non furono consultati su questo vasto progetto di "far fiorire il deserto" e lo considerarono una violazione dell'accordo del maggio 1939 di amministrare il Paese "in modo da garantire la salvaguardia degli interessi di ciascuna comunità".

Il 9 maggio 1956, il Segretario di Stato John Foster Dulles, membro di una delle 13 famiglie più importanti degli Illuminati americani, si presentò al Congresso per esporre le sue ragioni, spiegando che gli Stati Uniti non avrebbero fornito armi a Israele perché volevano evitare una guerra per procura tra USA e URSS. Non è stato sottolineato il fatto che Israele fosse già completamente armato ed equipaggiato dagli Stati Uniti. La dichiarazione di Dulles ha dato all'URSS un motivo per interrompere le forniture di armi alle nazioni arabe sulla base della posizione di "neutralità" degli Stati Uniti. All'epoca c'era un forte squilibrio di armi a favore di Israele.

Un altro punto da notare in questo gioco di inganni è che, nonostante la sua presunta amicizia con i Paesi arabi, in risposta a un'iniziativa americana nel 1956, l'Unione Sovietica firmò un accordo segreto per aumentare le forniture di petrolio a Israele, temendo che un embargo petrolifero arabo avrebbe danneggiato le capacità di difesa di Israele.

Dulles, con un altro ripensamento, disse ai membri del Congresso di aggirare le restrizioni offrendo aiuti a qualsiasi nazione mediorientale che li desiderasse. Il 9 marzo 1957, una risoluzione congiunta del Congresso autorizzò il Presidente a utilizzare fino a 200 milioni di dollari per fornire aiuti economici e militari a qualsiasi nazione mediorientale che lo desiderasse. Secondo la Dottrina Eisenhower, questa misura avrebbe dovuto "garantire l'interesse vitale degli Stati Uniti nell'integrità e nell'indipendenza di tutti i Paesi del Medio Oriente".

Nel dicembre 1959 il Presidente Eisenhower intraprese quello che fu definito un "tour di buona volontà", che si svolse in diversi Paesi arabi, tra cui Tunisia e Marocco. Questi due Paesi arabi hanno successivamente tentato di ammorbidire la resistenza araba a Israele, sforzi che, tuttavia, hanno avuto un successo solo parziale, così come il tour di Eisenhower. La Siria, in particolare, ha condannato il tour come "un tentativo di nascondere il sostegno incondizionato degli Stati Uniti a Israele".

Nei dieci anni successivi, l'armamento sia degli arabi che degli israeliani continuò a crescere fino a quando la guerra scoppiò di nuovo. Le forze israeliane si sono impadronite di Gerusalemme e si sono rifiutate di restituire la città al controllo delle Nazioni Unite, nonostante le numerose risoluzioni del Consiglio di Sicurezza che invitavano il governo israeliano ad adeguarsi. Con una mossa trasparente, il 10 giugno 1967 l'Unione Sovietica annunciò che avrebbe interrotto le relazioni diplomatiche con Israele, senza cancellare un accordo del 1956 che aveva aumentato le forniture di petrolio a Israele. Come sottolineano i due principali quotidiani francesi, se l'URSS fosse stata sincera nella sua opposizione a Israele, avrebbe potuto porre il veto all'adesione di Israele alle Nazioni Unite, ma non lo fece.

Interrompendo le relazioni diplomatiche con Israele, i sovietici spianarono la strada agli Stati Uniti per fornire a Israele 50 caccia F-4 Phantom. Il Presidente Charles de Gaulle si arrabbiò a tal punto da firmare un decreto che vietava qualsiasi ulteriore aiuto finanziario o militare della Francia a Israele. Questo decreto fu applicato rigorosamente per circa due anni.

Il Consiglio di Sicurezza delle Nazioni Unite, riunitosi il 3 luglio 1969, ha censurato con la massima fermezza la continua occupazione di Gerusalemme da parte di Israele e ha deplorato il mancato rispetto delle precedenti risoluzioni che chiedevano il ritiro dalla città. Secondo un ex membro dell'Assemblea Generale pakistana, "la delegazione israeliana non era affatto turbata, avendo incontrato all'inizio della giornata l'ambasciatore statunitense all'ONU, che ha dato ai delegati israeliani assicurazioni assolute sul fatto che la risoluzione "non ha denti" e che "qualsiasi tentativo attivo di punire Israele sarà bloccato dagli Stati Uniti e dal Consiglio di Sicurezza". Ma quando il Consiglio di Sicurezza si è riunito, gli Stati Uniti si sono uniti alla condanna di Israele. Questo è il senso di tutto ciò.

Per chiudere questo capitolo, sembra opportuno fare una sintesi del tradimento diplomatico della Gran Bretagna nei confronti del suo alleato arabo, Sherif Hussein della Mecca:

> ➢ Nell'**agosto** 1920, Ibn Saud ben Abdul Aziz conquistò e annesse Asir.

> Il **2 novembre 1921**, Ibn Saud si impadronì di Hali, ponendo fine alla vecchia dinastia Rashid.

> Nel **luglio 1922**, Ibn Saud invase Jauf e pose fine all'antica dinastia Shalan.

> Il **24 agosto 1924**, i wahabiti e Ibn Saud attaccarono Taif, nell'Hijaz, e la invasero il 5 settembre.

> Il **13 ottobre 1924**, Ibn Saud conquistò la Mecca. Sherif Hussein e suo figlio Ali furono costretti a fuggire. In questo modo l'Arabia Saudita usurpò la città santa, un atto che ancora oggi è profondamente sentito da milioni di musulmani in Iran, Iraq e altrove. Senza l'aiuto britannico, Ibn Saud non sarebbe stato in grado di sottomettere la Mecca. La struttura oligarchica britannica aveva da tempo espresso il suo odio per il Profeta Maometto e senza dubbio trasse grande soddisfazione dalla vittoria dei Saud.

> Tra **gennaio e giugno 1925**, i wahhabiti assediarono la città-stato di Gedda.

> Il **5 dicembre 1925,** Medina si arrese a Ibn Saud e il 19 dicembre Sherif Ali, figlio di Hussein, fu costretto ad abdicare.

> **L'8 gennaio 1926**, Ibn Saud fu proclamato re dell'Hijaz e sultano del Nejd.

> Il **20 maggio 1927**, le famiglie Abdul Aziz e Wahabi, rappresentate da Ibn Saud, firmarono un trattato con la Gran Bretagna che riconosceva la piena indipendenza di tutti i territori detenuti dalle due famiglie e permetteva loro di chiamarsi Arabia Saudita.

Senza l'aiuto degli Stati nazionali arabi sotto Hussein e senza la conquista delle città-stato arabe da parte delle famiglie wahabite e di Abdul Aziz, i turchi non sarebbero stati cacciati dall'Egitto e dalla Palestina e l'immigrazione ebraica in quel Paese sarebbe stata rigorosamente ridotta, se non addirittura bloccata del tutto. Come ha dichiarato il presidente siriano Hafez el Assad nel 1973,

"Gli inglesi hanno conficcato un pugnale sionista nel cuore delle nazioni arabe".

Gli amici del defunto Lawrence dicono che il suo fantasma cammina nei corridoi di Whitehall, incapace di trovare pace per il modo in cui è riuscito a minare la ferma promessa fatta agli eserciti arabi di Sherif Hussein e per la sua colpa di aver accettato le false promesse di Allenby e di Whitehall che l'immigrazione ebraica in Palestina non sarebbe stata permessa.

VI. Tavistock e la "ricerca operativa": una guerra non dichiarata

Il fondatore dell'Istituto Tavistock per le Relazioni Umane, John Rawlings Reese, doveva sviluppare un sistema per sovvertire e poi controllare il pensiero degli esseri umani, in modo da incanalarlo nella direzione desiderata dal Comitato dei 300, noto anche come gli Olimpici. Va detto che ciò richiede l'introduzione di una mentalità automatizzata nella maggior parte della popolazione target. Si tratta di un obiettivo con implicazioni molto importanti a livello nazionale e internazionale.

Il risultato finale degli obiettivi di Reese era e rimane il controllo di tutta la vita umana; la sua distruzione quando è ritenuta desiderabile, sia con un genocidio di massa che con la schiavitù di massa. Oggi siamo testimoni di entrambe le cose. Uno è il piano genocida Global 2000, che prevede la morte di oltre 500 milioni di persone entro il 2010; l'altro è la schiavitù per via economica. Entrambi i sistemi sono pienamente operativi e lavorano fianco a fianco nell'America di oggi.

Reese iniziò i suoi esperimenti su Tavistock nel 1921, e presto gli fu chiaro che il suo sistema poteva essere applicato sia a livello nazionale che militare. Reese sosteneva che la soluzione ai problemi che prevedeva richiedeva un approccio spietato, senza tener conto dei valori religiosi o morali. In seguito ha aggiunto un'altra area alla sua lista, quella del nazionalismo.

Si sa che Reese ha studiato il lavoro dei Nove Uomini Sconosciuti, citati nel 1860 dallo scrittore francese Jacolliot. Tra le osservazioni di Jacolliot c'era il fatto che i Nove Sconosciuti conoscevano il rilascio di energia, la sterilizzazione con radiazioni, la propaganda e la guerra psicologica, tutte cose assolutamente inedite in questo secolo. Jacolliot dichiarò che la tecnica della guerra psicologica era "la" tecnica più efficace e pericolosa di tutte le scienze, per plasmare l'opinione delle masse, in quanto avrebbe permesso a chiunque di governare il mondo intero". Questa dichiarazione è stata fatta nel 1860.

Quando fu chiaro che i politici britannici erano decisi a risolvere i problemi economici del Paese con una nuova guerra, a Reese furono date 80.000 reclute dell'esercito britannico da usare come cavie. Operation Research era il nome dato al suo progetto, che mirava essenzialmente a sviluppare una metodologia di gestione militare (logistica) per fare il miglior uso delle limitate risorse militari - sistemi di difesa marittima, aerea e terrestre - contro i nemici stranieri della Gran Bretagna.

Il programma originale era quindi un programma di gestione militare, ma nel 1946 Reese aveva sviluppato la ricerca operativa al punto da poterla applicare come programma di gestione civile. Reese era "arrivato", per quanto riguarda l'ingegneria sociale, ma il suo lavoro è nascosto nei file top secret del Tavistock Institute. Tecnicamente, il manuale Tavistock di Reese, di cui possiedo una copia, è una vera e propria dichiarazione di guerra contro la popolazione civile di qualsiasi paese bersaglio. Reese ha affermato che bisogna capire che "ogni volta che un governo, dei gruppi, delle persone in posizione di potere" usano i loro metodi senza il consenso del popolo, questi governi o gruppi di persone capiscono che il motivo è la conquista e che tra loro e il pubblico esiste una guerra civile di varia intensità.

Reese ha scoperto che l'ingegneria sociale comporta una maggiore necessità di informazioni che possono essere raccolte e correlate rapidamente. Una delle prime affermazioni attribuite a Reese riguardava la necessità di anticipare la società e di prevederne i movimenti attraverso l'ingegneria della situazione. La scoperta della programmazione lineare da parte di George B. Danzica, nel 1947, è stata una svolta importante per Reese e i suoi armeggiatori sociali. Questo avvenne in un momento in cui Reese era impegnato in una guerra con la nazione americana, una guerra che è ancora in corso e che è stata notevolmente facilitata

LA DIPLOMAZIA DELL'INGANNO

dall'invenzione del transistor da parte di Bardeen, Brittain e Shockley nel 1948.

Poi i Rockefeller intervennero e diedero al Tavistock un'enorme sovvenzione per consentire a Reese di proseguire lo studio dell'economia americana, utilizzando i metodi della ricerca operativa. Contemporaneamente, la Fondazione Rockefeller ha concesso all'Università di Harvard una borsa di studio quadriennale per creare un proprio modello economico americano. Era il 1949 e Harvard stava portando avanti il proprio modello economico, basato sul modello Tavistock.

L'unica condizione posta da Reese per la sua collaborazione con Harvard era che i metodi di Tavistock fossero seguiti per tutto il progetto. Si basavano sull'indagine Prudential Assurance Bombing Survey, che portò al bombardamento a saturazione delle abitazioni dei lavoratori tedeschi come mezzo per arrendersi alla macchina bellica tedesca. Questi metodi erano ormai pronti per essere applicati in un contesto civile.

Reese ha studiato in dettaglio l'ingresso dell'America nella Prima guerra mondiale, che considera l'inizio del XX secolo^{ème}. Reese si rese conto che per uscire dal cosiddetto "isolazionismo" l'America doveva cambiare radicalmente il suo modo di pensare. Nel 1916, Woodrow Wilson aveva trascinato l'America negli affari europei con politiche corrotte e corruttrici. Wilson inviò le forze americane a combattere sui campi di battaglia europei, nonostante gli avvertimenti dei Padri Fondatori di non interferire negli affari esteri. Il Comitato dei 300 è determinato a mantenere per sempre gli Stati Uniti negli affari europei e mondiali.

Wilson non ha cambiato l'Europa, ma l'Europa ha cambiato l'America. L'esclusione della politica dal potere, che Wilson pensava di poter fare, non era possibile, perché il potere è politica e la politica è potere economico. Questo accade fin dalle prime testimonianze della storia della politica: quelle delle città-stato di Sumer e Akkad 5.000 anni fa, fino a Hitler e all'URSS. L'economia è solo un'estensione di un sistema energetico naturale, ma le élite hanno sempre detto che questo sistema è sotto il loro controllo.

Per essere sotto il controllo di un'élite, l'economia deve essere prevedibile e completamente manipolabile. È questo l'obiettivo del modello di Harvard, basato sulle dinamiche sociali della ricerca operativa di Reese. Reese aveva scoperto che per ottenere la totale prevedibilità dei gruppi di popolazione, gli elementi della società dovevano essere controllati sotto il giogo della schiavitù e privati dei mezzi per scoprire la loro situazione, in modo che, non sapendo come unirsi o difendersi insieme, non avrebbero saputo a chi rivolgersi per chiedere aiuto.

La metodologia Tavistock può essere vista all'opera in tutti gli Stati Uniti. Le persone, non sapendo a chi rivolgersi per capire la loro situazione, si rivolgono al posto peggiore di tutti per un presunto aiuto: il governo. Il Progetto di Ricerca Economica di Harvard, iniziato nel 1948, ha incarnato tutti i principi di Reese, che a sua volta è nato dall'indagine sull'attentato Prudential e dalla ricerca operativa. Unendo le forze, le élite ritennero che con l'avvento dell'era informatica fosse ora disponibile un mezzo per controllare l'economia e la popolazione di una nazione - una benedizione e allo stesso tempo una terribile maledizione per l'umanità.

Tutta la scienza è solo un mezzo per raggiungere un fine, e l'uomo è conoscenza (informazione), che si conclude con il controllo. I beneficiari di questo controllo sono stati decisi dal Comitato dei 300 e dai suoi predecessori 300 anni fa. La guerra condotta dal Tavistock contro il popolo americano ha ormai 47 anni e non accenna a diminuire. Essendo l'energia la chiave di tutta la vita su questo pianeta, il Comitato ha preso il controllo della maggior parte delle risorse energetiche attraverso metodi di diplomazia con la menzogna e la forza.

Il Comitato, attraverso l'inganno e l'occultamento, ha preso il controllo anche dell'energia sociale, che si esprime in termini economici. Se il cittadino comune potesse essere tenuto all'oscuro dei veri metodi economici di contabilità, sarebbe condannato a una vita di schiavitù economica. Ecco cosa è successo. Noi, il popolo, abbiamo dato il nostro consenso ai controllori economici delle nostre vite e siamo diventati schiavi dell'élite. Come disse una volta Reese, le persone che non usano la loro intelligenza non hanno diritti migliori di quelli degli animali stupidi che non hanno alcuna intelligenza. La schiavitù economica è essenziale per mantenere il buon ordine e per permettere alla classe dirigente di godere dei frutti del lavoro degli schiavi.

Reese e il suo team di scienziati e ingegneri sociali lavorarono sul pubblico americano imparando, poi comprendendo e infine attaccando l'energia sociale (l'economia), l'ambiente mentale e le debolezze fisiche della nazione. Prima ho detto che il computer è sia una benedizione che una maledizione per l'umanità. Il lato positivo è che ci sono molti economisti emergenti che, grazie all'uso del computer, stanno iniziando a capire che il modello di Harvard è un modello di schiavitù economica.

Se questa nuova generazione di programmatori economici riuscirà a trasmettere il proprio messaggio al popolo americano con sufficiente rapidità, il Nuovo Ordine Mondiale (della schiavitù) potrà ancora essere fermato. È qui che gioca un ruolo così importante nel sovvertire attraverso i media, l'educazione e influenzare il nostro pensiero distraendoci con questioni poco importanti, mentre le questioni veramente cruciali vengono ignorate. In occasione di un'importante riunione di studio politica ordinata dal Comitato dei 300 nel 1954, fu chiarito a esperti economici, funzionari governativi, banchieri e leader del commercio e dell'industria che la guerra contro il popolo americano doveva essere intensificata.

Robert McNamara è stato uno di quelli che ha dichiarato che, poiché la pace e il buon ordine erano minacciati da una popolazione fuori controllo, la ricchezza della nazione doveva essere sottratta alle masse indisciplinate e affidata al controllo di una minoranza autodisciplinata. McNamara attaccò selvaggiamente la sovrappopolazione, che secondo lui minacciava di cambiare il mondo in cui viviamo e di renderlo ingovernabile:

"Possiamo iniziare con i problemi più critici della crescita demografica. Come ho sottolineato altrove, a parte la guerra nucleare in sé, questo è il problema più grave che il mondo dovrà affrontare nei prossimi decenni. Se le tendenze attuali continueranno, il mondo nel suo complesso non raggiungerà il livello di fertilità di sostituzione - di fatto una media di due figli per famiglia - fino all'anno 2020 circa. Ciò significa che la popolazione mondiale si stabilizzerebbe a circa 10 miliardi, rispetto ai 4,3 miliardi di oggi.

"Lo chiamiamo stabilizzato, ma che tipo di stabilità sarebbe possibile? Possiamo supporre che i livelli di povertà, fame, stress, sovraffollamento e frustrazione che una tale situazione potrebbe generare nei Paesi in via di sviluppo - che avrebbero 9 esseri umani su 10 sulla terra - siano in grado di garantire la stabilità sociale? O, se vogliamo, la stabilità militare?

"Non è un mondo in cui nessuno di noi vorrebbe vivere. Un mondo del genere è inevitabile? No, ma ci sono solo due modi per evitare un mondo di 10 miliardi di persone. O il tasso di natalità attuale deve diminuire più rapidamente, o il tasso di mortalità attuale deve aumentare. Non c'è altro modo.

"Ci sono, ovviamente, molti modi per aumentare i tassi di mortalità. In un'era termonucleare, la guerra può raggiungere questo obiettivo in modo molto rapido e decisivo. La carestia e le malattie sono gli antichi freni della natura alla crescita della popolazione, e nessuna delle due è scomparsa dalla scena".

Nel 1979, McNamara ripeté il suo messaggio ai principali banchieri del mondo e Thomas Enders, un alto funzionario del Dipartimento di Stato, fece la seguente dichiarazione

"Un tema è alla base di tutto il nostro lavoro. Dobbiamo ridurre la crescita della popolazione. O lo fanno a modo nostro, con metodi gentili e puliti, o avranno il tipo di disordine che abbiamo in El Salvador, in Iran o a Beirut. Una volta che la crescita della popolazione è fuori controllo, ci vuole un governo autoritario, persino fascista, per ridurla. La guerra civile può aiutare, ma dovrebbe essere molto estesa. Per ridurre rapidamente la popolazione, è necessario trascinare tutti i maschi nei combattimenti e uccidere un numero significativo di donne fertili in età fertile".

La soluzione al problema di un mondo in cui l'élite non vorrebbe vivere è il genocidio di massa. Al Club di Roma fu ordinato di produrre un piano che avrebbe eliminato 500 milioni di persone in sovrappopolazione. Il piano si chiamava Global 2000 ed è stato attivato diffondendo il virus dell'AIDS in Africa e in Brasile. Global 2000 è stata ufficialmente accettata come politica statunitense dal presidente James Carter.

I membri della conferenza hanno concordato che

"L'elemento di classe inferiore della società deve essere messo sotto completo controllo, addestrato e assegnato a mansioni in età precoce, il che può essere realizzato attraverso la qualità dell'istruzione, che deve essere la più povera tra i poveri". Le classi inferiori devono essere addestrate ad accettare la loro posizione, molto prima di avere l'opportunità di contestarla".

"Tecnicamente, i bambini devono essere 'orfani' in asili controllati dal governo. Con un tale handicap iniziale, le classi inferiori avranno poche speranze di allontanarsi dalle posizioni assegnate loro nella vita. La forma di schiavitù che abbiamo in mente è essenziale per il buon ordine sociale, la pace e la tranquillità.

"Abbiamo i mezzi per affrontare la vitalità, le opzioni e la mobilità degli individui nella società conoscendo, attraverso il nostro scienziato sociale, le loro fonti di energia sociale (reddito), comprendendole, manipolandole e affrontandole, e quindi le loro forze e debolezze fisiche, mentali ed emotive. Il pubblico rifiuta di migliorare la propria mentalità. È diventato un branco di barbari proliferanti e una piaga sulla faccia della terra.

"Misurando le abitudini economiche con cui le pecore cercano di sfuggire ai loro problemi e di evadere dalla realtà attraverso l'intrattenimento, è assolutamente possibile, applicando i metodi della ricerca operativa, prevedere le probabili combinazioni di shock (eventi creati) che sono necessarie per assicurare il completo controllo e la sottomissione della popolazione attraverso il sovvertimento dell'economia". La strategia prevede l'uso di amplificatori (pubblicità), e quando parliamo in televisione in un modo che un bambino di dieci anni può capire, allora, grazie ai suggerimenti dati, quella persona comprerà quel prodotto d'impulso, la prossima volta che lo vedrà in un negozio.

"L'equilibrio di potere fornirà la stabilità che il mondo del XXI secolo^e probabilmente riuscirà a raggiungere, pieno di tribalismi passionali e di problemi apparentemente intrattabili come la migrazione di massa dal Sud al Nord e dalle fattorie alle città. Potrebbero verificarsi trasferimenti massicci di popolazione, come quelli tra Grecia e Turchia all'indomani della Prima guerra mondiale, e omicidi di massa. Sarà un periodo di agitazione, che avrà bisogno di un unificatore; un Alessandro o un Maometto.

"Un cambiamento importante che deriverà dall'emergere di conflitti tra popoli che vivono fianco a fianco - e che, per intensità, avranno la precedenza sugli altri conflitti - è che la rivalità politica sarà all'interno delle regioni, anziché tra di esse. Questo porterà a un cambiamento nella politica mondiale. Dopo un decennio in cui gli Stati Uniti e l'Unione Sovietica si sono affrontati al di là degli oceani, le potenze si concentreranno sulla protezione contro le forze presenti nei loro confini o al loro interno.

"Il popolo americano non sa nulla di economia e se ne interessa poco, e quindi è sempre pronto per la guerra. Non possono evitare la guerra, nonostante la loro morale religiosa, né possono trovare nella religione la soluzione ai loro problemi terreni. Sono storditi dagli opinionisti economici che inviano onde d'urto che distruggono i bilanci e le abitudini di acquisto. Il pubblico americano non ha ancora capito che siamo noi a controllare le sue abitudini di acquisto".

Eccoci qui. Dividere le nazioni in fazioni tribali, costringere la popolazione a lottare per vivere e a preoccuparsi dei conflitti regionali, in modo che non abbia mai l'opportunità di avere una visione chiara di ciò che sta accadendo, per non parlare di contestarlo, e allo stesso tempo causare una drastica riduzione della popolazione mondiale. È quello che sta succedendo nell'ex Jugoslavia, dove il Paese è diviso in piccole entità tribali, ed è quello che sta succedendo in America, dove la famiglia media, con entrambi i genitori che lavorano, non riesce ad arrivare a fine mese. Questi genitori non hanno il tempo di prestare attenzione a come vengono ingannati e condotti alla schiavitù economica. L'intera faccenda è una montatura.

Oggi vediamo - se abbiamo tempo - che gli Stati Uniti sono sull'orlo di una graduale dissoluzione, risultato della silenziosa guerra di "controllo" del Tavistock contro la nazione americana. La presidenza Bush è stata un disastro totale e la presidenza Clinton sarà uno shock ancora maggiore. Questo è il disegno del piano e noi, il popolo, stiamo rapidamente perdendo fiducia nelle nostre istituzioni e nella nostra capacità di rendere l'America ciò che doveva essere, ben lontana da ciò che è ora, invasa da stranieri che minacciano di inghiottire la nazione, un'invasione da Sud a Nord proprio qui nel nostro Paese.

Abbiamo rinunciato alla nostra ricchezza reale per la promessa di una maggiore ricchezza, invece di una compensazione in termini reali. Siamo caduti nelle trappole del sistema babilonese del "capitalismo", che non è affatto un capitalismo, ma l'apparenza del capitale, come dimostra il denaro che in realtà è espresso in termini di capitale negativo. Questo è ingannevole e distruttivo. Il dollaro USA ha l'aspetto di una moneta, ma in realtà è un pagherò e un pagherò di schiavitù.

Il denaro come lo conosciamo sarà bilanciato dalla guerra e dal genocidio, cosa che sta accadendo sotto i nostri occhi. Il totale dei beni e dei servizi è il capitale reale e la moneta può essere stampata fino a questo livello, ma non oltre. Una volta che il denaro viene stampato oltre il livello dei beni e dei servizi, diventa una forza distruttiva e sottrattiva. La guerra è l'unico modo per "bilanciare" il sistema uccidendo i creditori, che il popolo ha docilmente abbandonato al loro valore reale in cambio di denaro artificialmente gonfiato.

L'energia (l'economia) è la chiave di tutte le attività terrene. Da qui l'affermazione spesso ripetuta che tutte le guerre hanno un'origine economica. L'obiettivo del governo unico mondiale - il nuovo ordine mondiale - deve necessariamente essere quello di ottenere il monopolio di tutti i beni e servizi, delle materie prime e di controllare il modo in cui viene insegnata l'economia. Negli Stati Uniti, aiutiamo costantemente il governo mondialista a ottenere il controllo delle risorse naturali del mondo, dovendo cedere parte del nostro reddito a questo scopo. Questo si chiama "aiuto estero".

Il progetto Tavistock Operation Research afferma che

"La nostra ricerca ha stabilito che il modo più semplice per controllare le persone è quello di mantenerle indisciplinate e ignoranti dei sistemi e dei principi di base, mantenendole disorganizzate, confuse e distratte da questioni di importanza relativamente scarsa...

"Oltre ai nostri metodi meno diretti di penetrazione a lungo raggio, questo si può ottenere disimpegnando le attività mentali e fornendo programmi di istruzione pubblica di bassa qualità in matematica, logica, progettazione di sistemi ed economia, e scoraggiando la creatività tecnica.

"La nostra moda richiede stimoli emotivi, un maggiore uso di amplificatori che incitano all'autoindulgenza, siano essi diretti (programmi televisivi) o pubblicitari. Al Tavistock abbiamo scoperto che il modo migliore per raggiungere questo obiettivo è l'attacco emotivo e l'affronto incessante e senza sosta (stupro della mente) attraverso una costante raffica di sesso, violenza, guerre, conflitti razziali, sia nei media elettronici che nella stampa. Questa dieta permanente potrebbe essere definita "cibo spazzatura mentale".

"La revisione della storia e della legge e la sottomissione della popolazione alla creazione deviante sono di fondamentale importanza, il che permette di spostare il pensiero dai bisogni personali alle priorità esterne costruite e fabbricate". La regola generale è che la confusione è un profitto, maggiore è la confusione maggiore è il profitto. Un modo per farlo è creare problemi e poi proporre soluzioni.

"È essenziale dividere il popolo, distogliere l'attenzione degli adulti dai problemi reali e dominare il loro pensiero con argomenti di importanza relativamente scarsa. I giovani devono essere tenuti all'oscuro della matematica; l'insegnamento corretto dell'economia e della storia non deve mai essere disponibile. Tutti i gruppi devono essere occupati da una serie infinita di domande e problemi, in modo da non avere il tempo di pensare chiaramente, e qui ci si affida a un intrattenimento che non dovrebbe superare le capacità mentali di un bambino di prima media.

"Le fonti di energia che sostengono un'economia primitiva sono l'approvvigionamento di materie prime, la disponibilità delle persone a lavorare e ad assumere un certo posto, una certa posizione, un certo livello nella struttura sociale, cioè a fornire lavoro a vari livelli della struttura.

"Ogni classe garantisce così il proprio livello di reddito e controlla la classe immediatamente sottostante, preservando così la struttura di classe". Uno dei migliori esempi di questo metodo si trova nel sistema delle caste in India, in cui si esercita un rigido controllo, assicurando che la mobilità verso l'alto, che potrebbe minacciare l'élite al vertice, sia limitata. Questo metodo consente di ottenere sicurezza e stabilità, oltre che un governo al vertice.

"La sovranità dell'élite è minacciata quando le classi inferiori, grazie alle comunicazioni e all'istruzione, diventano informate e invidiose del potere e dei beni della classe superiore. Alcuni di loro, diventando più istruiti, cercano di salire più in alto grazie alla conoscenza reale dell'economia energetica. Ciò rappresenta una vera e propria minaccia per la sovranità della classe d'élite.

"Ne consegue che l'ascesa delle classi inferiori deve essere ritardata abbastanza a lungo da permettere alla classe d'élite di raggiungere il dominio (economico) energetico, con il lavoro per consenso che diventa una fonte economica minore. Fino a quando questo dominio economico non sarà raggiunto per quanto possibile, si dovrà tenere conto del consenso del popolo a lavorare e a lasciare che altri si occupino dei suoi affari. Se ciò non avviene, interferirà con il trasferimento finale delle fonti energetiche (ricchezza economica) al controllo delle élite.

"Nel frattempo, è essenziale riconoscere che il consenso pubblico rimane la chiave essenziale per liberare energia nel processo di amplificazione economica. È quindi fondamentale un sistema di consenso per il rilascio di energia. In assenza del grembo materno è necessario garantire una sicurezza artificiale, che può assumere la forma di rifugi, dispositivi di protezione e ripari. Tali gusci forniranno un ambiente stabile per le attività stabili e instabili e offriranno un riparo per i processi evolutivi di crescita, ovvero la sopravvivenza in un riparo che offre una protezione difensiva contro le attività offensive.

"Si applica sia alle classi d'élite che a quelle inferiori, ma c'è una chiara differenza nel modo in cui queste due classi affrontano la soluzione del problema. I nostri scienziati sociali hanno dimostrato in modo molto convincente che la ragione per cui le persone creano una struttura politica è che hanno il desiderio inconscio di perpetuare il loro rapporto di dipendenza infantile.

"In parole povere, ciò che il desiderio subconscio richiede è un dio terreno che elimini i rischi dalla loro vita, metta il cibo in tavola e dia loro una confortante pacca sulla spalla quando le cose non vanno bene. La richiesta di un dio della terra che risolva i problemi ed elimini i rischi è insaziabile, e questo ha dato origine a un dio della terra sostitutivo: il politico. L'insaziabile richiesta di "protezione" da parte del pubblico viene soddisfatta con promesse, che però il politico mantiene poco o nulla.

"Il desiderio di controllare o sottomettere le persone che disturbano la loro esistenza quotidiana è onnipresente negli esseri umani. Tuttavia, non sono in grado di affrontare i problemi morali e religiosi che tali azioni solleverebbero, e quindi affidano questo compito a "sicari" professionisti, che noi chiamiamo collettivamente politici.

"I servizi dei politici vengono assunti per una serie di motivi, che sono fondamentalmente elencati nell'ordine seguente:

➢ Ottenere la sicurezza desiderata senza gestirla.

➢ Ottenere un'azione senza dover agire e senza dover pensare all'azione desiderata.

➢ Per evitare la responsabilità delle proprie intenzioni.

➢ Ottenere i benefici della realtà senza esercitare la disciplina necessaria per l'apprendimento.

"Possiamo facilmente dividere una nazione in due sottocategorie, la sotto-nazione politica e la sotto-nazione docile. I politici ricoprono incarichi quasi militari, il più basso dei quali è la polizia, seguita dai procuratori. Il livello presidenziale è gestito dai banchieri internazionali. La docile sub-nazione finanzia la macchina politica con il consenso, cioè con la tassazione. La sub-nazione rimane attaccata alla sub-nazione politica, quest'ultima se ne nutre e si rafforza, finché un giorno sarà abbastanza forte da divorare il suo creatore, il popolo".

Se letto insieme ai sistemi descritti nel mio libro, Il *Comitato dei 300,* è relativamente facile capire il successo del progetto di Operation Research del Tavistock, in particolare negli Stati Uniti. Recenti statistiche mostrano che il 75% degli studenti di prima media non è riuscito a superare il cosiddetto "test di matematica". Il test di matematica consisteva in una semplice aritmetica elementare, il che dovrebbe dirci qualcosa. La matematica non faceva affatto parte del test. Dobbiamo allarmarci? Giudicate voi.

VII. Operazioni sotto copertura

L e operazioni sanitarie - la materia di cui sono fatte le storie di "James Bond". Come ho detto spesso, James Bond era un personaggio di fantasia, ma l'organizzazione rappresentata nella serie di film è reale, tranne che per il fatto che è conosciuta come "C" e non come "M". I servizi segreti di intelligence e sicurezza britannici sono quelli ritratti in "James Bond". Sono noti come MI5 (sicurezza interna) e MI6 (sicurezza esterna). Insieme sono la più antica agenzia di intelligence segreta del mondo. Sono anche all'avanguardia nello sviluppo di tecniche di spionaggio e nuove tecnologie. Nessuno dei due servizi è responsabile nei confronti del popolo britannico attraverso il Parlamento ed entrambi operano in grande segretezza dietro un'ampia varietà di fronti.

Gli inizi di queste agenzie risalgono all'epoca della regina Elisabetta I, il cui fondatore è stato riconosciuto come Sir Francis Walsingham, Segretario di Stato di Elisabetta, e da allora sono esistite sotto vari nomi. L'intenzione non è quella di scrivere una storia di queste agenzie di spionaggio supersegrete, ma semplicemente di dare un contesto all'argomento principale di questo capitolo, ossia le azioni segrete e gli omicidi per motivi economici e/o politici.

La cosa fondamentale da ricordare è che, in quasi tutti i casi, l'azione segreta è vietata dal diritto internazionale. Detto questo, devo anche sottolineare che una cosa è avere leggi contro le azioni segrete, ma un'altra cosa è molto difficile farle rispettare, a causa degli sforzi estremi che le parti sono disposte a fare per mantenere l'operazione segreta. L'ordine esecutivo del Presidente Gerald Ford che proibisce di "impegnarsi o cospirare per l'assassinio politico" è ampiamente ignorato dalla CIA.

La scusa che Bush non sapeva cosa stava succedendo nell'operazione segreta Iran/Contra non può essere sostenuta a causa dell'emendamento Hughes-Ryan, fatto su misura per minare il sostegno a tale difesa. L'emendamento è stato concepito per ritenere la CIA e le altre agenzie di intelligence degli Stati Uniti responsabili e responsabilizzabili:

"... A meno che e fino a quando il Presidente non stabilisca che ciascuna di tali operazioni è importante per la sicurezza nazionale degli Stati Uniti e ne riferisca tempestivamente alla commissione competente del Congresso, compresa la commissione per le relazioni estere del Senato e la commissione per gli affari esteri della Camera".

l'operazione segreta diventerebbe illegale. Quindi, se il Presidente Reagan o il Presidente Bush erano a conoscenza dell'operazione Iran/Contra, o se non lo sapevano, coloro che vi hanno partecipato hanno agito illegalmente.

Nell'operazione segreta Iran/Contra, l'ammiraglio John Poindexter è stato il "capro espiatorio" dei presidenti Reagan e Bush, che hanno entrambi dichiarato di non esserne a conoscenza. Questo è sconvolgente, perché implica che due presidenti non avevano alcun controllo sui loro dipartimenti militari e di intelligence. Se Poindexter non avesse dichiarato alla sbarra di non aver mai informato Bush dei dettagli dell'operazione Iran/Contra, sarebbe seguita una procedura di impeachment che Bush, con tutta la sua potente protezione, non avrebbe potuto evitare. In questo, Bush è stato abilmente assistito dal deputato Lee Hamilton, la cui indagine sull'azione segreta è stata condotta così male da risultare in un completo whitewash dei colpevoli, compresi Reagan e Bush.

Oltre a "James Bond", gli agenti dell'MI6 forse più noti furono Sydney Reilly, Bruce Lockhart e il capitano George Hill, che furono distaccati in Russia per aiutare i bolscevichi a sconfiggere i loro nemici e, allo stesso tempo, a garantire vaste concessioni economiche e di materie prime per la nobiltà nera britannica, con una fetta della torta destinata ai finanzieri di Wall Street. Forse il meno noto (ma uno dei più efficaci) agente dell'MI6 fu Somerset

Maugham, l'eminente scrittore britannico, ben noto nel mondo letterario con quel nome "pecoreccio".

Come la maggior parte degli ufficiali dell'MI6, il vero nome di Maugham non fu rivelato durante gli anni di servizio e rimase tale fino alla sua morte. Sydney Reilly aveva tre nomi segreti e altri otto (aveva undici passaporti), il suo vero nome era Sigmund Georgievich Rosenblum.

Tralasciando tutti i nomi come bolscevismo, socialismo, marxismo, comunismo, fabianesimo e trotskismo, il fatto è che la rivoluzione bolscevica è stata un'ideologia straniera imposta al popolo russo dal Comitato dei 300 per il guadagno economico e il controllo della Russia.

È così semplice e, una volta spogliato di tutta la retorica e la terminologia, il concetto di "comunismo" è più facile da capire. Non dobbiamo mai e poi mai perdere di vista il fatto che, come disse Churchill, prima di essere irrimediabilmente trasformata e persa, "la Russia è stata afferrata per i capelli" e trascinata all'indietro in una dittatura uscita direttamente dall'inferno, istituita principalmente per sfruttare e controllare le sue vaste risorse, che ancora oggi superano di gran lunga quelle degli Stati Uniti, per non parlare della Gran Bretagna, che, a parte il carbone e un po' di petrolio del Mare del Nord, non ha nulla di degno di nota.

Come ai tempi della regina Elisabetta I, quando i Cecil, i suoi controllori, istituirono un sistema di spionaggio con Sir Francis Walsingham per proteggere le sue proprietà in Inghilterra e monitorare il commercio in tutto il mondo, così i moderni re e regine inglesi hanno continuato la tradizione. Si potrebbe dire che queste organizzazioni spionistiche erano motivate prima dall'economia e poi dalla sovranità nazionale. Nei secoli successivi non è cambiato molto.

Questo era lo scopo dell'ormai leggendaria missione di Sydney Reilly in Russia: impossessarsi del petrolio russo e degli altri immensi tesori minerari per la nobiltà nera britannica, guidata da Lord Alfred Milner, per i banchieri d'investimento della City di

Londra e per i bramini americani di Boston, i finanzieri e i magnati di Wall Street, i più famosi Rockefeller, J. P. Morgan e Kuhn Loeb. La spartizione del bottino britannico, ottenuta e sostenuta dalla potenza militare, divenne una tradizione durante l'epoca d'oro del vasto e incredibilmente redditizio commercio dell'oppio con la Cina.

I vecchi equivalenti americani delle famiglie "nobili" erano coinvolti fino alle sopracciglia in questo indicibile commercio. Oggi non si direbbe, perché vengono giudicati in base all'aspetto esteriore, cioè al fatto che frequentano le scuole migliori.

Questa nidiata è ricoperta da uno strato di petrolio e immersa nel fetore e nella sporcizia del commercio dell'oppio in Cina, che ha portato morte e miseria a milioni di persone, riempiendo al contempo di oscena ricchezza le banche di cui erano proprietari.

La galleria dei ladri nel commercio dell'oppio cinese si legge come una pagina del registro sociale americano: John Perkins, Thomas Nelson Perkins, Delano, Cabot, Lodge, Russell, Morgan, Mellon. Non c'è una delle nostre famiglie "d'élite" che non sia contaminata dalla ricchezza dell'oppio.

Lord Alfred Milner inviò Sydney Reilly dell'MI6 ad assicurarsi i giacimenti petroliferi della regione di Baku per gli investimenti britannici e di Rockefeller. Bruce Lockhart era il rappresentante personale di Lord Milner che controllava Lenin e Trotsky. L'"Hansard" dell'epoca, che è l'equivalente del nostro registro del Congresso, è pieno di espressioni di indignazione e frustrazione quando il Parlamento cominciò a raccogliere informazioni sulle imprese di Reilly. Scambi di opinioni furiosi ebbero luogo in privato tra il Primo Ministro Lloyd George (Conte di Dwyfor) e i membri del suo gabinetto, oltre che in un dibattito pubblico con i membri del Parlamento sul pavimento della Camera. Tutti chiedevano che Reilly fosse riportato in patria e che dovesse rendere conto delle sue attività in Russia.

Ma invano, Reilly è rimasto intoccabile e irreperibile. Forse per la prima volta in assoluto, l'opinione pubblica britannica sta diventando vagamente consapevole che una forza invisibile è al di sopra del Parlamento. Il pubblico britannico non sa e non può sapere che Reilly rappresenta l'MI6, che ha un potere di gran lunga superiore a quello dei suoi rappresentanti eletti in Parlamento. Coloro che cercano di rompere il muro della segretezza non ottengono nulla, quindi aspettano che Reilly torni in Inghilterra, cosa che avviene solo dopo che tutto è finito.

Reilly e il suo amico intimo, il conte Felix Dzerzinsky (entrambi provenienti dalla stessa regione della Polonia), capo del temuto apparato del terrore della polizia segreta bolscevica, inscenarono la morte di Reilly con un colpo di pistola mentre si presumeva che cercasse di fuggire attraverso il confine. La storia di copertura era che il nome di Reilly era stato scoperto nei documenti di un gruppo di cittadini lettoni che stavano progettando di assassinare Lenin. Reilly visse in segreto nell'opulenza e nello splendore della Russia sovietica fino a quando, per completare il piano, fuggì su una nave da carico olandese. Reilly viene reclutato da Sir William Wiseman, capo dell'MI6 britannico a Washington, nel 1917. Reilly fu descritto dal suo superiore, Sir Mansfield Smith Cumming, come "un uomo sinistro di cui non ho mai potuto fidarmi veramente".

La missione di Somerset Maugham a Pietrogrado per conto dell'MI6 nel 1917 è un classico esempio di questo tipo di missione. Lockhart fu inviato a Pietrogrado per sostenere il governo provvisorio di Alexander Kerensky, che avrebbe dovuto guidare il governo "provvisorio" che si opponeva ai bolscevichi (De Klerk, il leader sudafricano rinnegato, è stato giustamente descritto come il "Kerensky dei bianchi in Sudafrica", poiché il suo compito è quello di formare un governo "provvisorio" che permetta a Mandela e alla sua banda di assassini di prendere il controllo del Paese).

Ciò che né il Parlamento britannico né l'opinione pubblica sapevano era che il governo di Kerensky era programmato per fallire; il suo compito era far credere che la vera opposizione a un governo bolscevico provenisse dalla Gran Bretagna e dagli Stati Uniti, mentre in realtà era vero il contrario. Con un'elaborata messinscena, Maugham, che era stato scelto anche da Sir William Wiseman, andò a incontrare Kerensky, viaggiando via Giappone con 150.000 dollari (sì, erano per lo più soldi americani) da spendere per Kerensky. Maugham partì il 17 giugno 1917 e incontrò Kerensky il 31 ottobre 1917.

Kerensky chiese a Maugham di consegnare una nota al Primo Ministro Lloyd George, che conteneva un disperato appello per armi e munizioni. È interessante notare che Kerenskij ignorò completamente il console britannico a Pietrogrado, che aveva intuito che qualcosa stava accadendo alle sue spalle, inviò lamentele arrabbiate a Lloyd George, ma non ottenne scuse o spiegazioni. Come disse una volta lo stesso capitano Hill, "coloro che credono che la rivoluzione bolscevica sia stata ispirata e diretta dai sionisti potrebbero avere un po' di verità dalla loro parte". Wiseman, Maugham, Hill e Reilly erano ebrei, ma Lockhart era un anglosassone puro.

La risposta del Primo Ministro britannico alla nota di Kerensky fu un secco "non posso farlo". Maugham non tornò mai in Russia e Kerensky fu rovesciato dai bolscevichi il 7 novembre 1917. Il capitano Hill fu assegnato all'MI5, poi all'MI6. Viene inviato a Pietrogrado per consigliare Trotsky su come creare una forza aerea, sebbene la Russia sia ancora tecnicamente alleata degli inglesi.

Lo scopo di questa manovra era quello di mantenere la Russia in guerra con la Germania, che la Gran Bretagna voleva sconfiggere a causa del suo grande successo commerciale e finanziario. Allo stesso tempo, la Russia doveva essere indebolita a tal punto da non essere in grado di resistere a lungo alle orde bolsceviche. Come sappiamo, l'inganno ha funzionato perfettamente. Il capitano Hill fu determinante nella creazione della CHEKA, il formidabile apparato di polizia segreta e di intelligence militare bolscevico, precursore del GRU.

Una delle imprese di Hill fu il "trasferimento" dei gioielli della corona rumena. Hill, specialista in armi e addestramento, partecipò attivamente al grande disegno di far credere al mondo che la Gran Bretagna e gli Stati Uniti stessero davvero combattendo il golpe bolscevico. (In documenti che ho letto anni dopo, Allen Dulles, capo dell'OSS, fu denunciato da De Gaulle, che gli ricordò senza mezzi termini il grande colpo di Stato contro lo zar Nicola II e il popolo russo.

Parte integrante dell'inganno fu lo sbarco di una forza combinata britannica, francese e americana a Murmansk il 23 giugno 1918, sotto il comando del maggiore generale americano Frederick Poole, apparentemente per assistere i russi nella loro lotta contro i bolscevichi. I francesi pensavano davvero di essere lì per attaccare i bolscevichi, quando la forza alleata entrò ad Arkhangelsk il 2 agosto, dove ci furono alcuni combattimenti. In realtà, la forza di spedizione aveva tre obiettivi:

> (a) far credere che la Gran Bretagna e l'America stessero combattendo i bolscevichi (b) proteggere il grande deposito di armi e munizioni dell'esercito russo nella regione e (c) aiutare a convertire una popolazione dubbiosa a sostenere Lenin facendo credere che fosse il salvatore della patria, che combatteva per respingere una forza militare straniera.

In realtà, la forza britannico-americana era lì per aiutare Lenin, non per combattere l'Armata Rossa. Le truppe alleate dovevano assicurarsi che il deposito di munizioni fosse consegnato ai bolscevichi e impedire che fosse preso dai tedeschi in avanzata. Anni dopo, il Segretario di Stato George Marshall ripeté questo trucco contro il maresciallo cinese Chiang Kai Shek, lasciando a Mao Tse Tung un enorme arsenale da utilizzare nella sua lotta per trasformare la Cina in una nazione comunista. Il terzo obiettivo era quello di convertire i russi che esitavano a sostenere Lenin in veri e propri sostenitori. Lenin utilizzò lo sbarco a Murmansk per dire al popolo russo:

> "Sentite, gli imperialisti britannici e americani stanno cercando di rubarvi la Russia. Unitevi a noi nella lotta per la difesa della Madre Russia! "

Quando i generali della Russia Bianca Denekin e Wrangel stavano ottenendo grandi successi contro l'Armata Rossa, spingendola fuori dall'area di Baku e minacciando il lavoro che Sydney Reilly stava svolgendo per gli interessi petroliferi britannici e americani (in particolare di Rockefeller), lo stesso

Lloyd George che nel 1917 aveva complottato con Kerensky fu raggiunto da un "privato cittadino americano", William Bullit, di fatto un emissario di Rockefeller e dei banchieri di Wall Street. Insieme hanno commesso un atto di tradimento contro i rispettivi Paesi.

Nel gennaio 1919, il generale Pietro Denekin sconfisse i bolscevichi in Georgia, Armenia, Azerbaigian e Turkestan (le regioni petrolifere) e più tardi, nello stesso mese, cacciò i bolscevichi dal Caucaso, avanzando quasi fino alle porte di Mosca. Bullit e Lloyd George tagliarono quindi la strada ai russi bianchi interrompendo la fornitura di armi, munizioni e denaro. Su segnalazione di Lloyd George, inviata dall'MI6 in settembre, la forza britannico-americana abbandonò Arkhangelsk e lasciò Murmansk il 12 ottobre 1919.

Si noti il perfetto tempismo dell'operazione. L'unica cosa che il corpo di spedizione aveva fatto, a parte alcuni leggeri combattimenti ad Arkhangelsk e qualche altra scaramuccia contro le forze bolsceviche, era stato marciare per le strade di Vladivostok a sostegno della tesi di Lenin secondo cui lì c'erano soldati imperialisti britannici e americani decisi a conquistare la Madre Russia. Il 14 novembre 1920 era finita, le ultime forze della Russia Bianca si imbarcarono per Costantinopoli.

Uno dei pezzi più grandi del puzzle è stato completato con successo senza che gli americani e gli inglesi avessero idea di cosa stesse accadendo. Una procedura più o meno simile viene attuata oggi in Russia, con l'"ex comunista" Boris Eltsin, presentato dall'Occidente come una sorta di eroe popolare russo, che cerca di "salvare" la Russia da una rinascita del comunismo. Come nel 1917, così è oggi: l'opinione pubblica americana non ha idea di cosa stia realmente accadendo in Russia.

La trama non finisce qui: il tentato assassinio di Lenin, quando comincia a diventare un ostacolo alle manovre di Bruce Lockhart; l'arresto e il successivo scambio di Lockharf con il bolscevico Maxim Litvinov, con una condanna a morte in contumacia emessa da un tribunale bolscevico di Mosca. In questo modo, l'MI6 gioca la sua partita nel modo più magistrale possibile, come fa ancora oggi. Inoltre, Lenin morì di sifilide, non per le ferite ricevute per mano di Dora Kaplan.

Potrebbe essere utile approfondire le attività del capitano Hill. I documenti che ho potuto esaminare negli archivi di Whitehall a Londra rivelano molto sulle attività di Hill, un ufficiale dell'MI5 di seconda generazione. Pare che il padre di Hill fosse molto attivo nei circoli mercantili ebraici con legami a Salonicco all'epoca dello zar Nicola II.

Il figlio di Hill, George, che viveva a Londra, era un corriere dell'MI5 per i finanzieri di Wall Street e della City di Londra che sostenevano i bolscevichi; il denaro veniva convogliato attraverso Maxim Gorky, il beniamino dei teatri londinesi. Nel 1916 fu promosso all'MI6 e inviato a Salonicco dal capo dell'MI6, Sir Mansfield Cumming. Da Salonicco, Hill trasmise a Cumming informazioni sui progressi dei bolscevichi che stavano preparando l'imminente rivoluzione, che era già in anticipo di 10 anni. Il 17 novembre 1917, Cumming inviò Hill a Mosca, dove divenne immediatamente assistente personale di Leon Trotsky, su raccomandazione di Parvus (Alexander Helpland). Hill elaborò un piano di intelligence militare che fu accettato e divenne la base del GRU, di cui Hill e Trotsky furono i fondatori.

La CHEKA rimase sotto il controllo di Dzerzinsky. In seguito, secondo i documenti di Whitehall, in seguito a una richiesta di Gerusalemme, Hill fu inviato in Medio Oriente, dove si dedicò all'organizzazione e all'addestramento delle bande ebraiche Irgun e Stern, la cui stragrande maggioranza di ufficiali e di membri del personale proveniva dalla Russia bolscevica. Il servizio di intelligence creato da Hill per l'Irgun fu poi adottato dal servizio segreto israeliano, che divenne il Mossad.

I servizi segreti britannici sono i più esperti in operazioni segrete. Sir Stewart Menzies, capo dell'MI6 durante la guerra, una volta disse che Allen Dulles non aveva la capacità di comprendere veramente le operazioni segrete. In ogni caso, l'MI6 formò e addestrò l'OSS, il precursore della Central Intelligence Agency (CIA). Le operazioni segrete possono essere descritte come la parte più sensazionale del lavoro dell'intelligence, che in genere

LA DIPLOMAZIA DELL'INGANNO

comporta attività di routine come il monitoraggio delle attività
economiche in tutto il mondo, la preparazione di rapporti per i
responsabili delle politiche nazionali, che sono presumibilmente
la parte del governo che decide quale linea d'azione
intraprendere, se del caso.

La legge non consente all'MI6 e alla CIA di intromettersi negli
affari interni o di spiare i cittadini, poiché le loro funzioni sono
limitate agli affari esteri. Negli ultimi tre anni, però, questi
confini sono diventati molto sfumati, il che dovrebbe essere
motivo di seria preoccupazione, ma purtroppo non si stanno
adottando misure positive per porre fine a questa situazione.
L'azione segreta cammina sul filo del rasoio tra la diplomazia e
l'inganno e, a volte, quando il camminatore scivola, i risultati
possono essere molto imbarazzanti se l'azione segreta non è
negabile, come nel caso dell'affare Iran/Contra.

L'azione segreta richiede che un'agenzia di intelligence sviluppi
un programma per raggiungere un particolare obiettivo estero.
Questo spesso si ripercuote sulla politica estera, che non è di
competenza dell'intelligence. Un buon esempio è la paranoia
espressa dal presidente George Bush nel suo desiderio di
distruggere letteralmente il presidente iracheno Hussein, con
un'azione segreta che si svolge attraverso canali sia economici
che militari.

Un totale di 40 milioni di dollari è stato sprecato da Bush nel suo
fallito tentativo di uccidere Hussein, in cui sono stati provati tutti
i trucchi del libro, compreso l'invio di virus in fiale da
nascondere nel quartier generale del Comando rivoluzionario.
Infine, Bush, sopraffatto dall'odio per Hussein, ha sganciato 40
missili da crociera su Baghdad e Bassora, con il più futile dei
pretesti di attaccare "fabbriche di armi nucleari" e siti antiaerei,
tutti palesemente assurdi.

Un missile da crociera è stato deliberatamente programmato per
colpire l'hotel Al-Rasheed nel centro di Baghdad, dove si stava
svolgendo una conferenza di leader musulmani. L'idea alla base
dell'attacco all'Al-Rasheed (il missile è stato tracciato dai
satelliti russi dal momento del lancio fino a quando ha raggiunto

l'area di destinazione) era quella di uccidere diversi leader musulmani, il che avrebbe messo i loro Paesi contro l'Iraq e contribuito a rovesciare il leader iracheno in un contraccolpo contro il presidente Hussein.

Sfortunatamente per Bush, il missile cadde da 6 a 6 metri di fronte all'edificio, mandando in frantumi porte e finestre fino a tre piani di altezza e uccidendo una receptionist. Nessuno dei delegati musulmani è rimasto ferito. La debole e infantile scusa addotta dal Pentagono e dalla Casa Bianca, secondo cui il missile sarebbe stato "deviato dai cannoni della contraerea irachena", era così assurda che la DGSE (i servizi segreti francesi) si è chiesta se il rapporto fosse autentico o opera di un'agenzia clandestina privata.

I militari russi, fiduciosi nei dati forniti dai loro satelliti, hanno detto al governo statunitense che la sua spiegazione era sbagliata e che avevano le prove per dimostrarlo. A 1 milione di dollari per missile, il comportamento paranoico di Bush è costato al contribuente americano 40 milioni di dollari - più il prezzo nascosto di 40 milioni di dollari. È chiaro che è urgente un meccanismo per frenare i futuri presidenti che, negli ultimi giorni del loro mandato, potrebbero cercare di seguire l'esempio scioccante di Bush.

Spesso un governo può intraprendere azioni segrete contro il suo stesso popolo. Prendiamo il caso di Alger Hiss e dei Rockefeller. Come hanno detto le compagnie petrolifere, "non avevano alcun obbligo particolare nei confronti dell'America". Questo è vero nel contesto degli accordi presi con i bolscevichi da David Rockefeller e dalle compagnie petrolifere britanniche. Gli Stati Uniti finirono per promuovere il socialismo e il comunismo come ricompensa ai bolscevichi per aver concesso le concessioni petrolifere a Rockefeller e Armand Hammer. Ciò ha certamente dimostrato la loro affermazione che l'industria petrolifera non è necessariamente fedele agli Stati Uniti.

Nel 1936, Alger Hiss fu invitato da Francis B. Sayre, genero di Woodrow Wilson, per entrare nel Dipartimento di Stato. Il RIIA e il CFR decisero che Hiss era un uomo affidabile che avrebbe fatto ciò che gli veniva detto, indipendentemente dal fatto che fosse un bene per l'America o meno. In realtà, Hiss era la prima scelta di Rockefeller, non di Sayre, ma Rockefeller rimase nell'ombra. Nel 1936, quando Sayre si avvicinò, Hiss era già profondamente coinvolto nello spionaggio per l'URSS, e questo fatto era ben noto al suo professore di legge di Harvard.

Quando Hiss fu promosso a vice supervisore per le relazioni politiche al Dipartimento di Stato, Chambers e un uomo di nome Levine fecero saltare la copertura di Hiss affermando che stava lavorando attivamente per l'Unione Sovietica. L'uomo a cui Chambers si rivolse con le sue accuse fu Marvin McIntyre, che non passò le informazioni a Roosevelt, che era il suo capo. Invece, dirottò Chambers verso Adolph A. Berle, all'epoca Assistente del Segretario di Stato per la Sicurezza presso il Dipartimento di Stato. Berle si recò da Roosevelt con la storia, solo per essere bruscamente respinto dal Presidente.

Imperterrito, Berle passò le sue informazioni a Dean Acheson, ma a Hiss non successe assolutamente nulla. Non fu chiamato a dare spiegazioni, ma fu promosso da Roosevelt, un burattino del Rockefeller-CFR, come tutto lo staff di Roosevelt. Nel 1944, Hiss ricevette un'ulteriore spinta con la promozione ad assistente speciale del direttore degli Affari dell'Estremo Oriente, dove era ben posizionato per servire i piani espansionistici sovietici in Asia.

A dimostrazione dell'arroganza di Rockefeller, per tutto il periodo in cui Hiss era un astro nascente dello Stato, l'FBI aveva un dossier su di lui. È stato denunciato dal disertore sovietico Igor Gouzensky, che lavorava nell'ufficio del GRU (l'intelligence militare sovietica) a Ottawa, in Canada. I funzionari del Dipartimento di Stato sapevano tutto di Hiss e dei suoi legami con i sovietici, così come il Presidente Roosevelt, ma non fecero nulla per estrometterlo.

Mentre Rockefeller stava progettando le Nazioni Unite, lui e Stalin concordarono un accordo in base al quale l'ONU non avrebbe interferito negli affari russi in cambio di petrolio sovietico per le compagnie petrolifere di Rockefeller. I bolscevichi non si sarebbero intromessi in Arabia Saudita né avrebbero tentato di entrare in Iran. L'uomo incaricato di rappresentare Rockefeller alle Nazioni Unite era Alger Hiss. Il suo diretto superiore era Nelson Rockefeller, che dava ordini a John Foster Dulles. Roosevelt, Dulles, l'FBI e Rockefeller sapevano che Hiss lavorava con l'Unione Sovietica.

Grazie all'intervento della Standard Oil, il meccanismo di controllo delle Nazioni Unite fu sottratto alle mani americane. Al Segretario generale è stato dato il potere di nominare chiunque volesse. Per il suo tradimento, Hiss ottenne una posizione speciale presso il Carnegie Endowment Fund for International Peace con uno stipendio di 20.000 dollari all'anno, un reddito molto buono per l'epoca. L'idea era di porre Hiss al di sopra della legge.

In realtà, Hiss era al di sopra della legge, perché l'ha fatta franca con il tradimento e la slealtà. Hiss non è stato accusato di tradimento, ma di falsa testimonianza. Tuttavia, i potenti sono subito accorsi in sua difesa. Il giudice della Corte Suprema Felix Frankfurter rilasciò a Hiss un certificato di buona condotta e Rockefeller pagò le sue spese legali per un ammontare di 100.000 dollari.

All'epoca del suo scontro con Chambers, Hiss lavorava come membro del Comitato esecutivo dell'Associazione delle Nazioni Unite, Direttore generale dell'Istituto per le Relazioni con il Pacifico, membro di spicco del CFR e Presidente della Fondazione Carnegie. La Casa di Hiss è stata costruita sull'industria petrolifera e non c'è mai stato un caso di abuso di potere da parte dell'industria petrolifera come quello di Hiss. L'industria petrolifera non ha mostrato alcun timore nei confronti del governo quando Hiss è stato consegnato alla giustizia; infatti, l'industria petrolifera ha quasi licenziato il suo uomo d'affari e lo avrebbe fatto se Hiss non fosse inciampato. Il caso Hiss è un buon esempio di governo contro il proprio popolo.

In Iran, gli Stati Uniti sono attualmente impegnati in un'azione segreta contro il governo legittimo, utilizzando gruppi locali all'interno del Paese e collaborando con altri in esilio. Gli Stati

Uniti si sono allarmati per il crescente accumulo di armi da parte del governo iraniano e hanno posto sotto speciale sorveglianza le spedizioni di armi al Paese.

Inoltre, tra i due Paesi permane un significativo serbatoio di malanimo dovuto alle attività di Hezbollah e alla disponibilità dell'Iran a fornire un rifugio sicuro a gruppi considerati ostili a Israele. Di conseguenza, è emerso un pericolo per la stabilità del Medio Oriente. L'Iran sta diventando sempre più ostile nei confronti degli Stati Uniti e dei suoi alleati mediorientali, Arabia Saudita, Egitto e Israele. È chiaro che per questi Paesi si prospettano problemi, il che potrebbe spiegare perché l'intelligence israeliana sostiene che l'Iran diventerà una potenza nucleare molto prima di quanto previsto dalla CIA. Gli iraniani, invece, sostengono che si tratta solo di un altro stratagemma di Israele per far sì che quello che definisce "il suo grande fratello ci attacchi come hanno fatto con Hussein".

Il governo iraniano dispone ora di una rete di agenti in tutta l'Europa occidentale, particolarmente forte in Germania. Questi agenti sono attivi anche in Arabia Saudita, dove la famiglia reale è considerata con il massimo disprezzo da Teheran. Il governo iraniano è il principale finanziatore e sostenitore logistico di dieci campi fondamentalisti islamici in Sudan, di cui il presidente egiziano Hosni Mubarak si è lamentato con il Dipartimento di Stato americano nel dicembre 1992. La denuncia non è stata resa pubblica.

I dieci campi di addestramento in Sudan sono

> **Iklim-al-Aswat**. È il più grande dei dieci campi, gestito dal colonnello Suleiman Mahomet Suleiman, membro del Consiglio di comando della rivoluzione. Vi si addestrano fondamentalisti provenienti da Kenya, Marocco, Mali e Afghanistan.

> **Bilal**. Situato a Port Sudan, sul Mar Rosso, il campo è un'importante base di addestramento per i fondamentalisti egiziani che si oppongono al regime di Mubarak. All'ultimo conteggio, c'erano 108 uomini in

addestramento, tra cui 16 medici egiziani, sotto il comando dell'emiro Jihad di Tendah.

➤ **Sowaya**. Situata nei pressi di Khartoum, è stata riorganizzata nel 1990 e ora addestra fondamentalisti algerini e tunisini sotto il nome di Milizia di Difesa Popolare.

➤ **Wad Medani**. Questo campo ospita fondamentalisti africani provenienti da Kenya, Mali, Sudan e Somalia, sotto il comando del colonnello Abdul Munuim Chakka.

➤ **Donkola**. Situato nel nord del Sudan, è il campo principale dei fondamentalisti egiziani di Al Najunmin, un gruppo fondato dal defunto Majdt As Safti, costretto a fuggire dall'Egitto nel 1988. Il campo ospita anche membri del gruppo egiziano Shawkiun e 40 algerini del gruppo Al Afghani.

➤ **Jehid al Hak**. Qui l'OLP, Hamas e la Jihad si addestrano sotto il comando del tenente colonnello Sadiq al-Fadl.

➤ **Omdurman**. In questo campo si addestrano dai 100 ai 200 fondamentalisti egiziani appartenenti al gruppo Islambuly, considerato più militante di altri gruppi decisi a porre fine al regime di Mubarak.

➤ **Aburakam**. Questo campo è una base di addestramento per un massimo di 100 afghani, pakistani e iraniani.

➤ **Khartoum Bahri**. Questo è probabilmente il più grande dei dieci campi, che ospita 300 fondamentalisti tunisini, algerini ed egiziani del gruppo Espiazione e Immigrazione, che si addestrano sotto il comando del capitano Muhammad Abdul Hafiz della Milizia di Difesa Popolare.

➤ **Urna Barbaita**. Situata nel Sudan meridionale, è la base dove l'élite militare viene addestrata all'uso di esplosivi e armi da esperti iraniani e sudanesi.

I campi sono coordinati negli uffici del Congresso islamico del popolo arabo, vicino all'ambasciata egiziana a Khartoum. Si tratta di una struttura molto moderna, dotata delle più moderne apparecchiature di comunicazione che consentono al Congresso di essere in contatto con i leader del movimento fondamentalista islamico in altri Paesi. È noto che il GCHQ monitora le comunicazioni di questo importante ufficio da Cipro, comprese quelle con il Mufti della Jihad egiziano, lo sceicco Omar Abdul Rahman.

Sheikh Rahman è stato dichiarato non colpevole di aver cospirato per assassinare il defunto presidente egiziano Anwar Sadat. Dopo il suo rilascio, si è trasferito negli Stati Uniti dove coordina le attività fondamentaliste da una moschea del New Jersey. Si dice che Sheikh Rahman abbia finanziato diverse centinaia di arabi costretti a lasciare il Pakistan dagli Stati Uniti, che hanno fatto pressione sul governo pakistano, con attività palesi e segrete, per reprimere i fondamentalisti islamici nel Paese. L'azione segreta contro il Pakistan ha assunto diverse forme, ma la corruzione è stata l'elemento chiave.

Una delle più folli azioni segrete in corso riguarda la Cisgiordania, Gaza e Israele. Sono coinvolti la CIA, Hamas, la Siria e l'Iran. Hamas è il gruppo fondamentalista che sta rendendo la vita difficile a Israele. Teheran ha ripreso la fiaccola dove Riyad l'aveva lasciata. Con un'azione segreta ben consolidata che si avvale della diplomazia, gli Stati Uniti hanno convinto l'Arabia Saudita che i fanatici fondamentalisti islamici potevano e molto probabilmente avrebbero minacciato il paese in futuro.

Utilizzando le tecniche insegnate dall'MI6 al defunto Ayatollah Khomeini, il governo iraniano le ha adattate ad Hamas, dimostrandosi molto efficace. Abituati a penetrare nell'OLP senza troppe difficoltà, i servizi segreti israeliani hanno scoperto di avere a che fare con qualcosa di diverso con Hamas. Il caso della guardia di frontiera israeliana Nissim Toledano è un buon esempio. Toledano è stato assassinato il 14 dicembre 1992 e lo Shin Beth, l'agenzia di sicurezza interna di Israele, non ha ancora indizi sul responsabile.

C'è anche un altro omicidio irrisolto, quello di Haim Naham, un agente dello Shin Beth ucciso nel suo appartamento di Gerusalemme il 3 gennaio 1993. Secondo fonti di Beirut, l'intelligence israeliana è perplessa e ammette in privato che l'espulsione di 415 palestinesi sospettati di essere leader di Hamas non ha impedito ad Hamas di operare allo stesso livello di prima delle espulsioni. Gli israeliani hanno scoperto che Hamas si basa sul modello dell'MI6 iraniano, con piccoli gruppi ampiamente dispersi all'interno di cellule senza collegamenti organizzati tra loro, che presentano un fronte difficile da rompere.

La persona più probabile al centro di Hamas è Azzedine al Kassam. Secondo fonti di intelligence, ci sono circa 100 cellule, ognuna con cinque membri. Queste cellule sono tutte autonome, ma un gruppo di sette uomini, uno dei quali è Tarek Dalkamuni, può aiutare a coordinare le attività. Si ritiene che Dalkamuni abbia sostituito lo sceicco Ahmed Yassin, che si trova in una prigione israeliana dal 1989.

La nascita di Hamas è stata il risultato di un'azione segreta sanzionata dal governo iraniano, che opera sotto copertura diplomatica a Damasco, in Siria. Nel marzo 1987, nella Striscia di Gaza si tenne una riunione, alla quale parteciparono personale iraniano e siriano, durante la quale nacque la rivolta dell'Intifada. Il Maijlis as-Shura (Consiglio consultivo) islamico ha inviato Mohammed Nazzal e Ibrahim Gosche a incontrare l'ambasciatore iraniano in Siria, Ali Akharti.

Era presente anche il capo dei servizi segreti siriani, il generale Ali Duba. Questo è un ottimo esempio di come vengono condotte le operazioni segrete, utilizzando i canali diplomatici e le parti private.

Dopo il successo dell'incontro del 21 ottobre 1992, la delegazione del Majlis si è recata a Teheran accompagnata da Abu Marzuk, uno dei principali fondamentalisti, dove ha incontrato altri leader fondamentalisti del PLFP di Ahmed Jabril, degli Hezbollah libanesi, di Al Fatah e di Hamas. Sono stati tenuti colloqui con funzionari del governo iraniano, che hanno portato a un accordo in base al quale l'Iran avrebbe fornito personale finanziario, logistico e militare per addestrare i fondamentalisti nei campi in Sudan.

Fu creato un consiglio direttivo di 12 persone, tra cui Muhammad Siam (Khartoum), Musa Abu Marzuk (Damasco), Abdul Nimr Darwich, Imad-al-Alami, Abdul Raziz al-Runtissi (Gaza) (uno dei 415 palestinesi espulsi da Israele), Ibrahim Gosche e Mohamed Nizzam (Amman), Abu Mohamed Mustafa (Beirut). Questo gruppo è stato addestrato con i metodi dell'MI6 utilizzati per far cadere lo Scià dell'Iran e, ad oggi, si è dimostrato difficile cercare di penetrare in Hamas.

L'Iran ha intensificato una fase attiva di opposizione a quella che il governo di Teheran percepisce come la politica filo-israeliana degli Stati Uniti quando l'accordo raggiunto all'epoca della crisi degli ostaggi è stato presumibilmente violato da Washington. L'uso di Hezbollah in azioni segrete contro gli Stati Uniti aveva lo scopo di fare pressione sull'opinione pubblica americana e metterla contro Israele. L'Iran ha utilizzato qui la metodologia delle relazioni umane Tavistock, trasmessa a coloro che hanno rovesciato lo Scià dell'Iran.

Il fondatore e brillante tecnico del Tavistock, John Rawlings Reese, adattò le tecniche di gestione militare della "ricerca operativa" in modo che potessero essere applicate al "controllo di una società, da un'unità individuale fino a milioni di unità, cioè gli individui e la società e la nazione che essi costituiscono collettivamente". Per raggiungere questo obiettivo, era necessaria una rapida elaborazione dei dati, e ciò avvenne con lo sviluppo della programmazione lineare nel 1946, dopo la sua invenzione da parte di George B. Danzica. Significativamente, il 1946 fu l'anno in cui Tavistock dichiarò guerra alla nazione americana. Questo ha aperto la strada al controllo totale della popolazione.

Il governo di Teheran dell'Ayatollah Khomeini ha permesso la creazione di un'organizzazione d'azione segreta nota come Hezbollah. In seguito, attraverso Hezbollah, alcuni americani e altri cittadini stranieri sono stati rapiti da Beirut e da altre parti del Medio Oriente e tenuti in luoghi segreti. Il sistema di celle a cinque uomini ha funzionato perfettamente. Né l'MI6 né la CIA riuscirono a decifrare i codici di Hezbollah e gli ostaggi languirono per anni, finché gli Stati Uniti furono costretti ad ammettere la sconfitta e ad avviare negoziati con Hezbollah.

È stato raggiunto un accordo in base al quale, poco dopo il rilascio dell'ultimo ostaggio detenuto da Hezbollah, gli Stati Uniti avrebbero sbloccato conti bancari e strumenti finanziari iraniani per un valore stimato di 12 miliardi di dollari. Gli Stati Uniti avrebbero anche rilasciato le attrezzature militari ordinate e pagate dallo scià, che non erano state consegnate, per un valore stimato di 300 milioni di dollari. Inoltre, l'Iran potrebbe entrare a far parte del Consiglio di Cooperazione del Golfo, in modo da poter partecipare alle deliberazioni su Israele. Inoltre, gli Stati Uniti si impegnano a non condurre attività segrete contro l'Iran all'interno dei propri confini nazionali e a non cercare di punire i rapitori di Hezbollah che si sono rifugiati a Teheran.

Tuttavia, Teheran ha affermato che Washington ha agito in malafede non mantenendo una sola promessa. I conti bancari non sono stati sbloccati, le attrezzature militari pagate dallo scià non sono state restituite all'Iran, la CIA ha di fatto intensificato le sue attività segrete all'interno del Paese e l'Iran rimane ancora escluso dal Consiglio di Cooperazione del Golfo. Teheran sottolinea con rabbia l'aumento degli attacchi terroristici a Teheran, iniziati nel 1992 dopo la consegna dell'ultimo ostaggio.

Il comandante dei Pasdaran ha accusato la CIA di aver creato una rete di realisti intorno a Massoud Rajavi, leader dei Mujahedin, e Babak Khoramdine, e di aver orchestrato attacchi a caserme dei Pasdaran, edifici pubblici - tra cui una biblioteca -, un attacco al corteo funebre del defunto Hashemi Rafsanjani e la profanazione della tomba dell'Ayatollah Khoemini. Questi attacchi non sono stati riportati dai media statunitensi. Ufficialmente, le relazioni diplomatiche tra Stati Uniti e Iran sono descritte come buone.

Per tornare a Hamas. Utilizzando i canali diplomatici, Iran e Siria hanno cercato di influenzare la Francia a sostenere segretamente Hamas. Il milionario libanese Roger Edde, che fungeva da intermediario tra la Francia e la Siria, si rivolse al ministro degli

Affari esteri Roland Dumas. La Siria ha esercitato pressioni su Dumas per l'acquisto di un nuovo impianto radar, che secondo Damasco sarebbe andato a Thomson, il gigante francese. È stato riferito che il pagamento dei debiti della Siria nei confronti della Francia potrebbe essere ritardato se le cause dei fondamentalisti islamici non fossero viste con favore dall'Eliseo. Tuttavia, il governo francese è rimasto ufficialmente irremovibile nel non sostenere Hamas. Il contatto con il radar è stato affidato a Raytheon, una società americana. Il pagamento del debito fu ritardato, con grandi disagi per la Francia. Sul fronte esterno, le relazioni diplomatiche tra Siria e Francia rimangono cordiali.

L'Iran ha un vecchio conto in sospeso con i servizi segreti britannici e americani che risale al 1941 e al 1951, quando l'MI6 e la CIA condussero crude azioni segrete contro l'Iraq per provocare la caduta di Mohamed Mossadegh. Anche se appartiene a questo capitolo, la storia di come Acheson, Rockefeller, Roosevelt e Truman hanno sovvertito l'Iran si trova nel capitolo sugli accordi petroliferi di Rockefeller in Medio Oriente.

La CIA e l'MI6 hanno avuto una seconda possibilità con l'Iran quando lo Scià ha iniziato a opporsi alla rapina a mano armata delle compagnie petrolifere americane e britanniche con concessioni in Iran. Le compagnie petrolifere si accordarono allora con il presidente Carter e fu lanciata una copia carbone dell'operazione Mossadegh. Sessanta agenti della CIA e dieci dell'MI6 furono inviati a Teheran per minare lo Scià e provocarne la caduta e l'eventuale assassinio.

Azione segreta non significa sempre operazioni di intelligence e gruppi terroristici con il sostegno dei rispettivi governi. Può assumere la forma di cooperazione tecnologica, in particolare nei settori della sorveglianza e del monitoraggio delle comunicazioni. Essendo generalmente poco spettacolare, questo tipo di "spionaggio" non attira molta attenzione, ma è uno degli esempi più chiari di diplomazia con l'inganno.

Due dei punti di ascolto più grandi e completi del mondo si trovano in Inghilterra e a Cuba. Il Government Communications

Headquarters (GCHQ) di Cheltenhanm, in Inghilterra, è probabilmente uno dei peggiori colpevoli nel campo dello spionaggio. Sebbene la Costituzione degli Stati Uniti vieti di spiare i propri cittadini, la National Security Agency (NSA), in stretta collaborazione con il GCHQ, sta ingannando le popolazioni di entrambi i Paesi nelle loro continue operazioni di sorveglianza globale. Il Congresso degli Stati Uniti o è ignaro di ciò che sta accadendo (impensabile) o, molto probabilmente, è troppo intimidito per fermare questi atti illegali che avvengono ogni giorno alla NSA.

Oltre alla struttura di Cheltenham, il governo britannico ascolta le conversazioni telefoniche dei suoi cittadini dalla struttura di ascolto di Edbury Bridge Road a Londra. Alcuni accordi sono stati stipulati a livello diplomatico, il che non li rende meno ingannevoli per i cittadini dei Paesi firmatari. L'UKUSA è uno di quegli accordi tipici della diplomazia dell'inganno. Si dice che l'UKUSA lavori solo a livello di intelligence militare, ma la mia fonte dice che non è vero. Inizialmente si trattava di un accordo diplomatico tra Regno Unito e Stati Uniti, ma il patto è stato esteso ai Paesi della NATO, al Canada e all'Australia.

Tuttavia, negli ultimi anni sono state incluse anche la Svizzera e l'Austria, e ora è provato che il traffico da e verso le società commerciali viene monitorato, anche i partner CEE del Regno Unito, il Giappone, il Sudafrica e l'Iran. L'MI6 ha un dipartimento separato per la raccolta di informazioni economiche, chiamato Overseas Economic Intelligence Committee (OEIC). In effetti, l'espansione di questa divisione ha reso necessario il trasferimento dell'MI6 dal Broadway Building, che si affacciava su Queen Anne's Gate, al Century Building, vicino alla stazione della metropolitana di North Lambeth a Londra.

Gli Stati Uniti hanno ora una nuova agenzia di raccolta di informazioni chiamata Information Security Oversight Office (ISOO), che collabora con la sua controparte britannica in materia di industria, commercio e sicurezza industriale. L'ISOO collabora con l'International Computer Aided Acquisitions and

Logistic Support Industry Steering Group negli Stati Uniti. La sua attività riguarda la regolamentazione della tecnologia commerciale.

Il Comitato dei 300 controlla queste organizzazioni ed è la potente forza invisibile dietro la decisione di obbligare i telefoni cellulari britannici e svizzeri con l'algoritmo di nuova generazione a 256 byte a soddisfare i "requisiti di spionaggio" dei servizi di sicurezza britannici e americani. È quasi certo che sarà consentita solo la versione ASX5 con un algoritmo a 56 byte, più facile da intercettare al telefono. Questo è uno dei metodi utilizzati dai governi per controllare segretamente la popolazione.

Nel gennaio 1993, i rappresentanti della NSA e del GCHQ tennero una conferenza in cui annunciarono che sarebbe stata autorizzata solo la versione AS5X, meno complessa. Non c'è stata alcuna discussione con il Congresso degli Stati Uniti, né forum aperti, come richiesto dalla Costituzione degli Stati Uniti. I telefoni A5 già esistenti e difficili da rompere vengono richiamati per "aggiustamenti tecnici". Le modifiche tecniche consistono nella sostituzione del chip A5 da 256 byte con un chip A5Z da 509 byte. In questo modo lo spionaggio illegale diventa sempre più facile da realizzare, poiché il popolo americano viene ingannato da una diplomazia ingannevole su molti livelli diversi ma interconnessi.

Anche i telefoni pubblici sono stati messi sotto osservazione dai servizi di sicurezza. A New York, ad esempio, con il pretesto di "combattere il crimine", il sistema dei telefoni a pagamento è stato truccato in modo che i telefoni non potessero ricevere chiamate in entrata. La polizia di New York pensava di poter impedire che i telefoni a pagamento venissero utilizzati per lo spaccio di droga, ad esempio, o che i personaggi della criminalità organizzata potessero conversare tra loro in privato. Non ha funzionato molto bene, ma ci sono stati anche dei successi.

L'ultima tecnologia consiste nell'assegnare a tutti i telefoni pubblici un numero speciale. In alcuni paesi europei i telefoni a pagamento terminano con 98 o 99. In questo modo è possibile "rintracciare" rapidamente i telefoni a pagamento quando vengono utilizzati per conversazioni "sicure"; solo le chiamate da un telefono a pagamento non sono più "sicure". In casi reali, come quando è in corso un crimine o i rapitori chiedono un riscatto, si tratta di uno strumento molto utile, ma cosa succede alla privacy dell'individuo nei casi in cui non è coinvolto un crimine? Le conversazioni telefoniche di cittadini innocenti vengono spiate? La risposta è un chiaro "sì".

L'opinione pubblica non è consapevole di ciò che sta accadendo in America e il Congresso sembra aver fallito nel suo compito. Nessuna delle attività di sorveglianza potenzialmente dannose che si svolgono su vasta scala in questa nazione è legale, quindi l'inganno continua senza controllo. Il Congresso sembra lento ad agire quando si tratta di sorvegliare le attività di spionaggio all'estero e non è affatto incline ad agire contro la proliferazione dello spionaggio dei cittadini in patria.

Questa apatia del Congresso nei confronti del diritto alla privacy garantito dalla Costituzione degli Stati Uniti contrasta stranamente con le preoccupazioni espresse quando si discute di questioni esterne. Il direttore della CIA James Woolsey Jr. ha consegnato al Congresso una "lista di analisi delle minacce", che consiste nella valutazione della CIA delle nazioni che possiedono missili terra-aria avanzati. Woolsey ha dichiarato al Congresso che Siria, Libia e Iran dispongono di missili da crociera operativi in grado di rilevare aerei "stealth" e di minacciare le forze navali statunitensi nel Golfo.

Anche il Pakistan è noto per possedere questi missili da crociera ed è molto probabile che li usi contro l'India, se dovesse scoppiare una guerra. Il governo statunitense cerca da tempo una manovra diplomatica che metta India e Pakistan l'uno contro l'altro. Gli Stati Uniti temono che il Pakistan usi i suoi missili per aiutare la Siria e l'Iran contro Israele, cosa molto probabile se scoppia la "Jihad". Gli Stati Uniti stanno usando tutti i trucchi diplomatici e le azioni segrete per convincere il Pakistan a non prendere in considerazione l'idea di unirsi all'Iran in una "Jihad" in cui il Pakistan usi le sue armi nucleari.

L'azione segreta fa passare l'intelligence da un ruolo passivo a uno attivo, strettamente legato all'uso della forza, spesso sotto l'apparenza della diplomazia. In entrambi i casi, si tratta di un'azione di mezzi contro un governo o un gruppo straniero all'interno dei propri confini. La definizione di attività segrete o speciali contenuta nell'Ordine Esecutivo 12333 è priva di senso e di valore per due motivi:

"Per attività speciali si intendono le attività a sostegno di obiettivi di politica estera nazionale all'estero che sono pianificate ed eseguite in modo tale che il ruolo degli Stati Uniti non sia evidente o riconosciuto pubblicamente, nonché le funzioni a sostegno di tali attività, ma che non sono destinate a influenzare i processi politici, l'opinione pubblica, le politiche o i mezzi di comunicazione degli Stati Uniti, e non includono le attività diplomatiche o la raccolta e la produzione di intelligence o le relative azioni di supporto".

In primo luogo, gli ordini esecutivi sono chiaramente illegali, perché sono proclami e i proclami possono essere fatti solo dai re. Non c'è nulla nella Costituzione degli Stati Uniti che consenta gli ordini esecutivi. In secondo luogo, è impossibile rispettare le linee guida di cui sopra, anche se fossero legali. Solo le persone poco informate potrebbero credere, ad esempio, che gli Stati Uniti non abbiano causato la caduta dello Scià dell'Iran o che la CIA non abbia avuto un ruolo in Iran nell'influenzare i processi politici statunitensi. Nel mondo di oggi, la CIA sarebbe in bancarotta se rispettasse l'Ordine Esecutivo 12333.

Ma ci sono altre armi segrete a disposizione della CIA e dell'MI6, a cui abbiamo fatto riferimento in precedenza, che possono aggirare tutte le restrizioni scritte, per quanto elevate siano proposte. Il sistema sviluppato al Tavistock è il più utilizzato e, come abbiamo indicato sopra, è l'arma migliore per il controllo sociale di massa e il genocidio di massa, l'obiettivo finale del controllo delle persone.

Gli omicidi fanno parte delle attività segrete, anche se nessun governo ammetterà mai di approvare l'omicidio come mezzo per risolvere problemi di politica estera e interna ritenuti impossibili da risolvere con altri mezzi. Non intendo elencare tutti gli assassinii che hanno avuto luogo come risultato diretto delle attività segrete, il che richiederebbe un libro a sé stante. Limiterò quindi il mio resoconto agli omicidi recenti e noti in un contesto diplomatico o politico.

Gli spari che uccisero l'arciduca Ferdinando e sua moglie a Sarajevo hanno avuto una grande risonanza in tutto il mondo e sono generalmente accettati come la causa della Prima Guerra Mondiale, anche se non è così, ma una percezione preparata per il grande pubblico. Il Tavistock sta facendo bene la "percezione preparata". I servizi segreti britannici e russi sono stati pesantemente coinvolti nella sparatoria. Nel caso della Gran Bretagna, la motivazione era il desiderio di iniziare una guerra con la Germania e, nella misura in cui coinvolgeva la Russia, l'obiettivo era quello di coinvolgerla in tale guerra e indebolirla in vista dell'imminente rivoluzione bolscevica.

L'assassinio del leader nero dei diritti civili Martin Luther King Jr. è un caso che merita di essere esaminato più da vicino perché puzza di attività segrete e corruzione. La nazione americana, e soprattutto l'opinione pubblica, è convinta che James Earl Ray abbia sparato il colpo che ha ucciso King. Questa è la "percezione preparata". Il problema è che nessuno è ancora riuscito a collocare Ray nella stanza del motel, alla finestra, con la pistola in mano, alle 18:01 del 5 aprile 1968.

Ray sostiene la sua innocenza, essendo stato incastrato, a suo dire, da Raoul, un misterioso personaggio che Ray aveva incontrato a Memphis per vendere armi. Il 5 aprile, verso le 17:50, Ray dice che Raoul gli diede 200 dollari e gli disse di andare al cinema, in modo che lui, Raoul e il trafficante d'armi, quando sarebbe arrivato, avrebbero potuto parlare più liberamente che se lui (Ray) fosse stato presente. Nell'esaminare l'affermazione di Ray di essere il "capro espiatorio", si noti quanto segue che, nel complesso, sembrerebbe sostenere Ray e indebolire la tesi di King della "percezione preparata".

1) Gli agenti di polizia di Memphis che stavano osservando King si trovavano sotto il balcone del Lorraine Motel dove King

era apparso. Uno di loro, Solomon Jones, ha riferito di aver osservato un uomo con un lenzuolo bianco sul viso in un gruppo di cespugli di fronte al balcone. L'uomo è stato visto anche da Earl Caldwell, un giornalista del *New York* Times. Caldwell ha detto: "Era in posizione china. Non ho visto una pistola nelle mani di quell'uomo...". Né Jones né Caldwell sono mai stati interrogati da un dipartimento di polizia in merito a ciò di cui sono stati testimoni.

2) Willy Green, un meccanico a cui Ray aveva chiesto di riparare una gomma bucata sulla sua Mustang, ricorda chiaramente di aver parlato con Ray pochi minuti prima che King venisse ucciso. La stazione di servizio in cui è avvenuto l'incidente si trova a quattro isolati dal condominio di South Main a Memphis in cui Ray alloggiava. È impossibile che Ray si sia trovato in due luoghi diversi nello stesso momento.

3) L'angolo di entrata del colpo è compatibile con un colpo sparato dai cespugli menzionati da Jordan e Caldwell. Non è coerente con un colpo sparato dalla finestra di Ray.

4) La pistola presumibilmente usata per uccidere King avrebbe dovuto incastrarsi nel muro del bagno se avesse sparato dalla finestra. Il bagno non era abbastanza grande, eppure quando l'FBI lo ha esaminato, non c'erano segni sul muro, né tantomeno danni causati dal calcio della pistola.

5) Quando gli agenti dello sceriffo si sono precipitati nell'appartamento da cui pensavano provenisse lo sparo, alla porta d'ingresso non c'era nulla. L'agente Vernon Dollohite era alla porta meno di due minuti dopo lo sparo. Ha detto agli investigatori che non c'era nulla vicino alla porta. Eppure, nei pochi secondi in cui Dollohite entrò nel Jim's Grill, proprio accanto all'appartamento, qualcuno lasciò sul marciapiede vicino alla porta un pacchetto contenente dei boxer - della taglia sbagliata per Ray - un binocolo e il fucile da caccia ripulito dalle sue impronte.

Si suppone che Ray sia stato in grado di saltare fuori dalla vasca da bagno in cui si sarebbe trovato per sparare, pulire il binocolo e la pistola dalle impronte digitali e palmari, gettarli in una borsa con alcune lattine di birra (anch'esse pulite), correre per 85 metri lungo il corridoio, scendere una rampa di scale, salire sulla sua Mustang che era parcheggiata a una certa distanza - il tutto nello spazio di meno di 20 secondi, durante i quali l'agente Dollohite ha lasciato la porta dell'appartamento.

6) Ray è riuscito in qualche modo a viaggiare in Canada e in Inghilterra solo grazie ai 200 dollari che ha detto di aver ricevuto da Raoul, ma quando è stato arrestato, Ray aveva con sé 10.000 dollari in contanti. Uno dei nomi usati da Ray era Eric Starvo Galt, un cittadino canadese che aveva una straordinaria somiglianza con Ray e il cui nome era apparso in un file top secret. Ray ha dichiarato di aver trovato Galt in Canada da solo; nessuno gli ha dato istruzioni o denaro. Gli altri nomi utilizzati da Ray erano quelli di persone che vivevano in Canada: George Raymond Sneyd e Paul Bridgman.

7) Il libro mastro dell'affittacamere di Memphis è scomparso e non è mai stato ritrovato. L'unico testimone che poteva collegare Ray all'omicidio di King era un ubriaco, Charles Q. Stephens, la cui moglie ha dichiarato che il marito era ubriaco al momento della sparatoria e non aveva visto nulla. In un primo momento Stephens ha detto di non aver visto nulla, ma in serata ha cambiato versione:

"Ho visto chi è stato, era un negro, l'ho visto correre fuori dal bagno...". Il tassista James McGraw afferma che Stephens era ubriaco il pomeriggio del 5 aprile. Bessie Brewer ha sentito Stephens cambiare idea e ha detto: "Era così ubriaco che non ha visto nulla". Un fotografo della stampa, Ernest Withers, ha detto che Stephens gli ha detto di non aver visto nulla.

Nessuna delle agenzie investigative si interessò a Stephens, finché la polizia non gli rinfrescò improvvisamente la memoria mostrandogli una fotografia di Ray. A quel punto, Stephens affermò che Ray era l'uomo che aveva visto scappare dalla pensione. L'FBI ha sistemato Stephens in un hotel da 31.000 dollari per "proteggerlo", ma non ha detto da chi. Tuttavia, Grace Walden, concubina di Stephens, fu misteriosamente portata con la forza in un istituto psichiatrico di Memphis da un non meglio identificato impiegato del governo cittadino. Walden potrebbe aver sventato la testimonianza dell'unico testimone del governo contro Ray?

Walden è stata trattenuta nella struttura e il suo avvocato ha intentato una causa contro l'FBI, la polizia di Memphis e il procuratore della contea, accusandoli di aver cospirato per privare Walden dei suoi diritti civili. Sostiene che Stephens stava per svenire dopo aver bevuto quando è partito il colpo. Dice di aver visto un uomo bianco, senza pistola in mano, uscire dal bagno della pensione poco dopo aver sentito lo sparo.

8) Il fatto che il processo di Ray sia stato una farsa non può essere contestato. Il suo avvocato, Percy Foreman, secondo l'opinione di molti avvocati esperti, e secondo me, si trasformò in un Giuda e fece in modo che Ray si dichiarasse colpevole. Foreman aveva difeso 1500 persone accusate di omicidio e le aveva vinte quasi tutte. Gli esperti sostengono che se Percy non avesse costretto Ray a dichiararsi colpevole, per mancanza di prove, Ray sarebbe stato dichiarato non colpevole. Costringendo Ray a dichiararsi colpevole, Forman ha compiuto l'impensabile: Ray ha rinunciato al suo diritto di ricorrere in appello per una mozione per un nuovo processo, appelli alla Corte d'Appello del Tennessee, appelli alla Corte Suprema del Tennessee e infine una revisione del caso da parte della Corte Suprema.

La verità completa su chi ha ucciso King probabilmente non sarà mai rivelata, e in questo ha forti analogie con l'omicidio di John F. Kennedy. Ci sono troppi dubbi sulla morte di King e persino il defunto Jim Garrison, ex procuratore di New Orleans, ha detto di credere che ci fosse un collegamento tra gli omicidi di King e di Kennedy, sulla base di quanto appreso da Rocco Kimball, che aveva fatto numerose telefonate a David Ferrie. Kimball dice di aver fatto viaggiare Ray dagli Stati Uniti a Montreal. Ray lo nega. L'altra somiglianza tra gli omicidi di Kennedy e King è che entrambi furono operazioni segrete, molto probabilmente convalidate da funzionari governativi di altissimo livello.

Ray dice di aver incontrato Raoul a Montreal, in Canada, dopo la sua evasione dal penitenziario di Stato del Missouri (anche il modo in cui l'evasione è stata compiuta è un mistero).) A quanto pare, Raoul ha invogliato Ray a lavorare per lui in diversi settori e poi lo ha invogliato a tornare in Alabama. Mentre si trovava a Montreal, Ray era alla ricerca di una falsa identificazione e fu presentato a Raoul, che sosteneva di essere in grado di soddisfare le sue esigenze, a patto che Ray facesse qualche lavoretto per lui. Rays ha dichiarato che, dopo una serie di incontri, ha accettato di lavorare per Raoul.

Dopo diversi viaggi oltre confine (tra cui uno in Messico), Ray racconta che Raoul voleva che andasse in Alabama. Dopo una lunga discussione, durante la quale Ray dice di aver espresso serie riserve sull'opportunità di recarsi nello Stato, Ray si recò infine a Birmingham. Ray svolgeva diversi lavori; consegnava pacchi dal contenuto sconosciuto e telefonava spesso a Raoul da Birmingham per ottenere nuovi incarichi.

Secondo Ray, Raoul gli disse che era imminente il suo ultimo lavoro, per il quale sarebbe stato pagato 12.000 dollari. Secondo Ray, gli fu chiesto di acquistare un fucile da caccia molto potente con un mirino telescopico.

9)   Ray dice che Raoul è andato con lui a comprare un fucile da Aeromarine Supply e che Raoul è poi tornato al negozio da solo per cambiare il fucile con un Remington 30.06.

10)   La polizia di Memphis ritirò misteriosamente la protezione a King. Circa 24 ore prima che gli sparassero, l'unità di sette uomini si ritirò. Il direttore della polizia di Memphis, Frank Holloman, ha negato di aver impartito l'ordine e ha affermato di non essere nemmeno a conoscenza del fatto che fosse stato emesso un ordine del genere. La mattina del 5 aprile 1968, quattro unità speciali del Dipartimento di Polizia di Memphis ricevettero l'ordine di ritirarsi. Nessuno nel Dipartimento di Polizia di Memphis sa da dove provenga questo ordine.

In uno degli episodi più misteriosi di questo mistero irrisolto, Edward Redditt, che lavorava come detective presso il Dipartimento di Polizia di Memphis, fu attirato lontano dal suo posto da una serie di messaggi radio che in seguito si rivelarono falsi. Secondo Redditt, stava sorvegliando il Lorraine Motel da un punto di osservazione dall'altra parte della strada rispetto al luogo in cui alloggiava King quando fu contattato via radio da E.H. Arkin, un tenente della polizia di Memphis. Arkin disse a Redditt di interrompere la sorveglianza e di tornare al quartier generale.

All'arrivo, gli agenti dei Servizi Segreti ordinarono a Reditt di presentarsi all'Holiday Inn di Rivermont, poiché c'era un contratto sulla sua vita. Redditt rifiutò, sostenendo di essere l'unico agente di polizia che conosceva di vista tutti i klan locali[8] e i membri dell'entourage di King.

Tuttavia, il capo della polizia di Memphis Frank Holloman lo scavalcò e, accompagnato da due agenti di polizia, Redditt fu portato a casa sua per recuperare i vestiti e gli oggetti da bagno. In un'insolita deroga alla procedura di polizia, i due agenti si sono seduti nella stanza d'ingresso della casa di Redditt, anziché nell'auto all'esterno. Redditt non era a casa da più di dieci minuti quando una speciale trasmissione radiofonica di emergenza annunciò l'omicidio di King.

11)   L'avviso di ricerca di Galt diceva che lui (Galt) aveva preso lezioni di danza a New Orleans nel 1964 e nel 1965, mentre in realtà Ray si trovava all'epoca nel penitenziario di Stato del Missouri. Il procuratore generale Ramsey Clark, arrivato sul posto dopo che l'FBI aveva escluso dal caso tutte le altre forze dell'ordine, ha dichiarato che "tutte le prove che abbiamo sono che si tratta dell'opera di un solo uomo". Perché questa fretta indecorosa nell'annunciare una conclusione di così ampia portata quando l'indagine era ancora nelle sue fasi iniziali? I lettori concorderanno sul fatto che ci sono troppe prove contro l'idea che Ray abbia ucciso Martin Luther King.

Anche il Presidente George Bush merita una menzione speciale. Bush è probabilmente il presidente più realizzato di tutti i tempi, e ci sono molti casi concreti che dimostrano questa affermazione.

---

[8] Clansman, NDT.

Il problema degli americani è che credono che il governo statunitense sia più onesto, più morale e più aperto nei suoi rapporti rispetto ai governi stranieri. Ci è stato insegnato fin dall'infanzia. George Bush ha dimostrato che questa percezione è falsa al cento per cento.

Lo scenario della Guerra del Golfo è stato sviluppato negli anni Settanta. È stato quasi rivelato da alcuni articoli di giornale in cui James McCartney riferisce di "Un'agenda segreta degli Stati Uniti". Secondo McCartney, all'inizio del 1970 il governo segreto degli Stati Uniti decise di basare la propria politica mediorientale sul fatto che il controllo del petrolio della regione sarebbe stato strappato agli arabi. Bisognava trovare un pretesto per stabilire una consistente presenza militare statunitense nella regione - ma non in Israele.

Robert Tucker, scrivendo sulla rivista ebraica *Commentary* nel gennaio 1975, affermò che gli Stati Uniti dovevano superare ogni riluttanza a intervenire con la forza in altri Paesi, e in questo contesto menzionò specificamente la regione del Golfo Persico. Tucker affermò che era necessario un attacco preventivo per stabilire il controllo del petrolio del Medio Oriente, e non aspettare che si verificasse una crisi prima di agire.

A quanto pare, uno degli artefici di questa idea sfacciata è stato Bush, che ha seguito le convinzioni di James Akins, ambasciatore statunitense in Arabia Saudita dall'ottobre 1973 al dicembre 1975. Le opinioni di Akins hanno costituito la base delle politiche dell'amministrazione Reagan-Bush ed è interessante notare che il copione apparentemente scritto da Akins è stato seguito esattamente da George Bush quando ha impegnato l'America in una guerra illegale contro l'Iraq.

Le indagini successive hanno rivelato che Akins aveva semplicemente letto un testo di Henry Kissinger, che Kissinger aveva scritto con il titolo "Sicurezza energetica". Inizialmente Kissinger sosteneva un attacco diretto all'Arabia Saudita, ma il piano fu modificato e al posto dell'Arabia Saudita fu sostituita una nazione più piccola.

Kissinger pensò che il sequestro del petrolio mediorientale come misura preventiva sarebbe stato accettabile per il popolo degli Stati Uniti e un'idea facilmente vendibile al Congresso. Secondo la mia fonte a Washington, l'idea è stata accettata con alacrità da Bush, che aveva una grande esperienza nell'inganno e il suo periodo nella CIA aveva stuzzicato il suo appetito per quella che alcuni dicono essere la sua inclinazione naturale. Il piano di "sicurezza energetica" di Kissinger è stato ripreso da Bush e applicato all'Iraq. Si ritiene che la faida tra Iraq e Kuwait per il furto di petrolio da parte di Al Sabah dai giacimenti di Rumaila e il sabotaggio dell'economia irachena con la vendita del petrolio rubato a un prezzo inferiore a quello dell'OPEC siano stati architettati dalla CIA in collaborazione con la Kissinger Associates.

Spingendo l'Iraq in un conflitto aperto attraverso la condotta infida di April Glaspie, Bush ha visto i suoi piani realizzarsi April Glaspie avrebbe dovuto essere processata per aver mentito al Congresso, ma è improbabile che ciò accada. Proprio quando Bush pensava di avere la partita in pugno, Re Hussein di Giordania ha quasi messo i bastoni tra le ruote. Secondo la mia fonte di intelligence, poi confermata da Pierre Salinger della ABC, Re Hussein credeva che gli Stati Uniti stessero agendo in buona fede e che avrebbero gradito una risoluzione della crisi Iraq-Kuwait con mezzi pacifici piuttosto che con un conflitto armato.

Saddam Hussein, credendo nell'integrità dell'amministrazione Bush, chiama Baghdad e chiede al Presidente Hussein di sottoporre la controversia all'arbitrato delle nazioni arabe. Re Hussein assicura a Saddam Hussein di avere la benedizione di Washington per questa mossa. Il 3 agosto, l'avanzata militare irachena verso il confine con il Kuwait è stata fermata per dare una possibilità all'arbitrato proposto. Ma Saddam Hussein aveva un'altra condizione: il dittatore egiziano Hosni Mubarak doveva accettare la proposta di arbitrato.

Re Hussein chiamò Mubarak, che acconsentì prontamente al piano. Poi Re Hussein ha chiamato il Presidente Bush, che ha risposto alla telefonata in Air Force I, mentre era in viaggio verso Aspen per incontrare Margaret Thatcher, inviata a consegnare l'ultimatum del Royal Institute of International Affairs che chiedeva alle forze militari statunitensi di attaccare l'Iraq. Secondo fonti di intelligence, in parte confermate da Salinger, Bush era entusiasta dell'iniziativa di Re Hussein e promise al leader giordano che gli Stati Uniti non sarebbero intervenuti.

Ma una volta terminata la conversazione con Re Hussein, Bush chiamò Mubarak e gli disse di non prendere parte a nessun colloquio di arbitrato interarabo. Bush avrebbe chiamato la Thatcher per informarla della sua conversazione con Re Hussein. Come Chamberlain ai tempi di Monaco, Re Hussein avrebbe scoperto che una soluzione pacifica del conflitto tra Iraq e Kuwait era l'ultima cosa che i governi statunitense e britannico volevano.

Dopo aver ottenuto l'approvazione della Thatcher, si dice che Bush abbia chiamato nuovamente Mubarak e gli abbia ordinato di fare tutto il possibile per far deragliare lo sforzo di mediazione arabo. La ricompensa, come ora sappiamo, è arrivata più tardi, quando Bush ha "condonato" illegalmente il debito di 7 miliardi di dollari dell'Egitto nei confronti degli Stati Uniti. Bush non aveva l'autorità costituzionale per cancellare il debito egiziano. Mubarak ha denunciato violentemente le proposte di mediazione. Bush ha iniziato a minacciare l'Iraq. Solo poche ore dopo che Re Hussein aveva detto al Presidente Hussein che entrambi erano rimasti delusi, l'esercito iracheno ha attraversato il confine con il Kuwait.

Il ruolo degli Stati Uniti e della Gran Bretagna nell'iniziare la guerra contro l'Iraq è un classico caso di diplomazia con l'inganno. Mentre si parlava di pace in Medio Oriente, il nostro governo, di cui ci fidiamo così incautamente, si preparava alla guerra con l'Iraq fin dagli anni Settanta. La Guerra del Golfo è stata deliberatamente provocata in accordo con la politica di Kissinger. Quindi, anche se Kissinger non era un funzionario del governo, ha avuto una grande influenza sulla politica estera degli Stati Uniti in Medio Oriente.

L'attentato al volo Pan Am 103 è un altro terribile esempio di attività segreta. Tutti i fatti non sono ancora noti e forse non lo saranno mai, ma quello che si sa finora è che la CIA era coinvolta e che a bordo c'erano almeno cinque agenti della CIA di alto livello, con 500.000 dollari in travellers' cheques. Si dice che la CIA abbia filmato il caricamento della borsa contenente la bomba, ma queste notizie non sono ancora state confermate da altre fonti.

VIII. La verità su Panama

I l più recenti esempi c'è forse il caso più eclatante che si ricordi: il Trattato Carter-Torrijos sul Canale di Panama. Questo trattato merita un esame più attento di quello che ha ricevuto al momento della sua stesura e dei presunti negoziati. Spero di evidenziare importanti implicazioni che non sono mai state esaminate o affrontate in modo completo e adeguato e che, ora più che mai, devono essere amplificate. Uno di questi è il pericolo che noi, come popolo sovrano, siamo costretti a passare sotto la giurisdizione delle Nazioni Unite nel prossimo futuro. Un accordo scivoloso, come quello di Carter per il Canale di Panama, potrebbe esserci consegnato se non sappiamo cosa aspettarci.

Ciò che è meno noto è che Anglo-Persian, una compagnia petrolifera di proprietà del governo britannico, ha cercato di acquistare una concessione dal governo colombiano per i diritti sul canale che costeggia il territorio statunitense, proprio mentre gli Stati Uniti stavano negoziando con la Colombia per questi diritti. Irving Frederick Yates, un diplomatico britannico, riuscì quasi a trovare un accordo con la Colombia che avrebbe ostacolato i piani degli Stati Uniti di acquistare il terreno per la zona del canale. Yates fu fermato all'ultimo momento da un incidente diplomatico che invocava la Dottrina Monroe.

Un breve ripasso della storia di come gli Stati Uniti hanno acquisito il terreno attraverso il quale è stato costruito il Canale di Panama può aiutarci a comprendere gli eventi successivi:

Tra il 1845 e il 1849, il governo colombiano concluse un trattato con gli Stati Uniti, concedendo a questi ultimi un diritto di transito attraverso l'Istmo di Panama. Nel 1855, Panama ottenne lo status di Paese federale attraverso un emendamento costituzionale. Prima della rivoluzione del 1903, Panama faceva parte della Colombia. Il 19 aprile 1850, la Gran Bretagna e gli Stati Uniti firmarono il Trattato Clayton-Bulwer, in cui entrambe le parti si impegnavano a non ottenere o mantenere il controllo esclusivo su un canale proposto, garantendone la neutralità. All'epoca, il petrolio colombiano era il problema principale. Il 5 febbraio 1900 fu firmato il primo trattato Hay-Pauncefote tra Gran Bretagna e Stati Uniti. Il trattato rinunciava ai diritti di proprietà britannici per la costruzione congiunta di un canale e fu respinto quando arrivò al Parlamento britannico.

Il secondo trattato Hay-Pauncefote fu firmato nel novembre 1901, dando agli Stati Uniti il diritto esclusivo di costruire, mantenere e controllare un canale. Il 23 gennaio 1903, la Colombia e gli Stati Uniti firmarono il Trattato di Hay-Heran, che prevedeva l'acquisizione da parte degli Stati Uniti di una zona del canale. Il Senato colombiano non ha ratificato il trattato.

Il 18 novembre 1903 viene firmato il Trattato Hay-Bunua-Varilla tra gli Stati Uniti e il nuovo governo di Panama: Panama cede in perpetuo agli Stati Uniti un'area di cinque miglia di larghezza su entrambi i lati del futuro canale, con piena giurisdizione. Gli Stati Uniti ottennero anche il diritto di fortificare la zona del canale e pagarono 10 milioni di dollari per questi diritti, accettando poi di pagare una royalty annuale di 250.000 dollari. Nel gennaio 1903, dopo il trattato Clayton-Bulwer, gli Stati Uniti e la Colombia negoziarono il trattato Hay-Herran, che concedeva agli Stati Uniti la sovranità su un territorio largo cinque miglia su entrambi i lati del canale proposto e che fu firmato il 26 febbraio 1904. È di estrema importanza notare che le terre larghe cinque miglia su entrambi i lati del canale proposto erano ora territorio sovrano degli Stati Uniti, che non poteva essere ceduto o altrimenti alienato se non tramite un emendamento costituzionale ratificato da tutti gli Stati.

La ratifica del trattato fu ritardata dalla Colombia e solo undici anni dopo, il 6 aprile 1914, fu firmato il Trattato Thompson-Urrutia, con il quale gli Stati Uniti esprimevano rammarico per le controversie sorte con la Colombia e accettavano di pagare alla

Colombia la somma di 25 milioni di dollari, che permise alla Colombia di ratificare il trattato. Il 2 settembre 1914 furono definiti i confini della Zona del Canale e furono concessi agli Stati Uniti ulteriori diritti di protezione sovrana. La Zona del Canale di Panama divenne quindi un territorio sovrano degli Stati Uniti.

Il Trattato Thompson-Urrutia fu firmato il 20 aprile 1921. I termini del trattato prevedevano che la Colombia riconoscesse l'indipendenza di Panama. I confini precedentemente contestati sono stati fissati e le relazioni diplomatiche sono state stabilite attraverso la firma di vari accordi tra Panama e Colombia. Il Senato degli Stati Uniti ritardò la ratifica per altri sette anni, ma il 20 aprile 1928 ratificò finalmente il Trattato Thompson-Urrutia con alcune modifiche. Anche il Congresso colombiano ratificò il trattato il 22 dicembre 1928.

In precedenza, nel 1927, il governo panamense aveva dichiarato di non aver concesso la sovranità agli Stati Uniti al momento della firma dei trattati. Ma la Società delle Nazioni rifiutò di ascoltare questa disputa palesemente assurda e l'indiscutibile sovranità degli Stati Uniti sul territorio della Zona del Canale di Panama fu riconfermata quando il presidente Florencio Harmodio Arosemena sconfessò l'appello del governo panamense alla Società delle Nazioni.

È della massima importanza per ogni americano, soprattutto in questi giorni in cui la Costituzione viene calpestata dai politici, prendere nota del modo in cui la Costituzione degli Stati Uniti è stata scrupolosamente rispettata durante i negoziati con la Colombia e Panama. I trattati sono stati redatti dal Senato e firmati dal Presidente. È stato concesso un periodo di tempo adeguato per lo studio dell'accordo prima della ratifica.

In seguito, confronteremo il modo costituzionale in cui è stato gestito il trattato USA-Colombia su Panama con la condotta sciatta, ingannevole, distorta, disonesta, incostituzionale e al limite della frode dell'amministrazione Carter, che ha ceduto la proprietà del popolo sovrano degli Stati Uniti al dittatore panamense Omar Torrijos, pagandolo addirittura per accettarla.

L'unico grande errore commesso dagli Stati Uniti nel 1921 è stato quello di non dichiarare immediatamente il Canale e le terre come possedimenti sovrani del popolo sovrano degli Stati Uniti e di farne uno Stato degli Stati Uniti, in conformità con la Costituzione, che stabilisce che un territorio diventa uno Stato una volta che è un territorio degli Stati Uniti. Non rendere la Zona del Canale di Panama uno Stato significava invitare i banchieri internazionali Rockefeller a confiscare la Zona del Canale di Panama ai suoi legittimi proprietari, il popolo americano sovrano, un'azione sostenuta dal presidente Carter ad ogni passo con la scusa della diplomazia attraverso la menzogna.

Si dice che se non impariamo dai nostri errori, siamo destinati a ripeterli. Questa massima si applica agli Stati Uniti oggi più che mai, se si esamina il ruolo degli Stati Uniti nella Rivoluzione bolscevica, nella Prima guerra mondiale, in Palestina, nella Seconda guerra mondiale, in Corea e in Vietnam. Non dobbiamo permettere che i precedenti illegali stabiliti dall'amministrazione Carter e dalla Commissione per le Relazioni Estere del Senato vengano usati contro di noi in qualsiasi futura negoziazione di trattati, come quelli che probabilmente avranno luogo con le Nazioni Unite nel prossimo futuro. Questi tentativi di sovvertire la Costituzione potrebbero assumere la forma di sottomettere le nostre forze militari al comando delle Nazioni Unite.

Il precedente creato con il successo del furto del Canale di Panama ai suoi proprietari sovrani, noi popolo, ha portato a guerre con grandi costi in termini di vite e denaro, a un'appropriazione di poteri non conferiti al Presidente dalla Costituzione e a un ampliamento delle azioni che portano all'inosservanza della Costituzione da parte del governo parallelo segreto di alto livello, come sta accadendo in Somalia, Bosnia e Sudafrica.

Per questo motivo ritengo che sia necessario assicurarsi che non vengano fatti altri regali per il Canale di Panama, e l'unico modo per evitare che si ripeta questa enorme truffa sotto copertura è quello di guardare a ciò che è accaduto tra il 1965 e il 1973.

Se sappiamo cosa è successo, abbiamo maggiori probabilità di evitare che si ripeta.

Per capire come l'amministrazione Carter sia stata in grado di frodare il popolo sovrano degli Stati Uniti, bisogna avere almeno una conoscenza pratica della Costituzione degli Stati Uniti. Per interpretare la Costituzione, dobbiamo anche conoscere la nostra forma di governo e capire che le sue politiche estere sono saldamente radicate nella "legge delle nazioni" di Vattel, che i Padri fondatori hanno usato per dare forma alla nostra Costituzione. Dobbiamo anche comprendere i trattati e il loro rapporto con la nostra Costituzione. Ci sono solo pochi senatori e membri della Camera che hanno una chiara comprensione di queste questioni vitali.

Sentiamo continuamente persone disinformate che si riferiscono agli Stati Uniti come a una "democrazia". La carta stampata e i media radiotelevisivi sono particolarmente odiosi nel perpetuare questa menzogna, come parte di un inganno deliberato progettato per fuorviare la gente. Gli Stati Uniti non sono una democrazia; siamo una Repubblica Costituzionale, o una Repubblica Confederata, o una Repubblica Federale, o un amalgama di tutte e tre. Non capire questo è il primo passo verso la confusione.

Madison ha sottolineato che non siamo una democrazia. È stata la controversia sulla forma del nostro governo a portare alla Guerra Civile. Se non ci fosse stata la secessione dall'Unione, forse non ci sarebbe stata la guerra, e molto probabilmente non ci sarebbe stata. Il presidente Abraham Lincoln credeva che ci fosse una cospirazione di origine inglese per smembrare gli Stati Uniti d'America e trasformarli in due nazioni, che avrebbero potuto essere sempre messe l'una contro l'altra dai banchieri internazionali. La Guerra Civile è stata combattuta per sostenere che un sovrano è sempre un sovrano e che il Sud non poteva secedere dall'Unione. La questione della sovranità e del territorio sovrano è stata risolta una volta per tutte con la Guerra Civile.

In una repubblica costituzionale, il popolo che risiede negli Stati è il sovrano. La Camera e il Senato sono i loro rappresentanti o agenti - se questa è una descrizione migliore di come dovrebbero funzionare. Ciò è spiegato nell'emendamento 10ème della Carta dei diritti, che recita:

"I poteri non delegati agli Stati Uniti dalla Costituzione, né
da essa vietati agli Stati, sono riservati rispettivamente agli
Stati o al popolo".

Il Presidente non è un re, né il comandante in capo dell'esercito,
se non durante le guerre dichiarate (non ce ne possono essere
altre). Molti dei nostri funzionari, compreso il Presidente, hanno
violato palesemente la Costituzione. Il più eclatante di questi si è
verificato quando il presidente Carter e 57 senatori, con la scusa
della diplomazia della menzogna, hanno ceduto la sovranità del
popolo sul Canale di Panama, tentando in effetti di disporre di un
territorio sovrano appartenente agli Stati Uniti.

Il territorio degli Stati Uniti, secondo la Costituzione degli Stati
Uniti, non può essere alienato. L'autorità per questa
dichiarazione si trova nel Congressional Record Senate, S1524-
S7992, 16 aprile 1926. I Padri fondatori adottarono una
risoluzione secondo cui il territorio degli Stati Uniti non può
essere alienato, cedendolo a terzi, se non tramite un
emendamento costituzionale ratificato da tutti gli Stati.

Non c'è nulla nella Costituzione che tratti la questione dei partiti
politici. Come ho detto spesso in passato, i politici sono nati
perché noi, il popolo sovrano, eravamo troppo molli, troppo pigri
per fare il lavoro da soli e così abbiamo eletto degli agenti e li
abbiamo pagati per fare il lavoro per noi, lasciandoli per lo più
senza controllo. Ecco cosa sono oggi la Camera e il Senato:
agenti non controllati da noi, il popolo, che vanno in giro e
calpestano la Costituzione degli Stati Uniti.

Il Trattato sul Canale di Panama, promulgato dal Presidente
Carter, fu uno scandalo ben più grande dell'affare Iran/Contra e
dello scandalo Tea Pot Dome, discussi nei capitoli sulla politica
petrolifera di Rockefeller e sull'industria petrolifera. Chi fa le
leggi? Il Senato e la Camera dei Rappresentanti approvano le
leggi che diventano legge quando vengono firmate dal
Presidente. I trattati fanno parte della legge? In primo luogo,
dobbiamo capire che un trattato è definito dalla Costituzione (ai
sensi dell'articolo 6, sezione 2 e dell'articolo III, sezione 2) come

una legge dopo che il Senato ha redatto il trattato, è stato approvato dalla Camera e firmato dal Presidente.

La Camera svolge un ruolo cruciale nella definizione dei trattati, in quanto ha il potere di annullare un trattato che rientra nell'ambito del commercio internazionale e interstatale regolato dalla Camera (articolo 1, sezione 8, clausola 3 - "regolare il commercio con le nazioni straniere e tra i vari Stati"). La Costituzione dice nei 13ème, 14ème e 15ème emendamenti che è il legislatore a fare i trattati, NON i privati che Linowitz e Bunker erano, pur affermando di rappresentare gli Stati Uniti. Articolo 1, Sezione 7:

> "Ogni legge approvata dalla Camera dei Rappresentanti e dal Senato sarà presentata al Presidente degli Stati Uniti...".

Carter, Bush e ora Clinton si sono comportati come se fossero re onnipotenti, mentre non lo sono. Abbiamo avuto Carter che si è occupato di diritto internazionale e ha ceduto la proprietà del popolo sovrano a Torrijos, abbiamo avuto Bush che è entrato in guerra senza una dichiarazione di guerra e ora abbiamo Clinton che cerca di usare i proclami (ordini esecutivi) per legiferare. La Costituzione è chiara su questi temi; c'è solo un luogo nella Costituzione in cui viene dato il potere di trattare il diritto internazionale, ed è il Congresso. Quindi non è un potere esplicito del Presidente in nessun caso. (Parte 10, Articolo 1, Sezione 8).

Quello che Carter e Bush hanno fatto, e che Clinton sta cercando di fare ora, è ridurre e indebolire la Costituzione per soddisfare i desideri e gli obiettivi del Comitato dei 300. Due esempi che mi vengono in mente sono l'aborto e il controllo delle armi. Carter realizzò questa riduzione e questo indebolimento con l'accordo sul Canale di Panama. Carter si è reso colpevole di spergiuro usurpando e sostenendo di avere il diritto di proprietà sovrana americana a Panama.

Il potere di Carter di agire come surrogato di David Rockefeller e delle banche farmaceutiche, presumibilmente con il pretesto di negoziare il Canale di Panama, non è né esplicito, né implicito, né accessorio a qualsiasi altro potere della Costituzione. Ma

Carter l'ha fatta franca violando e calpestando la Costituzione, così come i suoi successori Bush e Clinton.

Se leggiamo correttamente la Legge delle Nazioni di Vattel, sulla quale i Padri Fondatori hanno fondato la nostra politica estera, vediamo che essa non ha mai conferito alla Confederazione o al Congresso il potere di cedere, vendere o disporre in altro modo del territorio sovrano appartenente al popolo sovrano degli Stati Uniti. Il potere dei trattati non può mai superare quello contenuto nella Legge delle Nazioni di Vattel.

L'articolo 9 del Bill of Rights e un'attenta lettura della Costituzione chiariscono che né il Presidente, né la Camera, né il Parlamento, né il Senato sono autorizzati a cedere, vendere o disporre in altro modo di qualsiasi territorio sovrano degli Stati Uniti, se non tramite un emendamento alla Costituzione ratificato da tutti gli Stati. Questo non è stato fatto nel caso del Trattato sul Canale di Panama Carter-Torrijos: pertanto, ognuno dei 57 senatori che hanno firmato l'accordo ha violato il proprio giuramento, e questo include anche il Presidente Carter. A causa del loro comportamento traditore, gli Stati Uniti hanno perso il controllo di un elemento chiave della loro difesa, il Canale di Panama.

Quali sono i fatti relativi al cosiddetto Trattato sul Canale di Panama, promulgato in modo fraudolento dal Presidente Carter? Vediamo cosa significa negoziare un trattato. La negoziazione implica un obiettivo di concessioni da parte dei negoziatori. In secondo luogo, chi negozia deve essere proprietario della proprietà, del denaro o di qualsiasi cosa venga negoziata, oppure deve essere debitamente autorizzato dai proprietari a negoziare per loro conto. Inoltre, quando una persona regala qualcosa, deve esserci un "corrispettivo" di diritto per ciò che viene dato. Se c'è solo un corrispettivo da una parte, allora è chiaro in diritto che non ci può essere un trattato e non c'è un accordo.

Come ho detto, quando si negozia un trattato, è molto importante che le parti negoziali siano legalmente autorizzate a farlo. Nel Trattato sul Canale di Panama, i negoziatori non erano costituzionalmente autorizzati a negoziare. Né Ellsworth Bunker né Sol Linowitz (presunto ambasciatore degli Stati Uniti) erano qualificati a negoziare; in primo luogo perché il documento del trattato non era stato redatto dal Senato, e in secondo luogo perché vi era una totale mancanza di obiettività nei negoziati presumibilmente condotti da Bunker e Linowitz.

Né Linowitz né Bunker avrebbero dovuto avere un interesse diretto nel trattato sul Canale di Panama, ma entrambi avevano un interesse finanziario molto grande nel progetto; era nel loro interesse finanziario personale che il trattato andasse a buon fine. Questo era un motivo sufficiente per dichiarare nullo il trattato. La Costituzione è stata calpestata dalle nomine di Bunker/Linowitz. L'articolo 11, parte 2, sezione 2, stabilisce che Linowitz e Bunker devono avere il "consiglio e il consenso del Senato", che nessuno dei due ha mai ricevuto.

Linowitz era un direttore della Marine and Midland Bank, che aveva ampi legami bancari a Panama e che in precedenza aveva lavorato per il governo panamense. La Marine and Midland Bank è stata rilevata dalla Hong Kong and Shanghai Bank, la principale banca al mondo per il riciclaggio di denaro sporco. L'acquisizione della Midland Bank è stata fatta con l'esplicito permesso di Paul Volcker, l'ex presidente della Federal Reserve, anche se Volcker sapeva benissimo che lo scopo dell'acquisizione era quello di dare alle banche di Panama di proprietà dei Rockefeller un punto d'appoggio nel lucroso commercio di cocaina di Panama. L'acquisizione di Midland da parte della Hong Kong and Shanghai Bank è stata altamente irregolare, al limite del criminale secondo le leggi bancarie statunitensi.

La famiglia Bunker faceva affari con Torrijos e in precedenza aveva fatto affari con Arnulfo Arias e con l'ex presidente di Panama, Marco O. Robles. Non importa che i due negoziatori statunitensi abbiano presumibilmente interrotto questi rapporti; non importa che sia stato messo in atto un fragile e trasparente inganno (il periodo di attesa di sei mesi), la Costituzione dice all'articolo 11, sezione 2, parte 2, che il presidente nominerà un ambasciatore o dei ministri "con il consiglio e il consenso del

Senato". Non si fa menzione di un periodo di attesa - che è stato usato per aggirare il conflitto di interessi che circonda Linowitz e Bunker. È stato tutto un grossolano inganno nei confronti del popolo americano.

La nomina di Linowitz e Bunker è stata viziata da inganno e disonestà e ha infranto la sacra fiducia fiduciaria che il Presidente dovrebbe avere nei confronti di noi, il popolo sovrano. La nomina di Linowitz e Bunker come "negoziatori" di un trattato che il Senato non ha mai redatto, in spregio alla Costituzione, da parte della Commissione per le Relazioni Estere del Senato, non è mai stata così intelligente. I membri della commissione avrebbero dovuto essere messi sotto impeachment e forse anche accusati di tradimento nel momento in cui hanno accettato la scelta di Ellsworth e Linowitz come "negoziatori" da parte del banchiere della droga.

Veniamo ora a ciò che Bunker e Linowitz hanno negoziato. Il Canale e il Territorio di Panama non potevano essere negoziati; si trattava di un territorio sovrano degli Stati Uniti che non poteva essere ceduto se non attraverso un emendamento costituzionale approvato dal Congresso e ratificato da tutti gli Stati. Inoltre, le credenziali dei due ambasciatori, se ne avevano, non sono state stabilite dal Senato. Carter e i suoi complici disonesti di Wall Street ingannarono il popolo americano facendo credere che Bunker e Linowitz agissero legalmente per conto degli Stati Uniti, mentre in realtà stavano violando la legge americana.

La strategia escogitata dai banchieri di Wall Street era quella di mantenere il popolo americano nel dubbio e nell'oscurità, rendendo le cose così poco chiare da fargli dire: "Credo che possiamo fidarci del Presidente Carter". Per farlo, i banchieri di Wall Street e David Rockefeller sono stati abilmente assistiti da un esercito di giornalisti politici pagati, mantenuti e diretti, dai direttori dei giornali, dalle principali reti televisive e, in particolare, da due senatori statunitensi.

Il senatore Dennis de Concini aggiunse delle riserve al trattato, che non erano altro che una copertura per giustificare il rifiuto del senatore di rispettare la Costituzione. Le "riserve" non furono firmate da Omar Torrijos e non ebbero alcun effetto, ma questa azione diede agli elettori dell'Arizona la falsa impressione che de Concini non fosse pienamente a favore del trattato. Si è trattato di un'astuzia politica da quattro soldi. Gli elettori dell'Arizona avevano informato de Concini che erano in maggioranza contrari al trattato.

Cosa è stato "negoziato"? Quali erano gli scambi, le considerazioni che, secondo la legge, devono far parte della negoziazione di un trattato? La verità sorprendente è che non ce n'erano. Noi, popolo sovrano, possedevamo già il territorio sovrano della Zona del Canale di Panama; Torrijos e il governo panamense non avevano alcuna contropartita da offrire e non ne diedero alcuna agli Stati Uniti. Pertanto, i negoziati erano chiaramente unilaterali, il che rende il trattato Torrijos-Carter nullo.

Se non c'è considerazione da entrambe le parti, non ci può essere un trattato. I contratti spesso contengono un pagamento simbolico come corrispettivo per rendere il contratto legale, cosa che altrimenti non sarebbe. A volte vengono pagati anche solo 10 dollari come corrispettivo, solo per rendere il contratto legale. Era così semplice. Torrijos non ha preso in considerazione gli Stati Uniti.

Quando il Comitato per le Relazioni Estere del Senato ha dichiarato che i mercenari di Rockefeller potevano fare ciò che hanno fatto, tutti i suoi membri hanno deluso noi, il popolo, e avrebbero dovuto essere rimossi dall'incarico.

Prima che il Senato ratificasse lo sfortunato Trattato sul Canale di Panama, avrebbe dovuto essere studiato per almeno due o tre anni. Si consideri il tempo necessario agli Stati Uniti e alla Colombia per ratificare il trattato del 1903. È stato appropriato; l'esame frettoloso del trattato Carter-Torrijos da parte della Commissione per le Relazioni Estere del Senato è stato del tutto inappropriato. In realtà, il trattato non avrebbe mai dovuto essere presentato per l'esame, dal momento che il Senato stesso non ha redatto il trattato e lo ha visto solo dopo che era stato negoziato. Ciò è in diretta contraddizione con la Costituzione.

Pertanto, la firma di un trattato cancellato da Carter è stata una parodia e un inganno da parte del presidente, volto a danneggiare il suo stesso popolo e a favorire le banche della droga e le loro controparti di Wall Street. A prescindere dalla sua durata, il trattato Carter-Torrijos rimane tuttora nullo. Il documento contiene non meno di 15 flagranti violazioni della creazione di trattati secondo la Costituzione degli Stati Uniti, e forse altre cinque.

Solo un emendamento costituzionale, approvato dal Congresso e ratificato da tutti gli Stati, avrebbe convalidato il trattato Carter-Torrijos. Ma il trattato era talmente viziato che avrebbe potuto essere annullato dalla Corte Suprema, se la Corte avesse voluto fare il suo dovere nei confronti di noi, il popolo.

Tutte le definizioni di trattato indicano che un trattato deve dare qualcosa a entrambe le parti. Il Canale di Panama apparteneva già agli Stati Uniti. Non c'è dubbio, ma torniamo indietro e confermiamo questa posizione. Il trattato del 1903 fu firmato da entrambe le parti: una parte diede terra, l'altra ricevette denaro. Gli Stati Uniti fanno sapere che il territorio che hanno pagato è ora sovrano. Nessuno dei dibattiti delle udienze Carter-Torrijos sul Canale di Panama ha contestato il fatto che il canale fosse territorio sovrano degli Stati Uniti, e lo fosse dal 1903.

A questo punto è molto importante introdurre la formulazione del trattato del 1903:

> "con la totale esclusione dell'esercizio da parte della Repubblica di Panama di qualsiasi diritto sovrano, potere o autorità... sono situati con la totale esclusione dell'esercizio da parte della Repubblica di Panama di qualsiasi diritto sovrano, potere o autorità... e lo eserciteranno come se fosse un territorio degli Stati Uniti".

Questo non lasciava dubbi sul fatto che si trattasse di un trattato che stabiliva la Zona del Canale di Panama come territorio sovrano degli Stati Uniti a partire dal 18 novembre 1903 e in perpetuo.

Ho parlato più volte di sovranità in questo articolo. Una buona definizione di sovranità si trova nel libro di George Randolph Tucker sul diritto internazionale. Un'altra buona spiegazione della sovranità si trova nel libro del dottor Mulford "Sovereignty of Nations":

> "L'esistenza della sovranità della nazione, o sovranità politica, è indicata da alcuni segni o note che sono universali. Si tratta di indipendenza, autorità, supremazia, unità e maestà [...]. Una sovranità divisa è una contraddizione della supremazia che è implicita in tutta la sua concezione necessaria e incompatibile con la sua sostanza nella volontà organica. È indefettibile. Non può essere annullato ed evitato con forme giuridiche e artifici legalistici, né può essere abdicato o ripreso volontariamente, ma implica una continuità di potere e di azione... Agisce attraverso tutti i membri e in tutti gli organi e uffici dello Stato".

Quello che Carter cercò di fare per conto di Rockefeller e delle banche farmaceutiche fu di alterare il Trattato di Panama del 1903 "con forme e dispositivi legali". Ma il Trattato di Panama del 1903 non poteva "essere annullato ed evitato" con tali espedienti legali. Quello che Carter si ritrovò tra le mani fu un documento fraudolento e nullo, che spacciò per un vero e proprio trattato, un nuovo trattato legalmente vincolante, che all'epoca non lo era e non lo sarà mai.

Quando negli anni '60 le banche della droga di Rockefeller iniziarono a pensare a come proteggere i loro investimenti a Panama, il traffico di cocaina in Colombia era in piena espansione. Mentre a Hong Kong fermentavano i disordini, con il governo cinese che chiedeva il controllo dell'isola e una quota maggiore del commercio di eroina che era stato condotto per secoli dagli inglesi - la cocaina era in piena espansione - i banchieri internazionali di Wall Street cominciarono a guardare a Panama come a un nuovo rifugio per le operazioni di riciclaggio del denaro sporco. Inoltre, era necessario proteggere le enormi somme di denaro generate dal traffico di cocaina che affluivano nelle banche panamensi.

Ma per farlo, Panama doveva essere controllata da un

rappresentante delle banche di Wall Street, e non sarebbe stato facile. La storia insegna che il presidente Roosevelt fu il primo a tentare di indebolire i trattati sul Canale di Panama del 1903 cedendo la regione di Colon, che divenne un centro commerciale e di traffico di droga. Il Presidente Dwight Eisenhower fu il secondo funzionario statunitense a tentare di indebolire la sovranità del Canale di Panama quando, il 17 settembre 1960, ordinò di far sventolare la bandiera panamense accanto a quella statunitense nella Zona del Canale. Eisenhower aveva compiuto quest'azione traditrice per conto del CFR e di David Rockefeller. Tuttavia, nemmeno l'atto di tradimento di Eisenhower poteva "annullare ed evitare" il trattato del 1903. Eisenhower non aveva il diritto di ordinare che la bandiera di un governo straniero sventolasse sul territorio sovrano degli Stati Uniti; era una flagrante violazione del suo giuramento di difendere la Costituzione.

Incoraggiato dal comportamento infido di Roosevelt ed Eisenhower, il presidente di Panama, Roberto F. Chiari, chiese ufficialmente agli Stati Uniti di rivedere il Trattato sul Canale di Panama. Questo è avvenuto un mese dopo l'incidente della bandiera di Eisenhower. Se la nostra Costituzione significa qualcosa, è che nessuna azione del genere è possibile negli Stati Uniti a meno che non sia approvata dalla Camera e dal Senato e ratificata da tutti gli Stati. Nel gennaio 1964, agitatori pagati diedero vita a rivolte e Panama ruppe le relazioni con gli Stati Uniti. È stata la classica trovata dei banchieri di Wall Street.

Poi, nell'aprile del 1964, il presidente Lyndon Johnson (senza il consenso di Camera e Senato) disse all'Organizzazione degli Stati Americani (OSA) che gli Stati Uniti "erano pronti a rivedere ogni questione coinvolta nella disputa sul canale con Panama" e le relazioni diplomatiche ripresero. Il presidente Johnson non aveva l'autorità di occuparsi del diritto internazionale o di fare qualcosa per cambiare il trattato del 1903 "attraverso qualsiasi processo legalistico" o qualsiasi altro espediente.

Johnson cercò attivamente di ottenere misure che consentissero di avviare nuovi negoziati sul trattato del 1903. Johnson non aveva il potere di negoziare i trattati e le sue azioni attaccarono ulteriormente la sovranità del territorio del canale, incoraggiando i banchieri di Wall Street, guidati da Rockefeller, a diventare più audaci. È chiaro che le azioni di Johnson erano incostituzionali, poiché stava cercando di negoziare un trattato che copriva il territorio sovrano del Canale di Panama, cosa che nessun presidente ha il potere di fare.

Il trattato Carter-Torrijos sul Canale di Panama fu stipulato perché Panama doveva alle banche di Wall Street circa 8 miliardi di dollari. L'intero miserabile inganno è stato progettato per costringere il popolo americano sovrano a restituire ciò che Panama doveva ai banchieri di Wall Street. Non è stata la prima volta che noi, il popolo, siamo stati frodati dai banchieri di Wall Street. Si ricorderà che furono i contribuenti americani a dover pagare 100 milioni di dollari per le obbligazioni di riparazione commercializzate dalla Germania tra il 1921 e il 1924. Come nel caso del trattato Carter-Torrijos, i banchieri di Wall Street erano profondamente coinvolti nelle obbligazioni tedesche; i più importanti erano J.P. Morgan e Kuhn and Loeb and Company.

In seguito a uno scenario accuratamente elaborato da Rockefeller, nell'ottobre 1968 Arnulfo Arias fu spodestato dalla Forza di Difesa di Panama guidata dal colonnello Omar Torrijos. Torrijos abolì immediatamente tutti i partiti politici di Panama. Il 1er settembre 1970, Torrijos respinse il progetto di Johnson del 1967 (che avrebbe dovuto rivedere il trattato del 1903) perché non si spingeva fino alla completa cessione e al controllo del canale a Panama.

La scena era pronta perché i cospiratori di Wall Street si muovessero sotto la copertura di e cominciassero a prendere provvedimenti per mettere il Canale di Panama nelle mani di Torrijos, che Rockefeller sapeva essere affidabile per non far saltare il coperchio delle banche di riciclaggio del denaro della droga a Panama, come Arnulfo aveva minacciato di fare. In cambio, a Torrijos fu promesso che la Zona del Canale di Panama sarebbe stata restituita a Panama.

Il nuovo trattato dà il controllo di Panama al governo Torrijos ed è stato firmato dal presidente Carter, che passerà alla storia per aver probabilmente il peggior record di violazione della Costituzione di qualsiasi altro presidente di questo secolo, eccetto George Bush. Quando si esamina il fraudolento trattato Carter-Torrijos, vengono in mente le parole del defunto, grande deputato Louis T. McFadden. Il 10 giugno 1932, McFadden denunciò il Consiglio della Federal Reserve come "una delle istituzioni più corrotte che il mondo abbia mai conosciuto...". Il trattato Carter-Torrijos è uno dei trattati più corrotti che il mondo abbia mai conosciuto.

Con il traffico di cocaina negli Stati Uniti che supera di gran lunga quello di eroina in Estremo Oriente, Panama è diventato uno dei paradisi bancari più protetti al mondo per il riciclaggio di denaro sporco. I baroni del liquore di un tempo sono diventati i baroni della droga di oggi. Non è cambiato molto, se non che i meccanismi di occultamento sono oggi molto più sofisticati di allora. Oggi è come i signori della sala riunioni e dei club esclusivi di Londra, Nizza, Monte Carlo e Acapulco. Gli oligarchi mantengono una distanza discreta dai loro servitori di corte; intoccabili e sereni nei loro palazzi e nel loro potere.

Il commercio di droga è condotto allo stesso modo del commercio di liquori illegali?[9] Uomini dall'aspetto sinistro vanno in giro con valigie piene di banconote da 100 dollari? Lo fanno, ma solo in rarissime occasioni. Le transazioni finanziarie legate al traffico di droga avvengono principalmente con la collaborazione attiva di banche internazionali e delle loro istituzioni finanziarie. Chiudete le banche che riciclano il denaro della droga e il traffico di droga comincerà ad esaurirsi. Chiudendo i buchi dei topi sarà più facile sbarazzarsi dei roditori.

Questo è ciò che è successo a Panama. Le falle sono state tappate dal generale Manuel Noriega. I banchieri internazionali non hanno potuto fare a meno di farlo. Quando si colpiscono le banche che riciclano il denaro della droga, le ripercussioni non tardano ad arrivare. Per dare un'idea della posta in gioco, la Drug Enforcement Agency (DEA) ha stimato che 250 milioni di dollari

---

[9] "Bootlegging", nell'originale NDT.

al giorno passavano di mano attraverso i trasferimenti via telescrivente, il 50% dei quali era denaro interbancario proveniente dal traffico di droga. Le Isole Cayman, Panama, Bahamas, Andorra, Hong Kong e Stati Uniti sono stati i principali protagonisti di questo traffico.

La maggior parte è gestita da banche svizzere, ma dagli anni '70 sempre più spesso passa attraverso banche panamensi.

Per i banchieri responsabili del riciclaggio del denaro della droga negli Stati Uniti divenne sempre più chiaro che avevano un vincitore a Panama. Con questa consapevolezza, i riciclatori di denaro si sono preoccupati della necessità di disporre di un asset a Panama che potessero controllare. Arnulfo Arias li ha spaventati quando ha iniziato a perquisire le loro banche a Panama City. Secondo le stime della DEA, ogni anno 6 miliardi di dollari passano dagli Stati Uniti a Panama. I fratelli Coudert, avvocati del Comitato dei 300 "mafiosi" dell'establishment liberale della costa orientale, hanno iniziato a prendere provvedimenti per garantire che un altro Arnulfo Arias non minacciasse il traffico di cocaina, sempre più lucrativo, che riempie di denaro le loro banche panamensi.

L'uomo che i fratelli Coudert scelsero per supervisionare i negoziati di Panama con Torrijos era uno dei loro, Sol Linowitz, di cui abbiamo parlato in precedenza. Socio della Coudert Brothers, direttore della Xerox, della Pan American Airlines e della Marine Midland Bank, Linowitz aveva tutte le carte in regola per realizzare ciò che Rockefeller aveva in mente, ossia acquisire l'intera zona del Canale di Panama. Il messaggero degli "olimpionici" (il Comitato dei 300) ha trovato in Omar Torrijos la stoffa giusta per gli obiettivi dei banchieri internazionali.

Come descritto in precedenza, Panama era sufficientemente destabilizzata da permettere a Torrijos di prendere il potere e abolire tutti i partiti politici. Gli sciacalli dei media americani dipinsero un'immagine brillante di Torrijos come un ardente nazionalista panamense, che sentiva fortemente che il popolo panamense aveva subito un torto dal trattato del 1903 che cedeva la Zona del Canale di Panama agli Stati Uniti. Il marchio "made by David Rockefeller" che Torrijos portava era accuratamente nascosto al popolo americano.

Grazie al tradimento della Commissione Esteri del Senato, e in particolare dei senatori Dennis de Concini e Richard Lugar, Panama è passata nelle mani del generale Torrijos e del Comitato dei 300, con un costo di miliardi di dollari per il contribuente americano. Ma Torrijos, come tanti altri mortali, sembrava perdere di vista i suoi creatori, gli "olimpici".

Scelto originariamente per l'incarico da Kissinger e Linowitz, come tutti coloro che servono il governo parallelo segreto degli Stati Uniti, che si tratti di Segretario di Stato o della Difesa, Torrijos si è comportato bene durante il trasferimento del Canale di Panama dal popolo sovrano degli Stati Uniti ai banchieri di Wall Street, ai signori della droga e ai loro dirigenti. Poi, con grande disappunto dei suoi mentori, Torrijos ha iniziato a prendere sul serio il suo ruolo di nazionalista, invece di continuare a essere un burattino dei ventriloqui di Wall Street.

Panama deve essere vista con gli occhi del cavallo di Troia di Kissinger, cioè dobbiamo vederla come un punto di snodo in America Centrale, come futuro terreno di sosta di Kissinger per migliaia di soldati americani. Gli ordini di Kissinger erano di iniziare un'altra "guerra del Vietnam" in America centrale. Ma Torrijos cominciò ad avere altre idee. Ha scelto di unirsi al gruppo Contadora. Anche se non perfetti, i Contadora erano pronti a combattere i signori della droga. Torrijos divenne così una fonte di fastidio per i suoi padroni, che lo portarono a essere "permanentemente immobilizzato".

Torrijos fu assassinato nell'agosto 1981. L'aereo su cui viaggiava è stato truccato come quello che ha ucciso il figlio di Aristotele Onassis. I comandi sono stati manipolati per azionare gli ascensori dell'aereo (che controllano la salita e la discesa) nella direzione opposta a quella voluta dal pilota. Invece di salire dopo il decollo, l'aereo che trasportava Torrijos si è letteralmente schiantato al suolo.

Le banche di Panama passarono sotto il controllo di alcune

banche di Wall Street di proprietà di David Rockefeller, che le videro come un comodo deposito per il denaro sporco della droga, e furono presto designate come centro bancario mondiale della cocaina, mentre Hong Kong rimase il centro bancario dell'eroina. Rockefeller incaricò Nicolas Ardito Barletta, ex direttore della Banca Mondiale e della Marine and Midland Bank (la stessa banca nel cui consiglio di amministrazione sedeva Linowitz) di prendere il controllo della situazione bancaria.

Barletta doveva ristrutturare il settore bancario di Panama e modificare le leggi bancarie per renderle più sicure per i riciclatori di denaro sporco. Barletta era abbastanza rispettabile da essere al di sopra di ogni sospetto e aveva esperienza nella gestione di grandi quantità di contanti provenienti dalla droga, grazie ai suoi legami con la Hong Kong and Shanghai Bank - la principale banca per il riciclaggio di denaro sporco al mondo - che in seguito avrebbe acquistato la Midland Marine Bank negli Stati Uniti.

Secondo i documenti della Drug Enforcement Agency (DEA) statunitense, nel 1982 il Banco Nacional de Panama aveva aumentato il flusso di dollari americani del 500% rispetto al 1980. Dal 1980 al 1984, quasi 6 miliardi di dollari di denaro non trasferito dagli Stati Uniti a Panama. In Colombia, la DEA stima che il contante generato dalla cocaina ammonti a 25 miliardi di dollari per il periodo 1980-1983, quasi tutti depositati nelle banche di Panama City. Sei mesi dopo la deposizione di Torrijos, l'uomo forte, il generale Rueben Parades della Forza di Difesa di Panama, è stato promosso dai banchieri della droga.

Ma come il suo predecessore, Parades ha mostrato tutti i segni di non sapere chi fossero i suoi capi. Ha iniziato a parlare di Panama per unirsi al gruppo di Contadoras. Kissinger deve aver inviato un messaggio a Parades nel febbraio 1983 e il generale è stato abbastanza intelligente da accorgersene e fare un dietrofront, cacciando i Contadoras da Panama e impegnandosi a sostenere pienamente Kissinger e i banchieri internazionali di Wall Street.

Parades si impegnò a fondo per coltivare l'amicizia di Arnulfo Arias, che era stato spodestato da Torrijos, dando così alla sua leadership un'aria di rispettabilità. A Washington, Parades viene presentato da Kissinger come un "convinto anticomunista amico degli Stati Uniti". Nemmeno la spietata esecuzione del figlio venticinquenne da parte dei membri del clan della cocaina Ochoa-Escobar scoraggiò Parades; egli mantenne Panama aperta al commercio di cocaina e ne protesse le banche.

Manuel Noriega, successore di Parades nel FDP, si preoccupò sempre più della corruzione della Forza di Difesa panamense, che aveva cercato di tenere fuori dal traffico di droga. Noriega progettò un colpo di Stato contro Parades, che fu poi rovesciato dalla Forza di Difesa panamense e Noriega prese il controllo di Panama, diventando comandante del FDP. All'inizio le reazioni furono scarse; Noriega lavorava da diversi anni per la CIA e la DEA ed era considerato da Kissinger e Rockefeller un "uomo d'azienda".

Quando sono iniziati i dubbi su Noriega a Wall Street e a Washington? Credo che sia stato subito dopo lo straordinario successo di un'operazione antidroga congiunta PDF-DEA denominata "Operazione Fish", rivelata pubblicamente dalla DEA nel maggio 1987. La DEA ha definito l'operazione Fish "la più grande e più riuscita indagine sotto copertura nella storia dell'applicazione della legge federale sulla droga".

I banchieri della droga sentivano di avere buone ragioni per temere Noriega, come dimostra una lettera scritta a Noriega dal capo della DEA John Lawn il 27 maggio 1987:

> "Come sapete, l'operazione Fish, conclusasi di recente, è stata un successo. Molti milioni di dollari e migliaia di chili di droga sono stati sequestrati a trafficanti internazionali di droga e riciclatori di denaro. Il suo impegno personale nell'"Operazione Fish" e gli sforzi competenti, professionali e instancabili di altri funzionari della Repubblica di Panama sono stati essenziali per l'esito finale positivo di questa indagine. I trafficanti di droga di tutto il mondo sanno che i proventi e i profitti delle loro attività illegali non sono ben accetti a Panama.

In una seconda lettera a Noriega, Lawn scrive:

"Vorrei cogliere questa opportunità per ribadire il mio profondo apprezzamento per la vigorosa politica anti-narcotraffico che avete adottato, che si riflette nelle numerose espulsioni da Panama di accusati trafficanti di droga, nei grandi sequestri di cocaina e di sostanze chimiche precursori che hanno avuto luogo a Panama e nell'eradicazione della marijuana nel territorio panamense".

Il generale Paul Gorman, comandante del Comando Sud degli Stati Uniti, ha dichiarato alle audizioni della Sottocommissione per le Relazioni Estere del Senato di non aver mai visto alcuna prova di illeciti da parte di Noriega e che non esistevano prove concrete che Noriega fosse legato ai signori della droga. La commissione stessa non è stata in grado di produrre alcuna prova credibile del contrario. La commissione ha deluso il popolo americano omettendo di indagare sulle accuse di Noriega, secondo cui tra i suoi più potenti nemici vi erano la First Bank of Boston, il Credit Suisse, l'American Express e la Bank of America.

Adam Murphy, a capo della task force della Florida per il National Narcotics Border Interdiction System (NNBIS), ha dichiarato senza mezzi termini:

"Durante il mio incarico presso l'NNBIS e la Task Force della Florida meridionale, non sono mai stato a conoscenza di informazioni secondo cui il generale Noriega fosse coinvolto nel traffico di droga. In effetti, abbiamo sempre indicato Panama come un modello in termini di cooperazione con gli Stati Uniti nella guerra alla droga. Ricordate che un'accusa del Gran Giurì non è una condanna. Se il caso Noriega verrà mai processato, esaminerò le prove delle conclusioni della giuria, ma fino a quel momento non ho prove dirette del coinvolgimento del generale. La mia esperienza mi dice il contrario".

Non è mai stato detto che l'"Operazione Fish" è stata resa possibile solo grazie all'approvazione della legge panamense 29, promossa da Noriega. Lo ha riferito il maggiore quotidiano panamense, *La Prensa*, che si è lamentato amaramente del fatto che la Forza di Difesa panamense stesse conducendo una campagna pubblicitaria anti-droga, "che devasterà il centro bancario panamense".

Non c'è da stupirsi. L'operazione "Pisces" ha chiuso 54 conti in 18 banche panamensi e ha sequestrato 10 milioni di dollari in contanti e grandi quantità di cocaina. A ciò ha fatto seguito il congelamento di altri 85 conti bancari in cui erano depositati i contanti provenienti dal traffico di cocaina. Cinquantotto grandi spacciatori americani, colombiani e alcuni cubano-americani sono stati arrestati e accusati di traffico di droga.

Eppure, quando Noriega è stato rapito e poi trascinato in una corte federale di Miami, in un'incredibile violazione dei diritti civili di Noriega, il giudice William Hoevler ha rifiutato di ammettere come prova queste lettere e centinaia di altri documenti che dimostrano il ruolo antidroga di Noriega. E noi osiamo parlare di "giustizia" in America, e il nostro presidente parla di "guerra alla droga". La guerra alla droga finì quando il generale Noriega fu rapito e imprigionato negli Stati Uniti.

Sulla scia dell'"Operazione Fish", a Panama e a Washington fu lanciata una campagna concertata per screditare il generale Noriega. Il Fondo Monetario Internazionale (FMI) minacciò addirittura di cancellare i suoi prestiti a Panama se Noriega non avesse smesso il suo "comportamento dittatoriale", cioè se non avesse smesso di combattere le banche della droga e i commercianti di cocaina. Il 22 marzo 1986, in un discorso televisivo, Noriega informò il popolo panamense che Panama stava per essere strangolata dal FMI. Il FMI cercò di fare pressione sui sindacati per costringere Noriega a lasciare il potere, avvertendoli che una terribile austerità attendeva Panama se Noriega non fosse stato spodestato.

La posizione del FMI su Panama, Colombia e Caraibi è stata chiarita da John Holdson, un alto funzionario della Banca Mondiale, che ha affermato che l'"industria" della cocaina era molto vantaggiosa per i Paesi produttori: "Dal loro punto di vista, non potevano trovare un prodotto migliore". L'ufficio colombiano del FMI ha dichiarato apertamente che, per quanto riguarda il FMI, la marijuana e la cocaina erano coltivazioni come tutte le altre, che portavano valuta estera necessaria all'economia latinoamericana.

I banchieri di Wall Street e i loro alleati a Washington hanno quindi portato il dottor Norman Bailey all'attenzione del pubblico per sostenere il Gruppo Civico a Panama e negli Stati Uniti. Il Gruppo Civico è stato costituito per sostenere i tentativi dei banchieri di Wall Street di liberarsi di Noriega, facendo credere che si trattasse di una questione di interesse pubblico a Panama. Le seguenti persone hanno sostenuto il Gruppo Civico:

A Panama	Negli Stati Uniti
Alvin Weedon Gamboa	Sol Linowitz
Cesar e Ricardo Tribaldos	Elliott Richardson
Roberto Eisenmann	James Baker III
Carlos Rodrigues Milano	Il presidente Ronald Reagan
Tenente Colonnello Julian Melo Borbura	Il senatore Alfonse D'Amato
I fratelli Robles	Henry Kissinger
José Blandon	David Rockefeller
Lewis Galindo	James Reston
Steven Samos	John R. Petty
Parate del generale Ruben Darios	Generale Cisneros
Guillermo Endara	Billy Ford

Dopo il fallimento della campagna del FMI, i fratelli Coudert del Dipartimento di Stato, il *New York Times*, la Kissinger Associates e il *Washington Post* lanciarono una campagna diffamatoria a tutto campo sulla stampa statunitense e mondiale per mettere l'opinione pubblica contro Noriega. Nel farlo, i cospiratori hanno cercato e ottenuto il sostegno di trafficanti di droga, banchieri della droga, spacciatori e vari criminali. Chiunque potesse accusare Noriega di illeciti o di essere un trafficante di droga, anche senza prove, era il benvenuto. Il flusso di denaro verso le banche della droga panamensi, 6 miliardi di dollari all'anno, doveva essere protetto.

La Crociata Civica, il principale veicolo di coordinamento della campagna per screditarlo, è stata organizzata a Washington D.C. nel giugno 1987. I suoi principali finanziatori e sostenitori erano i fratelli Coudert, Linowitz, la Commissione Trilaterale, William Colby (principalmente della CIA), la Kissinger Associates e William G. Walker, vice assistente per gli affari internazionali del Dipartimento di Stato americano. Jose Blandon, autoproclamatosi "rappresentante internazionale dell'opposizione di Panama a Noriega", fu assunto per gestire l'organizzazione.

La pubblicità era nelle mani del dottor Norman Bailey, un ex alto funzionario panamense. Il dottor Bailey era impiegato presso il Consiglio di Sicurezza Nazionale e tra i suoi compiti c'era quello di studiare il movimento del denaro della droga, il che ovviamente gli ha permesso di sperimentare in prima persona come il denaro della droga si muoveva dentro e fuori le banche di Panama. Bailey era un amico intimo di Nicholas Ardito Barletta. Bailey si scontrò con Noriega quando quest'ultimo cercò di imporre le "condizionalità" del FMI che avrebbero imposto maggiori misure di austerità al popolo panamense. Il partner di Bailey era William Colby dello studio legale Colby, Bailey, Werner and Associates. È a questa azienda che si sono rivolti i banchieri e i signori della droga in preda al panico quando è diventato chiaro che Noriega faceva sul serio.

Appena entrato in carica con Crociata Civica, Bailey ha dichiarato: "Ho iniziato la mia guerra contro Panama quando il mio amico Nicky Barletta si è dimesso da presidente di Panama". Bailey si era trovato in una posizione unica per scoprire le leggi sul segreto bancario di Panama da Barletta, l'uomo che le aveva introdotte. Perché Bailey era arrabbiato perché Barletta aveva perso il lavoro? Perché ha privato i signori della droga e i loro alleati banchieri di avere un proprio "uomo a Panama", il che è stato un duro colpo per il flusso regolare di denaro e cocaina dentro e fuori Panama. Barletta era anche il cannoniere della FISM e un grande favorito dell'establishment liberale orientale, soprattutto tra i membri del Bohemian's Club. Non sorprende che Noriega si sia scontrato con Barletta e con l'establishment di Washington.

Sotto la guida di Bailey, la Crociata Civica ha chiuso il cerchio dai baroni della cocaina della Colombia alle élite del narcotraffico di Washington e Londra. È stato grazie a Bailey che sono stati creati la mafia della cocaina assassina di basso livello e i nomi rispettabili e intoccabili nei registri sociali e politici di Washington, Londra, Boston e New York.

Bailey ha dichiarato di voler estromettere la PDF "perché è il Paese più pesantemente militarizzato dell'emisfero occidentale". Bailey disse che una giunta civile avrebbe sostituito Noriega una volta spodestato. Veniamo a coloro che Bailey propone di guidare il Panama del dopo-Noriega. A sostegno della Crociata Civica, sei membri dello staff del Senato si sono recati a Panama nel novembre 1987 e sono rimasti per quattro giorni. Al loro ritorno, i collaboratori dissero che era essenziale che Noriega si dimettesse, ma non fecero alcun cenno alle quantità impressionanti di contanti e cocaina che transitavano per Panama o agli sforzi di Noriega per vietare il traffico di droga. Anche se non lo ha detto chiaramente, il Senato, in una dichiarazione su Panama, ha suggerito che se "il disordine continua", potrebbero essere chiamate le forze armate statunitensi.

Qual era la natura dei disordini? Erano espressioni spontanee del malcontento della popolazione panamense nei confronti di Noriega, o erano situazioni artificiose, create artificialmente per soddisfare i piani dei banchieri di Wall Street? Per rispondere a questa domanda, dobbiamo esaminare il ruolo svolto da John Maisto nei "problemi" di Panama. Maisto era il numero due dell'ambasciata statunitense a Panama. Ha prestato servizio in Corea del Sud, nelle Filippine e ad Haiti. Maisto aveva un passato da piantagrane. Dopo il suo arrivo in questi Paesi, sono seguiti rapidamente disordini e "disordini". Secondo una fonte di intelligence indipendente, l'influenza di Maisto è responsabile del 90% delle proteste di piazza a Panama. Bailey non ha cercato di nascondere il suo sostegno a Maisto. Parlando a un forum della George Washington University, Bailey ha detto che Noriega si sarebbe arreso solo se il popolo panamense fosse sceso in strada e fosse stato picchiato e fucilato. Bailey ha aggiunto che se non fossero disponibili telecamere per questi eventi, "sarebbe uno sforzo inutile".

La goccia che fece traboccare il vaso per Noriega due anni dopo, nel febbraio 1988, fu l'incriminazione da parte di un gran giurì di Miami. Questa vendetta del Dipartimento di Giustizia segnò il destino di Noriega e sottolineò la necessità di sbarazzarsi dell'arcaico sistema del gran giurì lasciato dall'era della star chamber. I procedimenti della Star Chamber (gran giurì) non sono mai equi nei confronti dell'imputato. I signori della droga e i loro banchieri, insieme all'establishment politico di Washington D.C., si sono sbarazzati di Noriega, che era giustamente visto come una minaccia ai loro redditi annuali multimiliardari.

I campanelli d'allarme cominciarono a suonare seriamente e gli appelli ad agire per rimuovere Noriega divennero stridenti nel 1986, dopo la chiusura forzata della First Interamerica Bank e l'incursione del PDF nel Banco de Iberiamerica, che apparteneva al Cartello di Cali. Insieme alla distruzione di un laboratorio per la lavorazione della cocaina e di un'enorme scorta di etere etilico in una remota giungla panamense, il Comitato dei 300 ordinò che Noriega fosse ucciso, o rapito e portato negli Stati Uniti, con la massima rapidità.

La Sottocommissione del Senato per le Relazioni Estere su Terrorismo, Narcotici e Operazioni Internazionali, presieduta dal senatore John Kerry, non è riuscita a diffamare sufficientemente Noriega, anche se un fiume di false accuse è stato scagliato contro di lui in quello che è stato un processo a Noriega in contumacia. I guardiani del traffico di droga offshore da 300 miliardi di dollari hanno chiesto metodi più rapidi e duri per rovesciare Noriega. Il senatore Alfonse D'Amato sostiene l'azione diretta: vuole che i sicari assassinino Noriega. D'Amato ha anche suggerito il rapimento, e Bush potrebbe aver preso l'idea da lui.

Poi, in risposta alle pressioni di Wall Street, il presidente Bush cambiò le regole di ingaggio delle forze statunitensi a Panama, che da quel momento in poi avrebbero dovuto cercare il confronto con il PDF. L'8 luglio 1989, il generale Cisneros, comandante dell'esercito statunitense a Panama, fece una dichiarazione straordinaria, per la quale avrebbe dovuto essere chiamato a rispondere:

> "L'OSA non ha agito con sufficiente fermezza per rimuovere Noriega. Per quanto mi riguarda, credo che sia giunto il momento di un intervento militare a Panama".

Da quando i militari possono stabilire un'agenda politica? Per tutto l'ottobre e il novembre del 1989, le forze militari statunitensi a Panama hanno perseguitato le forze armate panamensi, causando alla fine la tragica morte di un soldato statunitense a un posto di blocco. Ai soldati è stato ordinato di fermarsi a un posto di blocco istituito dai PDF. È scoppiata una discussione e i soldati sono fuggiti. Sono stati sparati dei colpi e uno dei soldati statunitensi è rimasto ucciso.

Questo è stato il segnale per il Presidente Bush di lanciare il suo attacco a Panama, pianificato da tempo. Mentre Panama si preparava al Natale, la sera del 20 dicembre 1989, fu lanciato un violento atto di aggressione contro Panama, senza prima ottenere la dichiarazione di guerra richiesta dalla Costituzione. All'attacco parteciparono tra i 28.000 e i 29.000 soldati statunitensi, che causarono la morte di 7.000 cittadini panamensi e la distruzione dell'intera regione di Chorrillo. Almeno 50 soldati statunitensi sono morti inutilmente in questa guerra non dichiarata. Noriega fu rapito e trasportato negli Stati Uniti in uno sfacciato atto di brigantaggio internazionale, precursore di molti altri a venire.

Perché l'amministrazione Bush ha prestato tanta attenzione a

Panama? Perché c'è stata tanta pressione per rovesciare Noriega? Il fatto che gli Stati Uniti si siano impegnati così tanto per sbarazzarsi di un cosiddetto dittatore di un piccolo Paese dovrebbe dirci qualcosa. Dovrebbe renderci molto curiosi di sapere cosa c'è dietro questa saga. Dovrebbe renderci ancora più diffidenti, meno fiduciosi nei confronti del governo e non farci convincere, su così larga scala, che ciò che il governo statunitense fa è necessariamente giusto.

Noriega ha colpito gli oligarchi della droga dove fa male: nelle loro tasche. È costato alle banche che riciclano il denaro della droga gran parte dei loro profitti. Ha gettato discredito sui banchieri. Ha sconvolto lo status quo dando forza alle leggi bancarie di Panama. Noriega ha ostacolato il piano di Kissinger per le Ande e ha interrotto la vendita di armi in America centrale. Ha pestato i piedi a persone molto potenti. Per questo, il generale Manuel Noriega fu condannato a trascorrere il resto della sua vita in una prigione americana.

Nella mente della maggior parte degli americani, Panama è passata in secondo piano, se non del tutto. Noriega è saldamente murato in prigione, non è più un pericolo per l'amministrazione Bush e i banchieri di Wall Street, o per i loro clienti del cartello della droga. Sembra che abbia funzionato per Carter, Reagan e Bush. Il fatto che l'invasione palesemente illegale di Panama sia costata la vita a 50 americani e a 7000 panamensi viene rapidamente dimenticato. Si dimentica l'uomo che il capo della DEA John Lawn ha descritto come il miglior giocatore della squadra antidroga che ha avuto a Panama. Il costo per i contribuenti statunitensi di mantenere Panama aperta al traffico di droga non è mai stato rivelato.

Il crimine di Noriega è stato quello di conoscere troppo bene il traffico di droga e le banche che lo servono, e nel 1989 ha rappresentato una seria minaccia per le banche Rockefeller che riciclavano il denaro proveniente dal presunto traffico illecito. Quindi bisognava occuparsi di lui. Il quartiere distrutto dalle truppe statunitensi è ancora in rovina. A Panama la censura sulla stampa è ancora in vigore, anche tre anni dopo la partenza delle forze d'invasione statunitensi. Nell'agosto 1992, il sindaco di Panama City, Mayin Correa, attaccò il direttore della rivista *Momento* per aver pubblicato un articolo che rivelava le azioni del sindaco e i "conti speciali" in una banca panamense. L'opposizione al governo fantoccio di Washington non è tollerata. Chiunque partecipi a manifestazioni di protesta a Panama rischia l'arresto e il carcere. Anche "organizzare" una manifestazione è un reato e gli organizzatori possono essere messi in prigione senza processo. Questa è l'eredità di Bush e di coloro che alla Camera e al Senato gli hanno permesso di farla franca violando la Costituzione degli Stati Uniti.

La corruzione e la concussione sono molto diffuse a Panama, con accuse di droga ai vertici del governo di "Porky" Endara, il surrogato di Washington, tra cui Carlos Lopez, Presidente della Corte Suprema panamense. Il disordine lasciato dall'amministrazione Bush richiede un'indagine, ma purtroppo nessuno a Washington è interessato a fare qualcosa. La crociata civica non c'è più. Sembra che l'unica crociata civica riguardasse la minaccia che Noriega rappresentava per i banchieri di Wall Street e i loro partner nel commercio di cocaina.

Bush sarà mai processato per i crimini di guerra commessi a Panama? Non è probabile, visto che la Corte Suprema degli Stati Uniti ha respinto una richiesta molto modesta di 500 famiglie panamensi per il risarcimento delle perdite subite durante l'invasione del dicembre 1989. E il traffico di droga che l'impeachment di Noriega avrebbe dovuto garantire per porre fine alla situazione? La verità è che non è andata da nessuna parte. Secondo la mia fonte di intelligence, Colon, la zona di libero scambio di Panama, tratta oggi circa il doppio della cocaina rispetto agli anni di Noriega. I rapporti di intelligence indicano che ogni giorno passano di lì cinque o sei navi cariche di droga. Se un tempo solo i funzionari di alto livello erano pagati dai signori della droga, oggi lo sono tutti; il traffico di droga a Panama ha raggiunto livelli incredibili.

Il drammatico aumento del traffico di droga a Panama è stato accompagnato da un corrispondente aumento del tasso di criminalità: 500% in più da quando Noriega è stato catturato dai suoi rapitori nel 1989. Bande di giovani disoccupati si aggirano per la città di Colon, un tempo fiorente, in cerca di lavoro, solo per essere ripetutamente rifiutati e abbandonati a loro stessi, di solito al crimine. Con lo scioglimento della PDF, le strade e le autostrade sono di proprietà dei gangster, tra cui alcuni ex membri della PDF, che non riescono a trovare lavoro perché "inseriti nella lista nera". Diverse società statunitensi con sede nella zona di libero scambio di Colon sono state costrette a tornare negli Stati Uniti perché i loro dirigenti sono stati rapiti e tenuti in ostaggio per un riscatto, spesso di un milione di dollari, cosa che non sarebbe mai potuta accadere quando Noriega era al comando.

Temendo un tasso di criminalità più elevato rispetto al governo di Noriega, fu creato un grande esercito di guardie private. Il Presidente Bush ha dichiarato al mondo che la Forza di Difesa di Panama era "uno strumento di repressione" del governo Noriega e ha fatto sapere che lui e il suo amico Bailey intendevano smantellare la forza. Panama rimase senza il suo PDF, un tempo ben disciplinato, sostituito da 15.000 guardie private e ogni membro del governo con il suo esercito privato. Nelle strade di Panama regnava l'anarchia.

La corruzione è dilagante. Le sovvenzioni statunitensi (il denaro dei contribuenti americani), che avrebbero dovuto essere utilizzate per ricostruire i quartieri distrutti, sono finite nelle avide mani dei politici messi al potere da Washington. Il risultato: appartamenti di cemento inabitabili, simili a caseggiati, senza finestre, bagni o cucine, non verniciati e inadatti all'abitazione umana. Questo è ciò che la "democrazia" di George Bush ha realizzato a Panama.

IX. Focus sulla Jugoslavia

Serbia è sempre stata un'agitatrice nei Balcani, come dimostra l'evento che ha portato alla Prima Guerra Mondiale. L'evento fu l'assassinio dell'arciduca Ferdinando il 28 giugno 1914, mentre era in visita a Sarajevo. L'assassino, Gavrilo Princip, insieme ai suoi complici, agiva per conto della società segreta serba nota come "Unione o Morte" (la Mano Nera), fondata nel 1911 dalla Serbia e utilizzata per fomentare l'agitazione contro l'Austria in nome delle rivendicazioni territoriali serbe.

Il governo serbo era a conoscenza del complotto e non ha fatto nulla per impedirlo. L'Europa si è indignata per questo crimine, soprattutto alla luce degli anni di intollerabile attività della Serbia. Il 5 luglio 1914, il conte Alexander Hoyos fu inviato a Berlino e dichiarò:

"... Sono qui per risolvere una volta per tutte i problemi dei continui disordini serbi e per chiedere giustizia per l'Austria".

La visita di Hoyos rivelò che la Serbia era un vero problema, un piantagrane di prim'ordine, intenzionato ad acquisire territorio e a stabilire una dinastia serba.

Il 23 luglio 1914 l'Austria inviò un ultimatum scritto alla Serbia:

1) Scioglimento di pubblicazioni e organizzazioni impegnate nella propaganda contro l'Austria.

2) Licenziamento di funzionari accusati dall'Austria di attività antiaustriache.

3) Cessazione della propaganda antiaustriaca nelle scuole.

4) Collaborazione con il governo austriaco per stabilire la responsabilità dell'assassinio dell'arciduca Ferdinando.

5) Procedimenti legali contro i responsabili del complotto

6) L'arresto di due funzionari serbi notoriamente coinvolti.

7) Le scuse del governo serbo

Dalla storia di questo periodo emerge chiaramente che i serbi erano subdoli in una misura mai conosciuta prima nei Balcani. Prima ancora di dare la loro risposta, i serbi si mobilitarono per la guerra contro l'Austria. La loro risposta ufficiale sembrava in apparenza conciliante, ma ad un attento esame era in realtà un rifiuto delle richieste austriache. Anche la Russia aveva segretamente assicurato alla Serbia che non avrebbe permesso di attaccarla, e in privato la Serbia aveva ricevuto la stessa promessa dal governo britannico...

Il 28 luglio 1914 l'Austria dichiarò guerra alla Serbia, seguita dal bombardamento di Belgrado, e la Germania chiese l'occupazione della Serbia. Molte altre nazioni dichiararono successivamente guerra:

1er agosto: Germania contro Russia.

3 agosto: Germania contro Francia.

4 agosto: Gran Bretagna contro Germania.

5 agosto: Montenegro contro Austria.

6 agosto: Serbia contro Germania.

6 agosto: Austria contro Russia.

8 agosto: Montenegro - Germania.

Poi ci fu un'esplosione di dichiarazioni di guerra, Giappone contro Germania, Serbia contro Turchia, Bulgaria contro Serbia, che culminò nel 1918 con il Guatemala contro la Germania, il Nicaragua contro la Germania e l'Austria, il Costa Rica contro la Germania, Haiti e Honduras contro la Germania. Purtroppo, la Russia non era in grado di vedere il quadro generale: era stata preparata dalla Gran Bretagna per l'imminente rivoluzione bolscevica, e lo zar Nicola cadde proprio nella trappola che i subdoli serbi e gli ancor più ambigui britannici gli avevano teso.

Il 7 maggio 1915, su istigazione della Gran Bretagna, gli Alleati diedero alla Serbia una garanzia per l'eventuale acquisizione della Bosnia ed Erzegovina, che includeva la garanzia di un "ampio accesso all'Adriatico". Questa è stata la causa principale dell'aggressione serba contro questi Stati, che nel 1993 ha minacciato di coinvolgere nuovamente l'Europa in una guerra devastante. Durante i quattro decenni di disordini e terrore, si nota la mano della nobiltà nera britannica, incarnata da Sir Edward Grey, l'uomo responsabile di aver trascinato gli Stati Uniti nella Prima Guerra Mondiale. Oggi gli attori sono Lord David Owen, Lord Carrington, Cyrus Vance e Warren Christopher.

Il 18 dicembre 1916 furono rese pubbliche le cosiddette proposte di Wilson, tra le quali figurava la richiesta del governo britannico di ristabilire la Serbia e il Montenegro. Alla luce dell'intervento degli Stati Uniti a fianco della Gran Bretagna nel 1916, non dobbiamo stupirci dell'attuale agitazione per coinvolgere gli Stati Uniti, attraverso l'invio del Segretario di Stato Warren Christopher del Council on Foreign Relations, nella creazione di una guerra più ampia nei Balcani. Tutto questo è già stato fatto in passato.

Una breve storia della Jugoslavia rivela la presenza di macchinazioni oligarchiche britanniche. Il 20 luglio 1917, sotto l'enorme pressione della Società delle Nazioni, precursore delle Nazioni Unite, della Gran Bretagna e dell'Italia, il Patto di Corfù fu firmato da croati, serbi e montenegrini. Per i serbi, la firma del patto significava il primo passo verso una dinastia serba nei Balcani, in cui gli Asburgo avrebbero giocato un ruolo cruciale. I croati, sostenuti dalla Chiesa cattolica, si opposero al patto, ma non poterono impedirne l'attuazione. Così, un'unica nazione sotto una dinastia serba si avvicinò un po' di più alla realtà.

Il 3 novembre 1918, la Germania fu costretta ad accettare la sconfitta nella Prima Guerra Mondiale, grazie all'intervento militare americano, pianificato da Grey, dal colonnello House (Mandel Huis) e dal Presidente Wilson. Su istigazione del governo britannico, si tiene a Ginevra una "Conferenza jugoslava" e il 4 dicembre 1918 viene proclamato il Regno di Croazia, Slovenia e Serbia.

I serbi iniziarono immediatamente a compiere atti di aggressione contro la Croazia nel tentativo di affermare i propri diritti sul territorio croato, nonostante quanto sottoscritto a Ginevra. Il 26 novembre 1917, i montenegrini proclamarono la loro unione con la Serbia e il principe Alessandro accettò il nuovo Stato. La storia di questa regione, da quel momento in poi, mostra chiaramente tutti gli inganni, gli insabbiamenti e le vere e proprie bugie che hanno portato al crollo della Serbia, fino all'attuale conflitto, in cui il governo britannico ha giocato un ruolo di primo piano.

Come ho spesso sottolineato, il nemico dei popoli liberi di tutto il mondo non è tanto il comunismo, quanto il governo parallelo segreto, onnipotente e superiore di Washington, che in realtà ha sempre considerato i comunisti di tutto il mondo come alleati, senza mai ammettere che il comunismo e il socialismo sono stati creati in Gran Bretagna e negli Stati Uniti.

Questo è più evidente che in Jugoslavia e in Sudafrica. Il sistema monetario babilonese, falsamente chiamato "capitalismo", è una minaccia molto più grande per la civiltà occidentale rispetto alle dottrine di Karl Marx, perché crea le condizioni mondiali e poi le manipola per i loro padroni del Nuovo Ordine Mondiale, il governo unico, a beneficio dei banchieri internazionali.

Questo blocco oligarchico tirannico è stato creato decenni fa per spogliare le nazioni della loro sovranità, del loro patrimonio culturale e delle loro risorse naturali. Nel caso del Sudafrica, la guerra anglo-boera (1899-1902) assunse la forma di un genocidio di massa e fu un tentativo di schiacciare la lingua olandese e la religione cristiana del popolo. È stato accompagnato dal furto massiccio di grandi quantità di oro, diamanti, platino, titanio, minerale di ferro e altri metalli e minerali.

La ruota della sfortuna ha chiuso il cerchio in Sudafrica, con il "Giuda Iscariota" Pieter Botha che ha venduto la sua anima al governo mondialista e il "Kerensky" Willem De Klerk che ha tradito il suo popolo in un modo che avrebbe fatto arrossire

Benedict Arnold. Nel caso del Sudafrica, la scusa è stata l'"apartheid", la dottrina biblica della separazione razziale, mentre in India si è lasciato prosperare indisturbato il ben peggiore sistema di separazione delle caste istituito dall'occupazione britannica, come avviene tuttora. L'"apartheid" in India è molto più rigorosa di quella vista in Sudafrica.

Sulla base di una risibile preoccupazione per il benessere della popolazione nera, un criminale condannato, Nelson Mandela, i cui crimini includevano furto con scasso, terrorismo, fabbricazione di bombe e tradimento, è stato improvvisamente reso un eroe nazionale dagli sciacalli dei media, così come i suoi compagni criminali, guidati da avvocati indiani e dal comunista ebreo Joe Slovo. Questo sarà il nuovo governo del Sudafrica, quando De Klerk cederà il potere a Mandela. Il popolo sudafricano si rende conto solo ora, con sgomento e orrore, che Mosca ha avuto un ruolo molto marginale nel suo tradimento. I protagonisti erano Washington e Londra.

Il governo sovranazionale, sotto la direzione del Comitato dei 300, sta utilizzando la sua agenda di distruzione della sovranità delle nazioni direttamente in Croazia e in Bosnia-Erzegovina, e negli Stati Uniti, dove è impegnato a sottomettere la Costituzione degli Stati Uniti alla Carta delle Nazioni Unite, introdotta a tradimento e a tradimento dal CFR e approvata dal Senato degli Stati Uniti nel 1945, con solo cinque senatori che hanno dichiarato di aver effettivamente letto il documento del trattato.

La Croazia, una nazione di 10.000 anni, è stata vittima degli stessi cospiratori che hanno fatto tanto male al mondo. Con il pretesto di essersi schierata con la Germania nella Seconda guerra mondiale, la Croazia ha iniziato a sentire la morsa dei giornalisti dalla penna avvelenata dei media statunitensi. Nonostante un governo democraticamente eletto, nonostante la sua sovranità accettata e riconosciuta dalle Nazioni Unite, dalla Comunità Economica Europea, il governo segreto degli Stati Uniti si è proposto di distruggere la Croazia, che solo a malincuore aveva accettato l'unità imposta dagli "Alleati" il 1^{oer} dicembre.

Con il pieno sostegno di Gran Bretagna e Stati Uniti, il piano serbo prevedeva di conquistare il maggior numero possibile di territori, in modo che, una volta ottenuto ciò che volevano, le Nazioni Unite sarebbero state chiamate a "decidere". Questa decisione sarebbe stata presa sulla base del territorio detenuto e occupato dai cittadini serbi, da cui la necessità di cacciare croati e musulmani nella misura in cui i serbi potevano farla franca. Questa è l'origine della "pulizia etnica".

Il Presidente George Bush ha chiarito la sua posizione il 9 novembre 1991:

> "Abbiamo visto in Jugoslavia come l'orgoglio nazionale possa far precipitare un Paese in una sanguinosa guerra civile".

Questa era anche la "linea" del governo britannico: la sovranità nazionale deve essere relegata sullo sfondo della storia a favore dell'istituzione di un Nuovo Ordine Mondiale.

Di tutti i leader cristiani, solo Papa Giovanni Paolo II ha avuto il coraggio di parlare contro i serbi, meno di quattro giorni dopo che Bush aveva dato il via libera al presidente Milosevic. Molti leader delle chiese protestanti sono rimasti vistosamente in silenzio:

> "Questa tragedia, che getta vergogna sull'Europa e sul mondo, deve essere fermata. Negli ultimi giorni si sono verificati attacchi di una violenza senza precedenti in tutta la Croazia, ma soprattutto a Dubrovnik e Vukovar. A Dubrovnik sono stati colpiti, tra gli altri, un hotel e un ospedale pieno di rifugiati e feriti. Questa è un'aggressione e deve finire. Imploro l'esercito jugoslavo di risparmiare le vite di civili inermi".

La risposta del governo di Belgrado è stata quella di intensificare i bombardamenti su case, chiese, scuole e ospedali civili, ben sapendo che l'amministrazione Bush non avrebbe intrapreso alcuna azione per fermare la violenza.

In una delle sue azioni più insidiose, Slobodan Milosevic chiese alle Nazioni Unite di inviare "forze di pace" per dividere le due parti. Questa richiesta è stata accettata dall'ONU che, con lo stazionamento delle sue truppe, ha tacitamente accettato che la terra sequestrata dall'esercito jugoslavo appartenga ora alla Serbia. Lo stesso tradimento si è ripetuto in Bosnia-Erzegovina. Lord Carrington, il traditore della NATO e della Rhodesia, chiese cortesemente alle Nazioni Unite di schierare i suoi soldati in quelle che lui chiamava zone di crisi, realizzando così perfettamente l'obiettivo jugoslavo.

Con l'aiuto di Lawrence Eagleburger, Cyrus Vance e dell'amministrazione Bush, la Germania è stata minacciata di rappresaglie economiche se avesse riconosciuto l'indipendenza della Croazia e della Bosnia-Erzegovina. Eagleburger, che è stato criticato dal deputato Henry Gonzalez per i suoi ampi legami finanziari con il governo di Belgrado, ha affermato che gli Stati Uniti non dovrebbero mai permettere a nessuna nazione europea di riconoscere l'indipendenza della Croazia e della Bosnia-Erzegovina. Vance, che ha avuto un ruolo nel piano elaborato dal Colloquio Interreligioso di Pace tenutosi a Bellagio, in Italia, nel 1972, ha annunciato che era "troppo pericoloso" riconoscere l'indipendenza della Bosnia e della Croazia, ma Vance non ha detto cosa intendeva veramente: che era davvero "troppo pericoloso" per il Nuovo Ordine Mondiale - il Governo Unico!

Papa Giovanni Paolo II ha bloccato il piano di Bush dicendo che avrebbe "inviato un messaggio alle repubbliche riconoscendo la loro indipendenza". L'annuncio ha fatto tremare il Comitato dei 300 e le istituzioni di Washington e Londra, contribuendo a convincere la Germania a riconoscere la Croazia e la Bosnia-Erzegovina.

Il leader serbo Milosevic ha abbandonato la "Jugoslavia" a favore della "Grande Serbia". Tutte le unità militari serbe, regolari e irregolari, sono ora concentrate sulla conquista del maggior territorio possibile prima che gli Stati Uniti e la Gran Bretagna siano costretti dalla pressione dell'opinione pubblica a fare un debole tentativo di fermare le sue azioni scellerate. Il modello su cui Milosevic ha basato le sue ambizioni territoriali è quello formulato dagli inglesi alla conferenza di Losanna del 1923, dove fu concordato un piano di espulsioni di massa della popolazione civile dalla Grecia e dalla Turchia che causò migliaia di morti. È anche una copia quasi esatta del modo in cui il Libano è stato suddiviso. L'amministrazione Bush, pienamente consapevole della strategia serba, l'ha seguita. La Gran Bretagna e gli Stati Uniti hanno chiuso gli occhi sul massacro in corso nei Balcani, dove il genocidio di massa e l'acquisizione di territorio procedono così rapidamente che, se non si ferma immediatamente l'avanzata di Milosevic, sarà troppo tardi. Ci sono stati alcuni cambiamenti; mentre in Croazia la maggior parte della popolazione è stata cacciata, ora in Bosnia, soprattutto nelle zone musulmane, i cittadini vengono deliberatamente massacrati.

Il problema dei rifugiati viene affrontato con la morte su una scala che non si vedeva dai tempi della Seconda guerra mondiale. Interi villaggi e piccole città sono stati distrutti, i loro abitanti, giovani e anziani, colpiti da proiettili e colpi di mortaio. Fonti dell'intelligence francese mi hanno detto che

"Quasi il 68% della Bosnia rischia di essere spazzato via, persone, chiese, scuole e case. Questa è la peggiore forma di terrore che abbiamo visto negli ultimi settant'anni".

"E le truppe dell'ONU? "Ho chiesto: "Cosa stanno facendo per proteggere i bosniaci? Non è per questo che dovrebbero essere lì? "La mia fonte mi ha risposto:

"Le forze dell'ONU stanno in realtà lavorando dalla parte dei serbi, che non dovrebbero combattere all'interno del territorio bosniaco catturato e pattugliato dall'ONU, ma i serbi stanno semplicemente usando le truppe dell'ONU come scudo. D'altra parte, le forze dell'ONU impediscono alle forze bosniache di riconquistare il territorio perso dai serbi; le forze dell'ONU si mettono di traverso, ma non fanno nulla per impedire alle forze serbe di attaccare alle spalle delle forze di pace".

I serbi hanno usato le "zone demilitarizzate" per far entrare l'artiglieria pesante e i carri armati. I leader bosniaci sono ormai certi che le forze dell'ONU siano favorevoli al piano di Losanna di Lord Carrington: mentre Lord Owen parla di "pace", i serbi si sottraggono alle forze dell'ONU.

Tutto ciò che gli Stati Uniti e la Gran Bretagna hanno fatto finora, compresa la presa in giro delle cosiddette "sanzioni" contro la Serbia, è stato un vantaggio per Milosevic; egli ha potuto dire ai serbi che sono vittime dell'"aggressione britannica e americana", pur non subendo alcuna privazione dalle sanzioni senza denti. Anche il *Washington Post ha* ammesso che le sanzioni non fanno alcuna differenza e ha concluso che i combattimenti non cesseranno finché i serbi non avranno soddisfatto le loro ambizioni territoriali.

Come sempre nel caso della strategia politica globale, il governo britannico è in prima linea quando si tratta di infliggere dolore e sofferenza ad altre nazioni. Lord Carrington, un ex "negoziatore" il cui curriculum di tradimenti potrebbe riempire due volumi, sostiene che "entrambe le parti stanno mentendo", il più vecchio trucco per distorcere la verità. Il *quotidiano* londinese *Daily Telegraph ha* affermato che alla Bosnia non dovrebbe essere fornito alcun tipo di aiuto, nemmeno il cibo:

> "Questo rende più facile per loro continuare a lottare. Si fermerebbero prima se fossero lasciati morire di fame e di ferite o di malattie. Bisogna essere crudeli per essere gentili. Ci sono momenti in cui è difficile sedersi e guardare gli altri soffrire, ma è comunque la decisione giusta".

Il governo britannico dovrebbe saperlo. Durante la guerra anglo-boera (1899-1902), non riuscendo a sconfiggere una forza boera insignificante e irregolare, Lord Kitchener radunò tutte le donne e i bambini boeri, li mise in campi di concentramento e li lasciò morire di fame e di malattie. Circa 25.000 donne e bambini boeri morirono, il che, in confronto, significa che il 17-18% della popolazione americana avrebbe dovuto soccombere a questa barbarie. A quanto pare, Lord Carrington e Lord Owen stanno ripetendo le tattiche di Kitchener in Bosnia e Croazia.

Una cosa è certa: vigliacco come tutti i prepotenti, Milosevic non avrebbe mai osato distruggere vite umane e proprietà se non avesse saputo che non sarebbe stato arrestato e che non avrebbe subito rappresaglie da parte di Gran Bretagna e Stati Uniti. Milosevic non ha intenzione di porre fine ai combattimenti finché non avrà conquistato il 100% della Bosnia-Erzegovina. Se non verrà fermato al più presto, i combattimenti potrebbero estendersi al Kosovo, regione di etnia albanese.

La Turchia si è già impegnata a venire in aiuto dei musulmani in caso di attacco al Kosovo. La Turchia utilizzerebbe il suo patto con l'Albania per giustificare tale azione. Se ciò accadrà, il pericolo di una guerra che coinvolga l'intera Europa sarà ancora più grande, poiché i rifugiati si riverseranno in Macedonia, che ha una grande popolazione albanese-musulmana. Se la Turchia viene in aiuto dei musulmani, possiamo aspettarci che la Grecia si opponga, ponendo le basi per una rapida escalation verso una grande guerra.

Attualmente, la Macedonia è sottoposta alla strategia della "Perfida Albione", il che significa che si sta facendo tutto il possibile per minare il governo macedone, eletto democraticamente il 1ᵉʳ settembre 1991 e che ha ricevuto la nuova costituzione il 17 novembre 1991. Dai rapporti di intelligence che ho ricevuto, sembra che da Londra si stia incoraggiando l'isolamento politico, che renderà più facile per la popolazione serba chiedere aiuto, aprendo così la porta a un attacco dell'esercito serbo alla Macedonia. La mia fonte di intelligence mi ha detto: "È quasi certo che questo accadrà una volta finita la Bosnia.

Il piano di pace Owen-Carrington-Vance per la Bosnia è una macabra farsa. Farà ai serbi ciò che hanno deciso di fare, senza ulteriori perdite di vite umane. Il piano prevede la spartizione della Bosnia, assegnando ai serbi una quota maggiore di territorio, senza alcuna garanzia che, una volta firmata e dichiarata la pace, i serbi non tornino a fare incetta di ciò che resta dei bosniaci e, soprattutto, a porre fine alla secolare presenza musulmana.

Lord Carrington ha espresso il suo disprezzo per il popolo della Bosnia-Erzegovina sul *Times di* Londra il 13 maggio 1992:

"Se la gente vuole combattere, ci sono solo due opzioni. O li

Sono

lasciate combattere o li separate con la forza".

Ciò implica che la Bosnia e la Croazia hanno scelto di combattere l'aggressione serba senza una buona ragione, con la Serbia come aggressore, e che si tratta di una faida familiare o di una guerra civile. Non è una lotta, ma un tentativo della Croazia e della Bosnia di impedire che la loro terra venga portata via e che il loro popolo e la loro cultura vengano annientati.

Possiamo dedurre che la Gran Bretagna è stata responsabile delle operazioni nei Balcani fin da prima della Prima guerra mondiale. Si dice che l'MI6 gestisca in realtà molti Paesi, e non è un'esagerazione. Come si fa? Principalmente attraverso attività segrete di intelligence autorizzate dal monarca britannico, attualmente la Regina Elisabetta II.

L'MI6 risponde solo al monarca e la Regina Elisabetta II è stata molto più attiva di altri nelle questioni dell'MI6. Naturalmente può farlo, poiché i fondi provengono interamente dalla sua borsa. La Regina Elisabetta viene informata quotidianamente dalla Sezione "M" dell'MI6, il che la rende più informata del Presidente degli Stati Uniti. Il suo interesse per i Balcani, in quanto operazione britannica, è indiscutibile.

Nell'attuale operazione in Jugoslavia, iniziata all'inizio del 1984, l'intelligence britannica ha il controllo totale. In previsione di eventi futuri, vennero ordinate grandi quantità di polvere da sparo per la Jugoslavia dal Sudafrica, che all'epoca produceva la migliore qualità di polvere da sparo al mondo. Gran parte della produzione sudafricana è stata destinata all'Iran nel 1984, ma poi, su ordine di qualcuno a Londra, la Jugoslavia ha iniziato a trafugare notevoli quantità di queste spedizioni per il proprio uso. I rapporti di intelligence a cui ho avuto accesso hanno rivelato che la parte finanziaria era gestita dalla banca Arbuthnot Latham di Londra, sia per gli iraniani che per gli jugoslavi. L'accumulo di armi è proseguito negli anni che hanno preceduto la "crisi costituzionale" in Jugoslavia.

La "crisi costituzionale" scoppiò su istigazione dell'MI6 il 15 maggio 1991, quando Milosevic, i suoi "bolscevichi" addestrati dall'MI6 e una fazione militante dell'esercito serbo bloccarono il sistema dei presidenti di Stato collettivi, alternati tra Serbia, Croazia, Slovenia, Macedonia, Montenegro e Bosnia. Ciò è avvenuto quando è toccato al croato Stipe Mesic occupare il posto.

Questa azione ha anche bloccato la firma da parte di tutti i partiti di un accordo costituzionale per la creazione di quattro repubbliche separate, come richiesto dalle elezioni popolari. Serbia, Croazia, Bosnia e Macedonia avevano accettato di diventare una confederazione di Stati. Se ciò fosse accaduto, il controllo dell'MI6 si sarebbe notevolmente indebolito. L'intenzione di Milosevic, agendo su istruzioni dell'MI6, era quella di iniziare una guerra in cui la Serbia, con l'esercito più forte, potesse impadronirsi di territori che non le appartenevano.

Mesic ha denunciato alla radio di Belgrado la mossa incendiaria di Milosevic: "Questo non è un conflitto interetnico, ma una crisi causata dall'espansionismo serbo-bolscevico". Queste parole profetiche passarono inosservate alla maggior parte dei leader occidentali e dei popoli del mondo; per loro si trattava solo di una tempesta in una tazza da tè, non dell'inizio della Terza Guerra Mondiale. Anche a questo punto, non tutto è senza speranza: la Serbia è isolata, con il solo sostegno del Montenegro, e sembra che l'MI6 possa essere ostacolato.

Come è consuetudine del Comitato dei 300 da anni, gli Stati Uniti sono stati coinvolti nel conflitto per fare il lavoro sporco per gli inglesi. Bush è intervenuto in Jugoslavia come nella Guerra del Golfo. Il 20 maggio 1991, Bush annunciò la sospensione di tutti gli aiuti statunitensi alla Jugoslavia. Bush sapeva fin troppo bene che la sua azione avrebbe destabilizzato una situazione delicata e provocato una guerra armata, ma ha insistito con la pretestuosa motivazione che "la Jugoslavia sta attuando una grave repressione in Kosovo". Anche la tempistica dell'annuncio era molto sospetta: la Serbia era al terzo anno di violenze contro i non serbi in Kosovo, un modello che avrebbe seguito in Croazia e Bosnia e che presto seguirà in Macedonia.

Qual è stato il motivo della crisi creata artificialmente? Il governo britannico voleva impedire l'espansione del commercio tedesco nel bacino del Danubio e la ristrutturazione dei Balcani in piccoli Stati facilmente controllabili. Con l'aggravarsi della crisi, la Russia ha avvertito che i Balcani potrebbero tornare a essere la polveriera che potrebbe scatenare una grande guerra in Europa. Rivolgendo i suoi commenti a Londra, Mosca ha detto che il suo intervento è stato molto diretto:

"C'è una linea molto sottile tra i buoni uffici e l'interferenza negli affari interni.

I guerriglieri sostenuti dai serbi, che ora sembrano avere poca importanza per l'Occidente, stanno iniziando ad attaccare la Croazia, con la benedizione di Mosca. Dichiarando senza mezzi termini che la Russia si opporrebbe a qualsiasi iniziativa a sostegno di Stati indipendenti, Mosca avverte che "impegnarsi da una parte del conflitto significherebbe entrare in conflitto con altri all'interno e all'esterno della Jugoslavia, un conflitto che potrebbe diventare paneuropeo". Mosca ha continuato a fornire sostegno militare ai serbi.

La Germania ha affermato che "i tentativi di cambiare i confini con la forza sono totalmente inaccettabili" e ha suggerito che Gran Bretagna, Russia e Stati Uniti stanno cercando di contribuire alla creazione di una Grande Serbia, un'osservazione molto concreta. Bush aveva incontrato Gorbaciov poco prima della dichiarazione tedesca, in agosto. Eppure, nonostante tutti gli avvertimenti che indicavano l'imminenza di una grande guerra, gli Stati Uniti e la Gran Bretagna non fecero nulla per consigliare i loro popoli o per fermare gli atti di guerra espansionistica della Serbia.

Il 6 agosto, il ministro degli Esteri olandese Van den Broek ha lanciato un avvertimento ai suoi colleghi europei:

"La nostra missione in Jugoslavia è fallita. Al momento non possiamo fare nulla qui, ma vogliamo che il mondo sappia che è stata la parte serba la responsabile del fallimento dei colloqui. La Jugoslavia sta affrontando una tragedia e una catastrofe.

Van den Broek non ha detto che l'intransigenza serba era

segretamente sostenuta da Londra, Washington e Mosca. Il principale complottista statunitense si chiama Vance. Le fiamme della Terza Guerra Mondiale aumentano sempre più velocemente, ma nessuno sembra prestare attenzione al pericolo. L'intelligence top secret che mi è stata mostrata descrive i piani espansionistici serbo-britannici più o meno come segue:

I serbi lanciarono un assalto e tracciarono nuovi confini con la Croazia e la Slovenia. La città di Vinkovci, un importante centro ferroviario, sarebbe stata il fulcro dell'attacco. In questo modo, 170.000 croati sarebbero stati trasferiti e sarebbe stato fatto spazio ai serbi, che avrebbero ingrossato la popolazione serba esistente di 29.000 persone. Ecco cosa è successo: è iniziata la prima "pulizia etnica", con poche proteste da parte di Londra e Washington. Come potrebbero esserci proteste, dopo tutto, è stato fatto in accordo con la strategia USA-Britannica per i Balcani.

Il piano britannico, ideato dall'MI6, sostiene una "Grande Jugoslavia" che cercherebbe di tornare ai confini precedenti al 1915 nei Balcani. Direi che il 1915 è stato l'anno ottimale per la guerra serba contro l'Austria, una guerra che ha portato a una considerevole espansione dei confini serbi, e tutto ciò che l'MI6 sta facendo è riprendere da dove si era interrotto nel 1915.

I servizi segreti britannici dissero a Milosevic di abbandonare l'etichetta di comunista e di iniziare immediatamente a promuovere una patria serba, cosa che fecero anche gli sciacalli dei media statunitensi. Nella prima fase di attuazione del piano britannico, le città di Karolbag, Karlovac e Virovitica furono invase da irregolari serbi al comando di Vojslav Seselj, che commise ogni sorta di atrocità e che in seguito dichiarò a un giornale londinese:

"... I croati devono spostarsi o morire.... Non vogliamo altre nazionalità sui nostri territori e lotteremo per i nostri veri confini".

In tutto questo, la CIA ha apparentemente chiuso un occhio, così come l'amministrazione Bush. Se gli Stati Uniti avessero intrapreso un'azione decisiva in quel momento, non ci sarebbe stata un'ulteriore "pulizia etnica". Si può immaginare che la CIA e l'amministrazione Clinton abbiano chiuso un occhio se il Sudafrica bianco avesse adottato le tattiche di Milosevic e avesse respinto le tribù nere nelle loro terre d'origine con grande violenza e spargimento di sangue?

Senza dubbio si scatenerebbe un'indignazione in tutto il mondo e in un batter d'occhio le Nazioni Unite, la Gran Bretagna e gli Stati Uniti invierebbero truppe in Sudafrica. L'ipocrisia di queste potenze nelle loro relazioni con la Serbia e il Sudafrica è atroce.

Non c'è dubbio che non è stata intrapresa alcuna azione per fermare le atrocità serbe e l'accaparramento delle terre a causa delle pressioni sioniste. I sionisti sperano di utilizzare trasferimenti di massa di popolazione per risolvere quello che chiamano "il problema palestinese". Lo scrittore sionista Sholomo Tadmor si era espresso in tal senso, citando come prova il trasferimento di massa di indù e musulmani al momento della separazione del Pakistan dall'India, sotto la supervisione di Lord Louis Mountbatten. Mountbatten fu assassinato, secondo alcuni a discrezione dell'MI5, perché le sue presunte attività omosessuali erano diventate imbarazzanti per la Regina Elisabetta. Si dice che "zio Dicky" uscisse dall'armadio un po' troppo spesso e che si rifiutasse di ascoltare il consiglio dell'MI5 di essere più cauto sulla sua vita privata.

I legami tra la Serbia e il sionismo giocano un ruolo importante nella tragedia profetizzata dal ministro degli Esteri olandese Van den Broek. Gli attacchi selvaggi alla Germania e alla Croazia, compresi gli epiteti "nazisti" lanciati contro il presidente croato Tudjman e il cancelliere tedesco Kohl, parlano chiaro. Secondo il mio contatto di intelligence, gli sforzi europei per trovare una soluzione praticabile al problema "sono stati sabotati dall'interno dalla Gran Bretagna e da fonti di Gerusalemme". A quanto pare, il metodo britannico di un equilibrio di potere tra Francia, Russia, Turchia e Stati Uniti è il percorso predeterminato.

Nel settembre 1991 era ormai evidente l'intenzione dei serbi di spartirsi la Croazia e la Bosnia-Erzegovina, seguita dalla "pulizia etnica" della Macedonia. I rapporti dell'intelligence britannica hanno chiarito che il programma balcanico era in corso e procedeva come previsto. Tutte le richieste di fermare l'aggressione serba avanzate dai ministri degli Esteri della Comunità europea a Bruxelles vengono studiatamente ignorate da Milosevic, Whitehall e Washington.

La mia fonte di intelligence ha detto che nessuno dei leader europei ha osato rivelare che avevano le mani legate quando James Baker III e gli inglesi hanno fatto lo stesso.

Il ministro degli Esteri Douglas Hurd ha dato a Milosevic il via libera per lanciare un assalto su larga scala alla Bosnia-Erzegovina.

"I ministri europei sanno bene che è un esercizio inutile cercare di impedire ai serbi, che sanno di essere sostenuti da Londra e Washington, di seguire le nostre proposte. Non si può fare nulla per fermare l'assalto serbo se non si ritira il sostegno britannico e americano".

Probabilmente è vero: senza il tacito sostegno di britannici e americani, Milosevic non avrebbe osato commettere le ignobili atrocità che hanno causato quasi 250.000 morti, 2 milioni di feriti e almeno 4 milioni di rifugiati. La posizione dei serbi in Jugoslavia è sostenuta dal supporto americano e britannico.

La storia ha dimostrato che il governo segreto britannico ha sempre avuto un sorprendente successo nel raggiungere i suoi obiettivi attraverso la diplomazia dell'inganno. Penso ai negoziati sulla Palestina, che sono stati fraudolenti fin dall'inizio e controllati dal capo della Federazione sionista in Gran Bretagna, Lord Rothschild.

Nel settembre 1991, non fu Lord Rothschild, ma il suo sottoposto Lord Carrington, un sionista confermato, a farsi avanti per negoziare in Jugoslavia. Carrington aveva acquisito un'eccellente esperienza nella demolizione della Rhodesia, del Sudafrica, della NATO e dell'Argentina. Da maestro dell'inganno, la conferenza di pace della Comunità europea organizzata da Carrington il 7 settembre 1991 all'Aia, in Olanda, era un'accusa a favore della Serbia. La conferenza ha avuto l'effetto di rafforzare l'aggressività serba, permettendo alla Serbia di ridisegnare i confini della Jugoslavia a vantaggio di una Grande Serbia.

Nell'adottare un embargo sul commercio e sugli affari economici con la Jugoslavia, la conferenza non ha specificato che la Croazia è stata punita: la maggior parte del commercio europeo con la Jugoslavia avviene attraverso la Croazia. Sembrando punire Milosevic, è stata la Croazia a sentire il peso del bastone sponsorizzato dalla Gran Bretagna. La conferenza di pace per la Jugoslavia non avrebbe dovuto avere luogo se i serbi non avessero smesso di combattere, ma quando Milosevic ha rifiutato questa condizione, i delegati della CE l'hanno tenuta comunque, una vera vittoria politica per il macellaio di Belgrado.

Dopo la conferenza fraudolenta, il ministro degli Esteri italiano Gianni de Michelis - che ha sostenuto con fervore la guerra illegale di Bush contro l'Iraq - ha appoggiato apertamente Milosevic ponendo la domanda: "Andremmo davvero in guerra in Jugoslavia? Moriremmo per Zagabria? Sicuramente no. Il 19 settembre, Lord Carrington riconobbe ufficialmente che la conferenza era fallita. Naturalmente, non ha detto che era destinato a fallire. Come avrebbe potuto essere un successo, se Carrington si era rifiutato di porre condizioni preliminari all'incontro tra i serbi e le altre parti?

La conferenza sponsorizzata da Regno Unito e Stati Uniti aveva lo scopo di dare agli aggressori serbi tutto il tempo necessario per impadronirsi di altre terre e uccidere altri croati, musulmani e bosniaci. Questo è esattamente ciò che è accaduto. Inoltre, per la prima volta, l'aviazione jugoslava lanciò raid aerei su città civili. Gli scontri sono continuati per tutta la conferenza senza che Lord Carrington abbia mai rimproverato Milosevic per la sua condotta. La situazione in Rhodesia era quasi identica: mentre Carrington parlava di "pace" e le forze rhodesiane mantenevano il fuoco, il comunista Robert Mugabe continuava i suoi assalti omicidi a donne e bambini in comunità isolate, senza che Carrington esprimesse alcuna critica.

La mia fonte di intelligence mi disse che Carrington aveva minacciato la Germania di "rappresaglie economiche" se fosse uscita dai binari e avesse offerto un vero sostegno ai croati e ai bosniaci. Lord Carrington ha preso la sua decisione segreta su una forza di "mantenimento della pace" delle Nazioni Unite. Dopo la conferenza, il Cancelliere Kohl chiese di incontrare George Bush. La sua richiesta è stata accettata a condizione che non si parlasse di intervento militare o di sanzioni finanziarie contro Belgrado. L'unica cosa che Bush ha accettato è stato il posizionamento di una forza di pace lungo le linee di confine tra Croazia e Serbia, riconoscendo di fatto l'occupazione serba del territorio croato.

Messo in guardia dagli inglesi, Milosevic ha rifiutato anche una mossa così insignificante contro la Serbia, affermando di non gradire "alcuna presenza militare straniera". Kohl fu avvertito che se la Germania avesse agito, avrebbe potuto scatenare una grande guerra nei Balcani che si sarebbe potuta rapidamente diffondere in tutta Europa. Ciò che Bush non voleva riconoscere era che tale guerra era già ben avviata e che nulla avrebbe potuto impedirla.

Così, mentre i diplomatici parlavano, i croati, i musulmani e i bosniaci continuavano a sanguinare. A sostegno della farsa, Bush ha inviato Cyrus Vance, un membro degli Illuminati di lunga data e alto funzionario del Comitato dei 300, a negoziare un nuovo ciclo di colloqui di pace. Arrivato a Belgrado il 9 ottobre, Vance, membro originario del Colloquio interreligioso di pace del 1972 - che ha gettato le basi per le attuali azioni in Jugoslavia - ha ottenuto la massima copertura mediatica.

Dalla visita di Vance è emerso solo che il Dipartimento di Stato americano ha chiesto agli americani in Jugoslavia di lasciare il Paese e ha ridotto il personale consolare dell'ambasciata a Zagabria. L'embargo sulle armi imposto da Vance ai serbi era, ancora una volta, una frode completa, perché sapeva che il governo di Belgrado aveva accumulato grandi scorte di polvere da sparo per la sua artiglieria e che la sua fiorente industria bellica non sarebbe stata danneggiata da un embargo sponsorizzato dagli americani. Come per l'embargo economico, sono stati i croati, i musulmani e i bosniaci a essere duramente colpiti dall'embargo sulle armi. Sarebbe difficile trovare una politica più crudele di diplomazia con l'inganno.

Il 6 novembre 1991, il cancelliere tedesco Helmut Kohl non riuscì più a contenersi. Sfidando l'ordine del bavaglio imposto da Lord Carrington e George Bush, Kohl ha dichiarato al Bundestag (Parlamento) che le repubbliche indipendenti di Slovenia, Croazia e Bosnia-Erzegovina devono essere riconosciute immediatamente. Kohl è stato spinto dal terzo rifiuto di Milosevic a un piano di pace europeo.

La mia fonte di intelligence mi disse che Kohl era indignato dalle tattiche di Lord Carrington, i cui editti filo-serbi stavano diventando sempre più sfacciati. Carrington aveva detto a Milosevic che non sarebbe stato chiesto alla Serbia di rispettare la regione del Kosovo, dominata dagli albanesi. Carrington diede quindi il via libera alle forze serbe per attaccare il Kosovo e poi marciare in Macedonia. Kohl aveva discusso privatamente con i suoi capi dell'intelligence la possibilità di congelare tutti i beni jugoslavi nelle banche tedesche e di costringere gli investitori tedeschi a ritirare il loro denaro nelle banche di Belgrado.

La mia fonte mi ha anche informato che quando le discussioni segrete di Kohl sono "trapelate" a Carrington, egli è andato su tutte le furie e avrebbe avvertito Milosevic di ciò che sarebbe potuto accadere. Milosevic ha quindi emesso un decreto urgente che ordinava alla Banca Centrale Jugoslava di depositare fino al 95% della valuta estera - quasi 5 miliardi di dollari - in conti bancari svizzeri. Questa misura è stata presa poche ore dopo la soffiata di Carrington a Belgrado.

Insoddisfatto dei danni già arrecati alle repubbliche indipendenti di Croazia, Slovenia e Bosnia-Erzegovina, Bush, molto probabilmente su indicazione del Royal Institute for International Affairs, si è recato all'Aia. Il 9 novembre si è rivolto ai delegati della Comunità europea. Dichiarare

> "Non c'è posto per queste vecchie tracce di animosità nella nuova Europa, e quello che stiamo vedendo ora in Jugoslavia

è come l'orgoglio nazionale possa dividere un Paese in una guerra civile.

Bush ha poi incolpato la Croazia di volere l'indipendenza.

Proseguendo il suo attacco alla Croazia, Bush ha detto: "Non è un caso che la Croazia sia stata attaccata:

"... Mentre l'urgente lavoro di costruzione della democrazia e di riforma del mercato procede, alcuni vedono il trionfo della libertà come un raccolto amaro. Da questo punto di vista, il crollo del comunismo ha aperto un vaso di Pandora di vecchi odi etnici, di risentimenti e persino di vendette... Tutta l'Europa è stata risvegliata dai pericoli di un vecchio nemico - il nazionalismo - guidato dall'odio e indifferente a fini più nobili. Questo nazionalismo si nutre di vecchi e stantii pregiudizi che insegnano l'intolleranza e il sospetto, e persino il razzismo e l'antisemitismo".

La fine del discorso è la chiave del discorso di Bush: l'aspirazione all'indipendenza deve essere equiparata all'antisemitismo. Il collegamento non sarà chiaro a chi non ha familiarità con le parole in codice e il gergo dell'intelligence. Cosa c'era dietro questo messaggio? I miei contatti con i servizi segreti, specializzati in parole in codice, mi hanno detto che il messaggio era destinato alla Germania, come avvertimento a non venire in aiuto di Croazia, Slovenia e Bosnia, per non essere scambiato per un aumento del nazionalismo che avrebbe equiparato i tentativi di aiuto tedeschi al "nazismo".

Anche nel Parlamento canadese il governo è stato costretto a fare tabula rasa. Il 18 novembre 1991, il Ministro degli Affari Esteri Barbara McDougall fu costretta ad annunciare che non ci sarebbe stato alcun riconoscimento delle repubbliche indipendenti di Croazia e Bosnia-Erzegovina. Tra urla di rabbia da entrambi i lati dell'Assemblea, la McDougall dichiarò di essere stata convinta da Carrington e Vance che il riconoscimento delle repubbliche sarebbe stata una decisione sbagliata. Si sono avuti scambi furiosi quando è stato rivelato il ruolo veramente malvagio, ingannevole e infido dei due falsi "negoziatori". Incredibilmente, McDougall ha dichiarato che

"Il riconoscimento di Croazia, Bosnia e Slovenia in questo momento segnerebbe la fine del processo negoziale e lascerebbe che la questione venga risolta con la forza e la violenza.

Questa è esattamente la politica dei serbi e ciò che hanno sempre voluto.

Nel frattempo, l'embargo sulle armi contro la Jugoslavia continuava a essere una presa in giro, poiché i serbi continuavano a ricevere polvere da sparo dai mercanti svedesi, così come altre armi non prodotte in Jugoslavia. Non c'era fine al treno delle armi. I musulmani non hanno ricevuto armi e i bosniaci hanno ricevuto solo una piccola quantità di fucili e granate attraverso l'Iran. Queste armi non erano all'altezza dell'artiglieria e dei carri armati serbi. L'esercito serbo, pesantemente armato, ha continuato la sua campagna di "campi di sterminio". La Croazia e la Bosnia, che hanno ricevuto 7.000 fucili e munizioni sufficienti per tre mesi, sono state contrapposte all'artiglieria serba da 155 mm, ai mortai, alle mitragliatrici pesanti, ai lanciagranate, ai carri armati e ai mezzi corazzati.

La Convenzione di Ginevra è stata completamente disattesa dai serbi, ma gli Stati Uniti non possono lamentarsi di questo, perché abbiamo fatto esattamente la stessa cosa in Iraq, se non peggio. Non conosco nessun incidente che possa eguagliare la barbara brutalità di seppellire vivi 12.000 soldati iracheni. L'artiglieria pesante serba ha fatto piovere un fuoco di fila micidiale su chiese (probabilmente l'obiettivo numero uno), ospedali, scuole e persino asili. Non c'è dubbio che i serbi intendessero terrorizzare, uccidere e mutilare il maggior numero possibile di civili.

Il futuro della Bosnia-Erzegovina è indubbiamente molto cupo; gli aggressori serbi occupano già il 78% della massa terrestre e spingono quotidianamente tutto ciò che si trova davanti a loro in un assalto formidabile, mentre le Nazioni Unite si precipitano lungo le strade secondarie e non fanno nulla per impedire il terrore e il massacro di massa di persone innocenti. Me l'ha detto la mia fonte:

"L'ONU è] totalmente screditata, non fa nulla per aiutare la popolazione civile, né tanto meno per proteggerla dalle atrocità serbe. La missione delle Nazioni Unite in Bosnia, in particolare, è una vergogna e una disgrazia".

Non contento dello scompiglio che aveva già provocato in Croazia, Bosnia-Erzegovina e Slovenia, il Consiglio dei ministri della Comunità europea, riunitosi in Portogallo il 2 maggio 1992, ha immediatamente rilasciato una dichiarazione in cui si rifiutava di riconoscere l'indipendenza della Repubblica di Macedonia. Si trattava, in effetti, della terza volta che forze destabilizzanti esterne alla Jugoslavia entravano nell'arena per garantire che la Macedonia fosse il prossimo obiettivo dell'aggressione serba.

La Macedonia ha il diritto all'indipendenza, come tutti gli Stati balcanici. Ha un territorio, un popolo sovrano, un parlamento sovrano e un sostegno schiacciante per l'indipendenza espresso dal popolo in un referendum tenutosi il 18 settembre 1991. L'Assemblea (parlamento) è stata eletta nel novembre 1990 e una nuova costituzione è stata promulgata e accettata un anno dopo.

Allora perché il Consiglio europeo non vuole riconoscere l'indipendenza della Macedonia? La ragione addotta è che alla Grecia non piace il nome "Macedonia", che potrebbe essere causa di futuri conflitti. Nel frattempo, la porta è lasciata aperta all'aggressione serba sulla base del fatto che la Macedonia non è una repubblica, ma una parte integrante della Jugoslavia. Mi aspetto che la Macedonia subisca il destino della Croazia e della Bosnia-Erzegovina, con la tacita approvazione di Stati Uniti, Gran Bretagna e Francia. Il presidente francese Mitterrand è determinato a svolgere un ruolo importante in Jugoslavia, anche se è un presidente anatra zoppa.

In questo modo, la scena è pronta per la pulizia etnica in Macedonia, ma questa volta si intensificherà e si estenderà all'Albania e all'Ungheria, implicando una forte possibilità di intervento russo, che significherebbe l'inizio di una grande guerra europea in cui gli Stati Uniti sarebbero coinvolti. Le nostre forze armate sosterranno l'onere principale in termini di uomini, attrezzature e costi finanziari.

Non si deve permettere che questo accada. Il popolo americano deve in qualche modo risvegliarsi a ciò che sta accadendo, nonostante l'inganno dei media. Ci sono molte altre alternative che possono essere utilizzate per fermare la guerra. Tali misure sono state utilizzate con successo per rovesciare lo Scià dell'Iran, esercitare forti pressioni sul Sudafrica e distruggere l'Iraq dopo la fine delle violenze.

Una delle armi principali di cui dispongono Stati Uniti e Gran Bretagna è il controllo finanziario. In pochi giorni, i serbi potrebbero essere costretti a porre fine alla loro aggressione vietando il commercio in valuta jugoslava, congelando tutti i fondi jugoslavi ovunque si trovino e imponendo severe sanzioni a qualsiasi nazione che commerci con la Jugoslavia serba. Queste misure, applicate rigorosamente, faranno molto di più di quanto possano fare le forze di terra e potranno essere attuate rapidamente. In nessun caso gli Stati Uniti dovrebbero impegnare forze di terra nei Balcani, perché ciò preluderebbe all'inizio di una grande guerra europea.

Oltre a queste misure economiche e finanziarie, gli Stati Uniti dovrebbero concedere alla Serbia tre giorni per ritirare l'artiglieria pesante e i mortai, dopodiché gli Stati Uniti, con l'approvazione del Congresso, dovrebbero inviare cacciabombardieri o missili da crociera riequipaggiati per distruggere le postazioni serbe. La scusa banale che i nostri piloti non saranno in grado di trovare i loro obiettivi rende un grande disservizio alle nostre forze armate. Visti i progressi della tecnologia, compresi gli infrarossi e le immagini laser, non c'è dubbio che i nostri piloti possano trovare i loro bersagli in quasi tutte le condizioni atmosferiche, di giorno e di notte. L'unica cosa che impedisce tale azione è la riluttanza di Washington ad agire contro gli interessi della Gran Bretagna. L'uso di missili da crociera riequipaggiati eliminerebbe anche ogni possibilità di vittime americane in aria.

Gli esperti di intelligence della Difesa affermano che sarebbe necessaria una forza di 35.000-40.000 uomini per fermare l'aggressione serba. Si tratta di un'assoluta sottovalutazione, pensata per ingannare il popolo americano, che potrebbe essere disposto ad acconsentire al coinvolgimento di un numero così elevato di truppe, ma si opporrebbe a una forza maggiore. Il grande piano prevede il coinvolgimento delle nostre truppe di terra, in Bosnia o (più probabilmente) in Macedonia. A tempo debito, ci verrà detto che le nostre forze di terra rischiano di essere sopraffatte e che sono necessari altri 50.000 soldati. A prima vista, chi di noi direbbe "basta truppe, quando è troppo è troppo". È così che la guerra si intensificherà. È ora di dire "NO" alle forze di terra e "SI" agli attacchi aerei o ai missili da crociera per distruggere l'artiglieria pesante e i mortai serbi.

Un'azione del genere vanificherebbe il grande disegno degli strateghi britannici, che da tempo pianificano di mantenere l'Europa in uno stato di soggezione - economica e militare - utilizzando le ali politiche e militari della NATO. Non c'è bisogno di ingannare una volta che il piano è noto. Si tratta di rendere chiaro ciò che deve essere fatto. La chiara intenzione di Washington e Londra è quella di imporre il nuovo ordine mondiale all'Europa, utilizzando i serbi come surrogati dei terroristi per dimostrare alle altre nazioni che la protezione della NATO è ancora una necessità vitale.

Ciò che i sostenitori del Nuovo Ordine Mondiale stanno cercando di stabilire è che esiste una tendenza a lungo termine verso l'anarchia quando dominano gli interessi nazionalistici. La continua frammentazione dell'Europa, secondo il piano IRPC-Bellagio del 1972, doveva dimostrare che i popoli che vivono insieme, siano essi in maggioranza o in minoranza, avranno sempre delle differenze e cercheranno di porre fine alle loro differenze con conflitti violenti. Pertanto, la protezione di un governo non nazionalista del Nuovo Ordine Mondiale è assolutamente necessaria e persino auspicabile.

Secondo gli strateghi del NWO,[10] un equilibrio di potere tra le nazioni non risolverà il problema, poiché le nazioni saranno sempre sospettose l'una dell'altra, temendo che una cerchi un vantaggio sull'altra. Un esempio di ciò è dato dalle relazioni tra Giappone e Stati Uniti, che si sono fortemente deteriorate negli

[10] Nuovo Ordine Mondiale, Ndt.

ultimi cinque anni. Un nuovo ordine mondiale - un unico governo mondiale affronterà le tensioni e le farà scomparire, poiché la causa principale del problema è la rivalità nazionalistica che verrebbe eliminata.

Questa messinscena idealistica proposta dal Nuovo Ordine Mondiale comporterà ovviamente trasferimenti massicci di grandi gruppi di popolazione, che ci dicono non saranno accompagnati da spargimenti di sangue. "Avete visto cosa è successo in Jugoslavia", diranno gli strateghi del NWO, "sicuramente è meglio realizzare questi trasferimenti in modo pacifico". Si potrebbero citare i trasferimenti pacifici di indù e musulmani, greci e turchi, questi ultimi alla fine della Prima guerra mondiale. La verità è ben diversa: milioni di indù e musulmani sono morti, insieme a migliaia di greci e turchi, in questi trasferimenti "pacifici".

"Forse", diranno i pianificatori del NWO, "ma il vero beneficio deriverà da una deviazione della politica mondiale". A sostegno della loro teoria, indicano gli orrori della Jugoslavia, che promettono non potranno mai ripetersi in un Nuovo Ordine Mondiale/Uno Stato. Essi sottolineano l'incapacità dell'Europa di fermare le ostilità in Jugoslavia, promettendo che sotto un Governo Unico tali conflitti non si sarebbero verificati. Se per caso dovessero scoppiare, verrebbero rapidamente sedati. Il palese fallimento dell'Europa nel prevenire il conflitto jugoslavo sarà visto come un modello di come non si dovrebbe permettere al mondo di gestire i propri affari in futuro.

In queste circostanze, il collasso dell'Europa in una grande guerra sarebbe un grande vantaggio per il Nuovo Ordine Mondiale - One World Government. I francesi si sono affrettati ad abbracciare Woodrow Wilson come pacificatore e salvatore quando è arrivato a Parigi con il suo piano di pace, e l'inganno sta per ripetersi. È probabile che le nazioni europee e americane si affrettino ad abbracciare il Nuovo Ordine Mondiale-Governo Mondiale come unica speranza di pace eterna.

Come il piano di pace in 14 punti di Wilson, ciò che ciascuna delle nazioni otterrà è la schiavitù eterna e una barbarie mai vista sulla terra. La tragedia jugoslava è una tragedia creata artificialmente, con obiettivi molto più ampi nella strategia generale. La brutalità dei serbi è un bene, perché fa sì che le nazioni europee temano ogni giorno di poter essere le prossime, e a tempo debito saranno state sufficientemente "convinte" ad accogliere a braccia aperte i loro futuri padroni schiavisti.

Dopo mesi di esitazione, il Presidente Clinton ha promesso di armare i musulmani bosniaci. Da Londra si sono levate grida di indignazione. Il piano fu denunciato all'unisono da Lord Owen, Lord Carrington e Cyrus Vance. Secondo la mia fonte di intelligence, il messaggio che Clinton ha ricevuto da questi degni rappresentanti è stato che egli

> "non sarebbe saggio armare i musulmani bosniaci, perché questo non farebbe altro che aumentare il livello di violenza che bloccherebbe una soluzione pacifica per la quale stiamo lavorando".

A causa di questa indecorosa pressione sulla politica estera degli Stati Uniti, la Clinton ha ritardato il piano per aiutare i musulmani a difendersi, un ritardo che permetterà agli aggressori serbi di continuare a uccidere e a impadronirsi del territorio. Questo è ciò a cui è giunta la "nostra" nazione indipendente e sovrana: pieghiamo il ginocchio a tutte le richieste del Comitato dei 300.

Non sappiamo ancora chi tra la nobiltà nera controlli i serbi, ma è chiaro che alcuni dei loro membri più importanti sono coinvolti. Il Libano è un buon esempio di ciò che accadrà in Bosnia, Croazia e Slovenia. La "guerra civile" in Libano è stata istigata e controllata da membri della nobiltà nera, il principe Johannes von Thurn und Taxis, Lord Harlech (David Ormsby Gore) e Lord Carrington, che hanno agito in collaborazione con Alexander Haig, Julian Amery, Henry Kissinger, Sir Edmund Peck, Nicholas Elliot (capo della stazione mediorientale dell'MI6), Rupert Murdoch e Charles Douglas Home, tra gli altri.

Questo crimine contro il Libano è stato descritto dai media come una guerra civile, mentre non lo era. L'attacco omicida della Serbia ai suoi vicini viene descritto allo stesso modo. Solo che questa volta i cospiratori sono molto più attenti a coprire le loro tracce, visto il modo in cui sono stati seguiti in Libano, che ha portato alla loro scoperta da parte mia e di un altro scrittore. Non appena avrò i nomi dei controllori ombra in Serbia, non esiterò a denunciarli.

Come in Libano, il piano è quello di dividere i Balcani in una serie di piccoli Stati deboli e autonomi che non potranno opporre alcuna resistenza ai piani del Nuovo Ordine Mondiale - un governo mondiale. Se le truppe di terra statunitensi e alleate saranno inviate in Bosnia e Kosovo, saranno in grado di gestire la situazione.

In Macedonia si esibiranno alla maniera della Forza di Spedizione Alleata che sbarcò a Murmansk negli ultimi giorni della Prima Guerra Mondiale.

La subdolezza dei compagni Lawrence Eagleburger e Brent Scowcroft nelle imprese commerciali jugoslave deve essere smascherata, e l'importanza delle connessioni di Milosevic a Washington non può essere sopravvalutata. I popoli della Slovenia, della Bosnia-Erzegovina e della Macedonia non riceveranno alcun aiuto dall'unica superpotenza del mondo, controllata come un rammollito dal Comitato dei 300 e dal suo dipartimento per gli affari esteri, il Royal Institute for International Affairs.

X. Anatomia degli omicidi

L'assassinio è stato a lungo il metodo preferito per eliminare un rivale politico o un leader la cui politica è antagonista di un altro potere, o quando un leader nominato da un'agenzia segreta non continua a obbedire ai suoi ordini, come nel caso del presidente John F. Kennedy.

Gli assassinii vengono compiuti anche per provocare cambiamenti politici, economici o religiosi ritenuti auspicabili dai partiti che si oppongono a un governo, a un organo di governo o a un precetto religioso. La storia è piena di esempi.

Molto spesso ci sono cospirazioni intorno agli omicidi che non vengono mai scoperte, come nel caso dell'assassinio di Martin Luther King Jr, John F. Kennedy e Robert Kennedy. In tutti e tre i casi, il presunto assassino è stato messo a tacere: Oswald prima che potesse avere il suo giorno in tribunale; Ray perché dirottato da un avvocato senza scrupoli; Sirhan Sirhan in prigione. Così milioni di americani sono convinti che né Ray, né Oswald, né Sirhan Sirhan abbiano premuto il grilletto.

Subito dopo l'omicidio di King, la polizia di Memphis ebbe un'occasione d'oro per rilevare le impronte digitali nella pensione in cui si supponeva che Ray avesse soggiornato. La pensione si trovava in South Main Street, in un quartiere nero di Memphis; Ray vi arrivò alle 15.00 del 4 aprile 1968. I testimoni hanno riferito di aver visto tre uomini uscire dall'edificio, uno dei quali era Ray. Sarebbe interessante sapere perché non è mai stato fatto alcuno sforzo per trovare gli altri due uomini visti con Ray.

Non è stato possibile identificare con certezza le impronte digitali di Ray nella casa di accoglienza. Secondo il maggiore Barney Ragsdale del Georgia Bureau of Investigation, il penitenziario di

Stato del Missouri, dove Ray era detenuto, aveva inviato all'FBI il set di impronte digitali sbagliato. Per qualche motivo ancora inspiegabile, l'FBI ha impiegato due settimane per trovare le impronte di Ray prima di annunciare che era lui l'assassino. Questo contraddice l'affermazione dell'FBI, che da tempo sostiene di poter identificare una persona attraverso il confronto delle impronte digitali in 10 minuti. Il confronto delle impronte digitali è stato effettuato a partire dai file di Los Angeles, il che rappresenta una deroga alla normale procedura. Atlanta sarebbe stato il luogo più logico per controllare i registri. Le impronte di Los Angeles sono quelle di Eric Starvo Galt. Le stampe sono accompagnate da una fotografia. Questo ritardo ha qualcosa a che fare con Eric Starvo Galt? Galt" era Ray?

Quando la polizia di Memphis fu licenziata dall'FBI, il giornalista dell'AP Don McKee scrisse:

> "Gli agenti federali hanno setacciato la città mostrando gli schizzi del volto di un uomo e ponendo domande sul nome di Eric Starvo Galt, oggetto misterioso di una caccia legata alla ricerca dell'assassino del dottor Martin Luther King. Ciò che gli agenti hanno appreso o ciò che vogliono da Galt è un segreto strettamente custodito.

Gaylord Shaw, anch'egli reporter dell'AP, ha inviato un dispaccio che dice:

> "L'FBI non distribuisce a livello nazionale l'identikit dell'assassino di Martin Luther King. Quando la Mustang bianca, che Ray avrebbe usato per fuggire dopo la sparatoria, è stata ritrovata ad Atlanta, è stata attribuita a Eric Starvo Galt. L'FBI emise un bollettino che arrestava Galt per aver "cospirato con un altro uomo che sosteneva essere suo fratello per danneggiare, opprimere, minacciare e intimidire il Dr. King".

Il bollettino è stato prima ritirato e poi ripristinato. Tra le altre cose, è emerso che Galt aveva preso lezioni di danza a New Orleans nel 1964 e nel 1965. All'epoca James Earl Ray si trovava nel penitenziario dello Stato del Missouri.

Due settimane dopo l'omicidio di King, J. Edgar Hoover

annuncia che Galt è in realtà James Earl Ray. Hoover non ha detto cosa sia successo al fratello di Galt. Perché non si è indagato sulla sorte del "fratello" di Galt?

Il misterioso allontanamento del detective Redditt della polizia di Memphis dall'area del Lorraine Motel non è ancora stato risolto. Dopo che Redditt fu scortato a casa, il tenente della polizia di Memphis Arkin ricevette un messaggio dai servizi segreti che indicava che "era stato commesso un errore" riguardo al "contratto" sulla vita di Redditt". Il detective Arkin si è poi recato a casa di Redditt per uno scopo sconosciuto. Arkin non vuole ancora parlare con nessuno di questo strano episodio.

Redditt era infatti accompagnato nella sua missione di sorveglianza da W.B. Richmond, un collega detective. Richmond ha dichiarato che non era in missione di sorveglianza nel momento in cui King è stato ucciso, ma si trovava al quartier generale della polizia di Memphis e non sapeva nulla dell'omicidio. In seguito, Richmond si è voltato e ha ammesso che si trovava in una stazione dei pompieri, proprio di fronte al Lorraine Motel, nel momento esatto in cui King è stato colpito. Perché questa contraddizione? Richmond ha testimoniato questo fatto sotto giuramento al Dipartimento di Giustizia e, se sì, perché non è mai stato accusato di falsa testimonianza?

Quando Scotland Yard arrestò Ray all'aeroporto londinese di Heathrow, egli disse agli agenti che il suo nome era "Ramon George Sneyd". Ancora una volta, l'FBI fece qualcosa di strano: le impronte digitali di Galt a Los Angeles vennero inviate a Scotland Yard, invece di quelle in archivio presso l'FBI a Washington.

L'ormai famosa fotografia di King che giace morto sul balcone del Lorraine Motel mostra Jesse Jackson e Andrew Young che puntano non alla finestra della pensione, ma alla collinetta dove i testimoni dicono di aver visto un uomo coperto da un asciugamano nascosto dietro alcuni cespugli. L'orientamento della ferita sul corpo di King indica, al di là di ogni ragionevole dubbio, che questa è molto probabilmente l'area da cui è stato sparato il colpo, piuttosto che la finestra del bagno della pensione.

Non c'è dubbio che il processo di Ray sia stato una parodia della giustizia. A Ray non è stato permesso di menzionare la parola "cospirazione", che compare più volte nella sua dichiarazione iniziale. Il giudice si è anche rifiutato di permettere a Ray di discutere la sua dichiarazione di cospirazione e il suo avvocato, Percy Foreman, ha concordato con il giudice. Su consiglio di Foreman, Ray si dichiarò colpevole, distruggendo così le sue possibilità di ottenere un processo completo ed equo.

Nell'ottobre 1974, Ray ottenne una nuova udienza presso la corte distrettuale federale di Memphis, ma dopo otto giorni di udienze il suo appello fu respinto. Ray ha continuato a sostenere la sua innocenza e ha detto alla sua famiglia che era determinato ad arrivare alla verità. Forse è per questo che nel 1977, mentre si trovava nella prigione di Stato di Brushy Mountain, è stato compiuto un attentato alla sua vita. Nonostante le gravi ferite da taglio, Ray è sopravvissuto. Ci sono troppe cose in sospeso per provare che Kay abbia sparato il colpo che ha ucciso King.

Il Comitato dei 300 si sforza costantemente di controllare tutte le risorse naturali in tutti i Paesi. La loro posizione è stata affermata e riaffermata da H.G. Wells e Lord Bertrand Russell. In nessun luogo questa posizione è stata attuata con maggiore fermezza che in Congo e in Sudafrica.

Conosciuto come Congo Belga, questo enorme Paese, il secondo più grande dell'Africa, è stato per decenni spogliato senza pietà delle sue risorse naturali: rame, zinco, stagno, gomma, avorio e prodotti agricoli come cacao, caffè e olio di palma. Il re belga Leopoldo II diceva spesso che tutto ciò che aveva valore in Congo apparteneva a lui. Questo era certamente vero, dato che il governo belga gestiva le ferrovie, le miniere, le fonderie, le piantagioni di cacao e di olio di palma, le fabbriche e gli alberghi del Paese attraverso società di facciata. Questa è stata la politica del Comitato dei 300 al suo meglio.

I lavoratori congolesi ricevevano una paga modesta e ciò che ottenevano era principalmente sotto forma di alloggi, prestazioni mediche e abbigliamento gratuiti. Tutto questo fu minacciato da un aspirante leader politico di nome Patrice Lumumba che, nel 1959, annunciò la formazione di un partito politico nazionale per opporsi al dominio belga del Paese. Le autorità belghe bollarono Lumumba come "comunista" e come un pericolo per il benessere del Paese. È stato arrestato e successivamente rilasciato. In realtà, Lumumba non era interessato al comunismo, ma a migliorare la vita del popolo congolese.

Nel 1960 ci furono grandi disordini quando Lumumba chiese l'indipendenza dal Belgio. Lumumba chiese aiuto alle Nazioni Unite e agli Stati Uniti, ma gli fu rifiutato. È stato descritto come un "uomo che gioca con la verbosità marxista" dal Dipartimento di Stato, che, tra l'altro, non ha fornito alcuna prova per la sua affermazione. Il sorprendente dono oratorio di Lumumba sta facendo una tale impressione sul popolo congolese che il Comitato dei 300 comincia a interessarsi alla questione.

Nell'agosto 1960, due ufficiali della CIA, entrambi con precedenti penali, ricevettero da Allen Dulles l'ordine di assassinare Lumumba entro tre mesi. Il dono di Lumumba per l'oratoria è stato notato dai rapporti della CIA in Congo, che hanno anche descritto i presunti legami comunisti di Lumumba. Il mese successivo, la CIA ordinò a Joseph Schneider, uno scienziato batteriologo, di recarsi in Congo con una valigia diplomatica contenente una fiala di un virus letale che doveva essere usata per uccidere Lumumba. Dulles ordinò l'eliminazione di Lumumba dopo essersi consultato con Eisenhower, ma il virus di cui Schneider era portatore non poteva essere somministrato perché Lumumba era costantemente in movimento.

Il Comitato di supervisione dell'intelligence del Senato, presieduto da Frank Church, ha riferito che la CIA era in contatto con elementi in Congo che volevano uccidere Lumumba. Il rapporto della Chiesa suggeriva che si trattava di agenti del governo belga. Temendo per la sua vita, Lumumba chiese la protezione delle Nazioni Unite, ma gli fu negata l'assistenza. L'ONU lo mise agli arresti domiciliari, ma egli riuscì a fuggire con un'auto fornita dal fratello e, con la moglie e uno dei figli, si rifugiò a Stanleyville, dove godeva di un forte sostegno.

I rapporti della CIA del 1960 raccontano di come l'agenzia abbia contribuito alla riconquista di Lumumba mostrando ai militari congolesi come e dove istituire i posti di blocco. Il leader fantoccio nominato dal Comitato dei 300, Joseph Mobutu, ha supervisionato la ricerca. Quando Lumumba fu catturato dagli uomini di Mobutu il 1er dicembre 1960, fu tenuto prigioniero fino al 17 gennaio 1961.

Il 12 febbraio 1961, Mobutu annunciò che Lumumba era fuggito da una casa in una zona remota dove era detenuto e che era stato ucciso da tribù ostili. Ma John Syckwell della CIA disse che un agente della CIA aveva portato il corpo di Lumumba nel bagagliaio della sua auto mentre decideva cosa farne, cosa che non è mai stata rivelata con precisione. Tuttavia, le Nazioni Unite hanno riferito che gli assassini erano due mercenari belgi, il colonnello Huyghe e il capitano Gat. Il Dipartimento di Giustizia ha concluso le sue indagini affermando che non vi erano prove di un coinvolgimento della CIA nell'omicidio di Lumumba.

L'assassinio di Papa Giovanni Paolo Ier può essere descritto anche come un assassinio politico, se si tiene conto che il Vaticano è uno Stato e che il suo capo titolare, il Papa, può esercitare un potere enorme che ha cambiato il corso della storia. Dai documenti che ho studiato, è certo che quattro papi sono stati assassinati, tutti con la somministrazione di veleno.

La storia di Papa Clemente XIII (Carlo Rezzonico) è ben documentata, anche se non provata. Su istigazione dei reali europei, Clemente decise di porre fine alla sovversione dei gesuiti all'interno della gerarchia della Chiesa cattolica. Dopo mesi di attesa, il proclama di Clemente che sopprimeva l'ordine dei gesuiti era pronto. Ma non ha mai avuto la possibilità di leggerlo per inserirlo nel diritto canonico. Dopo una notte di terribili convulsioni e vomito, Clemente morì il 12 febbraio 1769. Il proclama di Clemente scomparve, per non essere mai più ritrovato, e i gesuiti divennero più forti che mai.

Papa Clemente XIV (Lorenzo Gananelli) riprese da dove Clemente XIII era stato costretto (dalla morte) a lasciare. Il 16 agosto 1773, Clemente emanò la bolla "Dominus ac Redemptor" che dichiarava i gesuiti nemici della Chiesa. Seguirono azioni immediate con l'arresto e l'imprigionamento del generale dei gesuiti e della sua gerarchia, il sequestro dei beni dei gesuiti e la chiusura delle loro istituzioni educative. Questo fu il più grande colpo mai inferto ai gesuiti. Subito dopo, in Vaticano cominciarono a circolare sinistri sussurri contro Clemente.

Il 2 ottobre 1774, Papa Clemente XIV si ammalò violentemente e, dopo ore di orribili sofferenze, morì. Un potente veleno, somministrato da ignoti, pose fine alla sua vita. Il veleno era così potente da causare un immediato collasso degli organi interni, seguito da una decomposizione sorprendentemente rapida dell'intero corpo. Il suo volto era completamente irriconoscibile e il suo corpo non poteva giacere in stato di riposo. Il messaggio era chiaro: lasciate stare la Massoneria e i Gesuiti, o troverete la morte.

Quando Albini Luciani accettò a malincuore la corona papale e divenne Papa Giovanni Paolo Ier, si rese subito conto dell'entità dell'influenza dei massoni e dei gesuiti nei più alti consigli del Vaticano. Eccellente studioso con una mente straordinariamente acuta, fu completamente frainteso dai suoi nemici; la sua gentile umiltà fu scambiata per servilismo. Forse per questo motivo, tra i 99 cardinali che votarono a suo favore c'erano importanti sostenitori della massoneria e dei gesuiti.

Ma l'atteggiamento di Papa Giovanni Paolo nascondeva la volontà ferrea e la determinazione di un uomo che, una volta presa la decisione, non poteva essere dissuaso dal fare ciò che riteneva di dover fare. I cardinali liberali che hanno votato per lui nell'errata convinzione che Papa Giovanni potesse essere facilmente manipolato sono rimasti scioccati nell'apprendere che intendeva smascherare i massoni nella gerarchia vaticana e porre fine al potere delle grandi imprese sulla Chiesa.

Pablo Panerai, direttore de *Il Mondo*, uno dei principali quotidiani di Roma, aveva attaccato specificamente quella che definiva "Vatican Inc. Panerai fa i nomi di Menini e Paul Marcinkus e critica i loro legami con Sindona e la Continental Illinois Bank di Chicago. Panerai ha scioccato il Vaticano attaccando duramente il vescovo Marcinkus per aver fatto parte del consiglio di amministrazione della Cisalpine Overseas Bank di Nassau, nelle Bahamas.

Questo è bastato a Papa Giovanni Paolo Ier per intervenire. Il 27 agosto 1978 invitò il suo Segretario di Stato, il cardinale Villot, a cenare con lui nel suo appartamento privato. C'è un dettaglio inquietante: Papa Giovanni sapeva che il nome di Villot era nella lista P2 di Gelli, che elencava più di 100 massoni cattolici in Vaticano. Questa lista è stata sequestrata quando la polizia italiana ha fatto irruzione nella villa di Gelli. Perché allora il Papa ha avvertito Villot di ciò che stava per fare?

Quella sera, durante la cena, Papa Giovanni Paolo Ier ordinò a Villot di preparare una lista di massoni che ricoprivano alte cariche in Vaticano. Disse a Villot che era inammissibile che i cattolici facessero parte di un'organizzazione segreta che, a suo avviso, era dedita alla distruzione del cristianesimo, come avevano constatato tre papi precedenti e come aveva confermato Weishaupt, fondatore degli Illuminati.

Poi ordinò che, una volta che Villot avesse portato a termine il suo compito, ci sarebbe stato un drastico rimpasto dei massoni, che sarebbero stati dispersi all'estero dove avrebbero potuto nuocere meno alla Chiesa. Secondo le mie fonti di intelligence vaticana, Villot era dapprima arrabbiato, poi stupito, sostenendo che cambiamenti così radicali avrebbero portato solo caos. Ma come molti altri, Villot sottovalutò la ferrea determinazione del suo papa. Luciani rimase irremovibile sulla necessità di mantenere l'ordine. Villot deve preparare la lista senza indugio.

Quelli che avevano più da perdere erano Marcinkus, Calvi, Sindona, Cody, de Stroebel e Menini nella "Vatican Inc", mentre i principali gesuiti rischiavano di perdere tutto il potere e l'influenza se i loro nomi fossero apparsi sulla lista di Villot. Lo stesso Villot aveva molto da perdere in quanto membro dell'esclusivo club finanziario del Vaticano, l'Amministrazione del Patrimonio della Santa Sede. Avrebbe perso la sua posizione di capo dell'organizzazione, oltre a quella di Segretario di Stato vaticano. Per Villot, forse ancor più che per gli altri, era assolutamente necessario impedire l'esecuzione dell'ordine di Luciani.

Un mese dopo, il 28 settembre 1978, Villot fu nuovamente invitato a cena nell'appartamento privato del Papa. Luciani cercò di calmare i timori di Villot parlando in francese, una delle tante lingue che parlava. Secondo il cardinale Benelli, che era presente, questo non ha avuto alcun effetto sull'atteggiamento gelido di Villot. Con voce ferma, Luciani pretese che i suoi ordini relativi alla lista dei massoni fossero eseguiti immediatamente. Il Papa si è detto turbato da quanto riferito dal cardinale Bennelli, secondo cui l'Istituto per le Opere di Religione (OPR, la banca vaticana) sarebbe coinvolto in affari irregolari. Vuole che i monsignori de Bomnis, Marckinkus, de Stroebel e Ortolani siano rimossi dai loro incarichi e che i legami dell'OPR con Sindona e Calvi siano immediatamente interrotti.

Luciani aveva messo in moto una serie di eventi che lo avrebbero portato alla rovina. Altri, che pensavano che il loro potere fosse sufficiente a superare quello della Massoneria, non si rendevano conto di quanto fossero sbagliate le loro convinzioni. Forse Papa Clemente XIV era consapevole del suo destino quando mormorò "Sono perduto" mentre firmava la bolla di scioglimento dei Gesuiti.

I dettagli di ciò che Luciani si proponeva di fare furono forniti al cardinale Benelli, e il Papa chiamò il suo amico intimo, il cardinale Colombo, a Milano, e gli affidò i dettagli. Questo è stato confermato da padre Diego Lorenzi, che ha fatto la telefonata a Papa Giovanni e ha sentito cosa è successo tra loro. Senza questo, non ci sarebbe stata traccia di ciò che Papa Giovanni Paolo Ier chiese a Villot; il documento papale contenente le istruzioni a Villot di consegnare i nomi dei massoni non è mai stato trovato.

Poco dopo l'incontro con Villot, la sera del 28 settembre 1978, Papa Giovanni Paolo si ritirò nel suo ufficio. Curiosamente, quella notte nessun medico era in servizio in Vaticano e, ancora più curiosamente, nessuna guardia era posta fuori dall'appartamento di Papa Giovanni. Tra le 21.30 di quella sera e le 4.30 del mattino successivo, Papa Giovanni Paolo Ier fu assassinato. Una lampada da lettura rimasta accesa tutta la notte è stata vista da una guardia svizzera, ma la sicurezza vaticana non ha fatto nulla per verificare questa insolita circostanza. Papa Giovanni Paolo Ier è stato il primo papa a morire incustodito, ma non il primo a morire per mano di avvelenatori.

Villot ebbe un ruolo importante nell'occultamento della morte di Luciani. Chiamato da Suor Vicenza, che si occupava dei semplici bisogni di Luciani e che fu la prima a scoprire il corpo del Papa il 29 settembre, Villot fece scivolare dal comodino un flacone di Efortil, una medicina prescritta per Papa Giovanni, nella sua tasca. Poi ha tolto a Luciani gli occhiali e le pantofole. Villot si recò quindi nell'ufficio di Papa Giovanni e rimosse le ultime volontà del Papa. Poi ha lasciato l'appartamento senza dire una parola a Suor Vicenza, che era presente. Suor Vicenza descrisse al cardinale Belleni il particolare comportamento di Villot. Quando Belleni lo interrogò sulle sue azioni, Villot negò la relazione di Suor Vicenza. Ha anche mentito sulle circostanze del ritrovamento del corpo di Luciano.

Altre persone morirono per mano degli avvelenatori, come il presidente Zachary Taylor, che pagò con la vita il rifiuto di eseguire gli ordini della Massoneria. Questi ordini erano stati emessi dal rappresentante mazziniano di Leon, fondatore della Giovane America, un movimento massonico. La sera del 4 luglio 1850, Taylor si sentì male e cominciò a vomitare una densa sostanza nera. Morì di una morte lenta e dolorosa, che i medici attribuirono all'aver "bevuto troppo latte freddo e mangiato troppe ciliegie". Ma questo non spiega la densa sostanza nera. Un vomito di questa gravità indicherebbe la presenza di un veleno mortale. Come nel caso di Papa Giovanni Paolo Ier, non è stata eseguita alcuna autopsia su Taylor e le modalità della sua morte sono state descritte casualmente dai medici che non potevano conoscerne la causa esatta. A questo proposito, la morte di Papa Giovanni Paolo Ier è stata trattata in modo altrettanto cavilloso dal medico vaticano, il dottor Buzzonnetti, che avrebbe dovuto nutrire i più forti sospetti di omicidio.

L'omicidio del deputato Louis T. McFadden è stato il risultato del suo attacco frontale al Consiglio della Federal Reserve e alle Banche della Federal Reserve, la più sacra delle tante vacche sacre del governo segreto americano. McFadden fu presidente della Commissione bancaria della Camera nel 1920. Attaccò apertamente i governatori della Federal Reserve e li accusò di aver causato il crollo di Wall Street del 1929.

La guerra di McFadden contro la Federal Reserve ebbe ripercussioni in tutta Washington. George Stimpson, fondatore del *National Press Club,* ha dichiarato che le accuse di McFadden contro i governatori erano incredibili e che la comunità non poteva credere a ciò che McFadden stava dicendo. Ma quando McFadden fu accusato di essere pazzo, Stimpson disse di non crederci nemmeno per un minuto.

McFadden ha condotto una guerra implacabile contro la Federal Reserve per oltre 10 anni, smascherando alcuni dei crimini più ignobili del 20ème secolo. Una delle accuse più pesanti di McFadden era che il Federal Reserve System aveva cospirato a tradimento per distruggere il governo costituzionale degli Stati Uniti. Attaccò anche il presidente Roosevelt e i banchieri internazionali.

Venerdì 10 giugno 1932, McFadden rilasciò la seguente dichiarazione in Parlamento

"Signor Presidente, in questo Paese abbiamo una delle istituzioni più corrotte che il mondo abbia mai visto. Mi riferisco al Consiglio della Federal Reserve e alle banche che ne fanno parte. Il Consiglio della Federal Reserve, un organo governativo, ha truffato gli Stati Uniti e il suo popolo con denaro sufficiente a pagare il debito nazionale... Questa istituzione malvagia ha impoverito e rovinato il popolo degli Stati Uniti; ha rovinato se stessa e ha virtualmente rovinato il nostro governo. Lo ha fatto a causa dei difetti della legge in base alla quale opera, a causa della cattiva gestione di tale legge da parte del Federal Reserve Board e a causa delle pratiche corrotte degli avvoltoi del denaro che la controllano".

In un discorso ardente e appassionato alla Camera il 23 maggio 1933, McFadden disse

> "Signor Presidente, non c'è uomo a portata d'orecchio che non sappia che questo Paese è caduto nelle mani dei banchieri internazionali, e sono pochi i membri qui presenti che non lo rimpiangono... Signor Presidente, oggi siamo sul ponte. Il nostro nemico, lo stesso infido nemico, sta avanzando verso di noi. Signor Presidente, morirò sul posto prima di concedergli un solo centimetro quadrato di suolo americano o un solo dollaro del suo debito di guerra nei nostri confronti.

> "Signor Presidente, chiedo che le scorte d'oro degli Stati Uniti vengano tolte dalle Federal Reserve Banks e messe nel Tesoro degli Stati Uniti. Chiedo una revisione degli affari finanziari del governo degli Stati Uniti, da cima a fondo. Chiedo la ripresa dei pagamenti in contanti sulla base del pieno valore dell'oro e dell'argento...".

Questa denuncia, seguita dall'esposizione da parte di McFadden dei Reparation Bonds e dei titoli esteri in obbligazioni di riparazione commercializzate in Germania per un valore di 100 milioni di dollari, scosse a tal punto il governo segreto parallelo di alto livello che gli osservatori della cospirazione ritengono che fu a questo punto che venne dato l'ordine di mettere a tacere definitivamente McFadden.

In tutto, sono stati tre gli attentati alla vita di McFadden. Il primo si è verificato quando, mentre partecipava a una cena, si è improvvisamente ammalato in modo violento. Un medico che era seduto accanto a lui è riuscito a tirarlo fuori dalle grinfie della morte. Il secondo tentativo è avvenuto mentre McFadden stava scendendo da un taxi vicino al Campidoglio. Vennero sparati due colpi, ma entrambi mancarono il bersaglio. Il terzo tentativo, andato a buon fine, ebbe luogo a New York, dove McFadden stava partecipando a un'altra cena. Anche in questo caso, ha avuto un violento attacco di vomito ed è morto prima che i soccorsi potessero raggiungerlo. L'avvelenatore è riuscito a

LA DIPLOMAZIA DELL'INGANNO

liberare i banchieri internazionali e il Consiglio dei Governatori della Federal Reserve dell'unico uomo che avrebbe potuto smascherare le loro attività e mettere la nazione contro di loro, imponendo la fine del loro controllo sul nostro sistema monetario.

Il dottor Hendrik Verwoerd è il padre dell'"apartheid" in Sudafrica. Originario dell'Olanda, il dottor Verwoerd ha attraversato il panorama politico sudafricano come un colosso. Impavido e sprezzante nei confronti della macchina di Oppenheimer e dei politici liberali da essa controllati, il dottor Verwoerd non perse tempo ad attaccare i banchieri internazionali e i loro lacchè in Sudafrica.

Verwoerd disprezzava le Nazioni Unite e ne criticava fortemente l'ingerenza negli affari interni del Sudafrica, in particolare l'invito all'India per discutere della discriminazione degli indiani in Sudafrica. Gli indiani erano i discendenti dei braccianti portati in Sudafrica da Cecil John Rhodes. Come classe, essi avevano raggiunto un'enorme prosperità, soprattutto a spese degli indigeni Bantu, il che è stato attribuito ai disordini del 13 gennaio 1949 tra zulu e indiani a Durban, che hanno causato 100 morti e oltre 1000 feriti. La maggior parte delle vittime erano indiani.

Il dottor Verwoerd non voleva avere nulla a che fare con gli indiani, sostenendo che i loro leader erano tutti comunisti. Più tardi, dopo il suo assassinio, la sua affermazione sembra essere stata supportata dal fatto che la rappresentanza legale di indiani e neri accusati di crimini politici era caduta nelle mani di avvocati indiani, tutti appartenenti al Congresso Indiano, un'organizzazione legata al comunismo.

Il 27 aprile 1950 fu introdotto il Group Areas Bill, il cui scopo principale era quello di segregare le razze in aree diverse. In seguito ai disordini dell'aprile 1953, è stata introdotta e attuata una nuova legislazione antiterrorismo.

Poi il Comitato dei 300 trovò un tirapiedi in Alan Paton, il cui libro "Cry the Beloved Country" fu artificialmente trasformato in un'opera letteraria di fama internazionale. Paton era il preferito dei liberali, che fecero di un uomo assolutamente sgradevole una sorta di eroe. Paton fondò il Partito Liberale che sosteneva il voto per "tutte le persone civilizzate". In questo aveva il sostegno della potente macchina Oppenheimer. Le prove di queste accuse si trovano negli archivi del *Sunday Times*, un giornale di Johannesburg di proprietà di Oppenheimer.

Verwoerd fu eletto primo ministro il 3 settembre 1958. Il 5 ottobre 1960, un referendum approvò la proposta di istituire una forma di governo repubblicana e di porre fine all'appartenenza al Commonwealth britannico. Il 31 maggio 1961, il dottor Verwoerd ricevette un'accoglienza da eroe al suo ritorno da Londra, dove aveva consegnato la dichiarazione di ritiro al Parlamento britannico. Le Nazioni Unite hanno immediatamente chiesto ai propri Stati membri di vietare la vendita di attrezzature militari al Sudafrica.

Le linee politiche furono tracciate mentre era in corso la terza guerra anglo-boera. Il 20 aprile 1964, un cosiddetto gruppo di esperti delle Nazioni Unite pubblicò un rapporto che chiedeva una democrazia non razziale in Sudafrica, ignorando completamente il sistema di caste in vigore da centinaia di anni in India. Il sistema delle caste, una rigida segregazione delle classi sociali, molto più severa di quella vista in Sudafrica, rimane in vigore. Ancora oggi, le Nazioni Unite tacciono sull'"apartheid" in India.

Il dottor Verwoerd gestisce il Paese in modo ordinato e non tollera alcun gruppo antigovernativo nero o indiano. Il 12 giugno 1964, Nelson Mandela e sette neri furono sorpresi a fabbricare bombe e a possedere letteratura comunista vietata. I mentori di Mandela - gli istigatori di questi crimini - Abrams e Wolpe, fuggirono dal Paese, ma Mandela e i suoi sostenitori furono condannati all'ergastolo per atti di sabotaggio, furto, crimini violenti e tentativi di sovvertire il governo.

Il processo è stato condotto in modo scrupolosamente equo all'interno del sistema giudiziario indipendente del Sudafrica. Mandela è stato imprigionato per reati comuni e non per motivi politici. Gli atti del caso, che ho studiato presso la Corte Suprema del Rand, indicano chiaramente la natura degli atti criminali civili per i quali Mandela è stato condannato. È la stampa occidentale che ha oscurato questa verità e ha fatto credere che Mandela sia stato imprigionato per motivi politici. Gli Stati Uniti e la Gran Bretagna non hanno mai cercato di essere obiettivi su Mandela.

Il 6 settembre 1966, il dottor Verwoerd fu pugnalato a morte da un messaggero mentre il Parlamento era in seduta a Città del Capo. Il messaggero era ben noto, avendo ricoperto l'incarico per anni, ed era una figura familiare che si muoveva liberamente per l'Aula consegnando carte e documenti ai singoli membri. La polizia ha suggerito l'ovvia conclusione che elementi stranieri fossero coinvolti nell'assassinio. Le forze oscure erano già al lavoro per distruggere la Repubblica del Sudafrica.

L'assassino fu descritto come "mentalmente disturbato", ma gli agenti dei servizi segreti di tutto il mondo ritenevano che fosse stato programmato per commettere l'omicidio, sapendo ciò che oggi sappiamo sull'uso dell'ipnotismo da parte delle agenzie di intelligence. L'assassino non aveva mai mostrato segni di malattia mentale prima dell'attacco al dottor Verwoerd. La domanda è: "Chi ha dato l'ordine di assassinare Verwoerd e chi ha fatto la programmazione?" All'epoca, solo due agenzie di intelligence avevano l'autorità di condurre missioni di controllo mentale: la CIA e il KGB. Non è stato possibile dimostrare nulla, ma l'opinione generale è che l'omicidio sia opera della CIA.

Nel 1966, gli esperimenti segreti della CIA con i raggi gigahertz che alterano la mente non erano di dominio pubblico e rimasero segreti fino a quando John Markus, nel 1977, e Gordon Thomas, nel 1990, rivelarono completamente la condotta della CIA in questo settore. Alcuni esperti sono ora convinti che il dottor Verwoerd sia stato una delle prime vittime di questi esperimenti della CIA.

Come molti altri, ho scritto un libro approfondito sull'assassinio di John F. Kennedy. Molte delle affermazioni che ho fatto non potevano essere confermate all'epoca, ma ora altre fonti indipendenti stanno confermando ciò che ho detto. Ad oggi, nessuno degli autori di questi crimini efferati è stato arrestato ed è improbabile che qualcuno di loro venga mai catturato. La minaccia di un assassinio, con qualsiasi metodo, incombe sempre su tutti i leader nazionali, soprattutto negli Stati Uniti, dove se qualcuno si prende la responsabilità di rivelare la verità, non si può escludere la possibilità di un danno.

Una di queste fonti è Robert Morrow, un ex lavoratore a contratto della CIA. Morrow conferma che Kennedy doveva morire perché era antipatico alla CIA e perché aveva annunciato che si sarebbe sbarazzato sia di Hoover che di Lyndon Johnson. Morrow ha confermato quanto ho detto su Tippit, cioè che era stato mandato a uccidere Oswald per impedirgli di parlare, ma che Oswald, riconoscendolo, gli sparò per primo.

Morrow ha anche confermato ciò che ho detto sul fatto che Oswald andò in un cinema dopo la sparatoria per incontrarsi con Jack Ruby. Morrow ha anche confermato che Oswald non ha mai sparato a Kennedy e che, al momento della sparatoria, Oswald si trovava al secondo piano del Texas School Book Depository, bevendo una Coca Cola e mangiando un panino.

Morrow ritiene inoltre che Kennedy sia stato ucciso con un colpo alla testa da una collinetta erbosa davanti al corteo. Ha anche confermato la mia versione secondo cui la limousine del Presidente è stata rimossa dalla scena e spedita per essere smantellata prima che qualcuno potesse fare un lavoro forense completo su di essa.

Morrow fa alcune accuse interessanti; una in particolare è che a George Bush fu dato l'incarico di Direttore dell'Intelligence Centrale (DCI) al solo scopo di impedire alla Commissione Church del Senato di ottenere tutti i fatti sull'assassinio di Kennedy, cosa che fece. Morrow sostiene inoltre che Bush sa tutto quello che c'è da sapere sull'assassinio di Kennedy.

XI. Apartheid e sistema delle caste in India

Il Comitato dei 300 ha parlato molto dei "mali" della politica di separazione razziale in Sudafrica. Eppure poco o nulla è stato detto sulla rigida separazione delle classi nella società indiana. Forse il Sudafrica è sotto attacco perché possiede i più ricchi giacimenti d'oro del mondo, mentre l'India ha solo poche risorse naturali di minor valore?

Aiutati attivamente dall'ingannevole padrone Cecil John Rhodes, servo dei Rothschild, i carpetbaggers e le orde di stranieri che affluirono nel Transvaal all'annuncio della scoperta dell'oro sollevarono un'agitazione per i "diritti". Questi vagabondi e cacciatori di fortuna chiesero il diritto di voto, la prima delle truffe "un uomo, un voto" usate per separare il popolo boero e i suoi discendenti dalla sovranità nazionale. L'agitazione era orchestrata dalla macchina politica Rothschild-Rhodes a Johannesburg e attentamente controllata da Lord Alfred Milner da Londra.

Per i leader boeri era ovvio che, permettendo ai nuovi arrivati di votare, il loro governo sarebbe stato spazzato via dalle orde di avventurieri stranieri che si erano riversate su di loro. Quando fu chiaro che i leader boeri non avrebbero permesso docilmente che il loro popolo fosse esautorato dalle richieste politiche di "un uomo, un voto", i piani di guerra, che erano stati elaborati per un anno mentre i ministri e gli emissari della Regina Vittoria parlavano di pace, irruppero sulla scena.

La regina Vittoria inviò il più potente esercito mai riunito per combattere le piccole repubbliche boere. Ci vuole una fervida immaginazione per credere che la Regina d'Inghilterra si preoccupasse del diritto di voto dei cacciatori di fortuna e dei carpetbaggers che pullulavano nelle repubbliche boere. Dopo tre anni del conflitto più brutale, in cui i britannici non ebbero pietà per le donne e i bambini boeri, 25.000 dei quali morirono nei primi campi di concentramento mai creati. I boeri, ampiamente sconfitti sul campo di battaglia, furono costretti a sedersi al tavolo dei negoziati. A Vereeniging, dove si tenne la conferenza, i boeri furono spogliati di tutto ciò che rappresentavano, compresa l'immensa ricchezza che giaceva sotto l'arido suolo delle loro repubbliche.

È importante ricordare che i boeri erano una nazione cristiana devota. Gli Illuminati-Gnostici-Cattolici-Bogomili della Regina Vittoria e i loro consiglieri erano determinati non solo a sconfiggere militarmente i boeri e a impadronirsi delle ricchezze minerarie delle loro repubbliche, ma anche a schiacciarli e a cancellare la loro lingua e cultura. Il principale artefice di questa impresa criminale fu l'aristocratico Lord Alfred Milner, che nel 1915 finanziò i bolscevichi e rese possibile la rivoluzione "russa". Gli inglesi bandirono Paul Kruger, il venerabile presidente del Transvaal, insieme alla maggior parte dei suoi ministri e a coloro che avevano guidato la lotta armata contro l'imperialismo britannico. Questo è il primo caso registrato di un trattamento così barbaro da parte di una nazione presumibilmente civilizzata.

Il motivo per cui in India si è permesso, e si permette tuttora, un apartheid palese e dilagante è che l'India è la patria della religione New Age, favorita dalla nobiltà nera di Venezia e dagli oligarchi della Gran Bretagna. La religione New Age si basa in pieno sulla religione indù. All'alta sacerdotessa teosofica Annie Besant si attribuisce il merito di aver adattato la religione indù alle idee New Age dopo aver visitato l'India nel 1898.

L'idea di "un uomo, un voto", in cui l'apartheid è rappresentata come il cattivo, non ha posto nella storia americana. Era semplicemente uno stratagemma per convincere il mondo che le Nazioni Unite si preoccupavano del benessere delle tribù nere del Sudafrica (i neri sono divisi in 17 tribù e non sono una nazione omogenea di persone politicamente unite). Il clamore anti-apartheid è stato sollevato per coprire il vero obiettivo: ottenere il controllo totale delle vaste ricchezze minerarie del Sudafrica, che ora passeranno al Comitato dei 300. Una volta raggiunto questo obiettivo, Mandela sarà messo da parte come uno strumento logoro che ha raggiunto il suo scopo.

La Costituzione degli Stati Uniti non prevede "un uomo, un voto", un'osservazione che può andare persa nelle grida sul "male dell'apartheid sudafricano", come ama definirlo Mandela.

Il Congresso degli Stati Uniti è determinato dal conteggio della popolazione in determinate aree effettuato dal Census Bureau una volta ogni dieci anni, non sulla base di "un uomo, un voto". Per questo motivo, ogni quattro anni si procede a un'importante ridefinizione dei confini. È il numero di persone che vivono all'interno di questi confini a scegliere il proprio rappresentante.

I politici liberali potrebbero voler avere un rappresentante nero o ispanico per una determinata regione, che sperano voti con loro sul loro programma liberale. Ma potrebbero non esserci abbastanza elettori neri o ispanici nella regione per effettuare il cambiamento necessario, quindi i politici liberali cercheranno di far cambiare i confini, anche usando il ridicolo sotterfugio di collegare due regioni separate da 100 miglia da uno stretto corridoio tra le due regioni. L'idea è che se i neri o gli ispanici nell'area di destinazione sono in minoranza, allora si può creare una maggioranza collegando due aree, che eleggerà un rappresentante nero o ispanico fedele ai liberali alla Camera e al Senato.

In tutto il clamore suscitato dall'apartheid, la stampa britannica è stata attenta a nascondere un'apartheid ben più grande che precede il Sudafrica di centinaia di anni: il sistema indiano delle caste, tuttora in vigore e rigidamente applicato.

Fin dall'incursione britannica in India nel 1582, i sufi furono usati per dividere musulmani e sikh e metterli l'uno contro l'altro. Nel 1603, John Mildenhall arrivò ad Agra in cerca di concessioni per la Compagnia inglese delle Indie orientali, fondata a Londra il 31 dicembre 1600. La compagnia cambiò il suo nome in Compagnia britannica delle Indie orientali e utilizzò i suoi agenti per spezzare il potere dei Sikh, che si opponevano al sistema delle caste. Nel 1717, le tangenti e la diplomazia ingannevole della BEIC, così come le donazioni di forniture mediche, furono sufficienti per ottenere grandi concessioni dai Moghul, che esentarono la BEIC dalla tassazione sui redditi derivanti dalla coltivazione del papavero e dalla produzione di oppio grezzo.

Nel 1765, Clive dell'India, una figura leggendaria nell'occupazione britannica dell'India, aveva assunto il controllo completo dei campi di papavero più ricchi del mondo in Bengala, Benares e Bihar, esercitando un controllo sulla riscossione delle entrate da parte dei Moghul. Nel 1785, il commercio dell'oppio era saldamente in mano alla BEIC, sotto la guida di Sir Warren Hastings. Una delle "riforme" indiane di Hastings consisteva nel mettere al sicuro tutte le terre coltivate a papavero e portarle sotto il suo controllo. Questo includeva la produzione di oppio grezzo.

La Corona britannica prorogò lo statuto della BEIC per 30 anni dopo le rimostranze presentate al Parlamento nel 1813. Nel 1833, il Parlamento prorogò nuovamente la carta della BEIC per altri 20 anni. Vedendo che il potere stava sfuggendo loro di mano, le caste superiori indiane iniziarono a ribellarsi al dominio britannico attraverso il BEIC. Per evitare ciò, il primo ministro britannico ingannò la leadership indiana approvando il Government of India Act il 2 agosto 1856. Questo atto trasferì apparentemente tutti i beni e le terre della BEIC in India alla corona britannica. Questa manovra diplomatica si basava su una pura menzogna, perché in realtà non era cambiato nulla. La BEIC era la Corona.

Il Primo Ministro Disraeli fece un ulteriore passo avanti nell'inganno quando nel 1896, su sua istigazione, il Parlamento dichiarò la Regina Vittoria "Imperatrice dell'India". Nello stesso anno, la carestia uccise oltre 2 milioni di indiani di casta inferiore. In totale, sotto il dominio britannico (imposto dal BEIC), oltre 6 milioni di indiani di casta inferiore morirono di fame. In Sudafrica non è mai accaduto nulla di simile a questo disastro. Durante le rivolte di "Sharpeville", istigate dalla CIA, il

LA DIPLOMAZIA DELL'INGANNO

Sudafrica è stato oggetto di indignazione e condanna a livello mondiale quando meno di 80 rivoltosi neri sono stati uccisi dalle forze di sicurezza. I neri sono stati incitati alla rivolta da forze esterne, senza rendersi conto di essere usati. Il sistema di caste "Jati" in India è basato al 100% sulla razza. In cima alla piramide ci sono gli ariani (bianchi con gli occhi azzurri, presumibilmente discendenti di Alessandro Magno - un greco che occupò il Paese). Direttamente sotto di loro si trovano i bramini, il cui colore varia dal bianco al marrone chiaro. Da questa casta provengono i sacerdoti bramini. Al di sotto dei bramini si trovano i guerrieri e i governanti, chiamati Kshatriya, anch'essi di carnagione molto chiara. Al di sotto degli Kshatriya si trovano i Vaisyas, una classe di piccoli funzionari, mercanti, commercianti, artigiani e operai specializzati. Hanno la pelle più scura.

Poi ci sono i Sudra o lavoratori non specializzati, quelli che non sono idraulici, elettricisti, meccanici d'auto o altro. Infine, alla base della piramide del potere ci sono gli "Harijans", che letteralmente significa "emarginati", conosciuti collettivamente come "Pariahs". Sono conosciuti anche come "intoccabili" e hanno la pelle molto scura o nera. Più la loro pelle è scura, meno sono "toccabili". Nel 1946, Lord Louis Mountbatten (Battenberg), in rappresentanza diretta del Comitato dei 300, offrì la piena indipendenza all'India, un sotterfugio per sedare le gravi rivolte causate dalla persistente carestia che aveva tolto il fegato a centinaia di migliaia di Harijans. Questo evento è stato largamente ignorato dalla stampa occidentale. In un altro gesto vuoto, l'intoccabilità fu dichiarata illegale un anno dopo, ma la pratica continuò come se la legge non fosse mai stata approvata.

L'"intoccabilità" era il più crudele di tutti i rigidi sistemi di casta dell'India. Significa che agli Harijans non era permesso toccare membri di altre caste.

Se ciò accadeva, la persona di classe superiore offesa aveva il diritto di far uccidere l'hariano offeso. Il sistema di separazione rigida non era solo una misura di classe, ma aveva anche lo scopo di prevenire la diffusione di malattie che erano prevalenti tra gli

Harijans.

Gli Harijans sono il gruppo razziale più numeroso dell'India e per secoli sono stati scandalosamente maltrattati e abusati. Quando si vuole un cambiamento politico, questo gruppo viene usato come carne da macello, e le sue vite sono considerate di scarso o nullo valore. Ciò è stato dimostrato quando gli Harijans sono stati usati per distruggere un'antica moschea in India per provocare un cambiamento politico nel governo indiano. Questo male è raramente, se non mai, menzionato dalla stampa occidentale o dalla televisione.

Purtroppo per i neri, sono solo pedine di un gioco. La loro importanza finirà quando il Comitato dei 300 avrà raggiunto il suo obiettivo e Mandela sarà scartato come uno strumento logoro che ha fatto il suo tempo. Il programma di riduzione della popolazione Global 2000 sarà quindi applicato a loro per sempre. Meritano un destino migliore di quello dei controllori di Mandela, degli Oppenheimer e del Comitato dei 300.

XII. Note sulla sorveglianza di massa

L a Gran Bretagna e gli Stati Uniti lavorano a stretto contatto per spiare i propri cittadini e i governi stranieri. Questo vale per tutto il traffico: comunicazioni commerciali, diplomatiche e private. Nulla è sacro e nulla è al di fuori della portata della National Security Agency (NSA) e del Government Communications Headquarters (GCHQ), che hanno unito le forze per monitorare illegalmente le trasmissioni telefoniche, telex, fax, computer e voce su scala massiccia.

Entrambe le agenzie hanno le competenze per ascoltare chiunque in qualsiasi momento. Ogni giorno, 1 milione di comunicazioni vengono captate dalle stazioni di ascolto del GCHQ a Menwith Hill nello Yorkshire e a Morwenstow in Cornovaglia, Inghilterra. Queste stazioni sono gestite dalla NSA per aggirare le leggi britanniche che vietano alla sicurezza nazionale di spiare i cittadini. Tecnicamente, il GCHQ non sta violando la legge britannica, poiché le intercettazioni sono effettuate dalla NSA.

I computer del GCHQ e della NSA cercano le parole chiave che vengono etichettate e memorizzate. Si tratta di una procedura semplice, poiché tutte le comunicazioni vengono trasmesse come impulsi digitali. Questo vale sia per la comunicazione scritta che per quella orale. Poi i messaggi contrassegnati vengono analizzati e, se c'è qualcosa di interessante per queste agenzie, vengono avviate ulteriori indagini. Il fatto che l'intera operazione sia illegale non impedisce a nessuna di queste agenzie di svolgere il compito che si sono prefissate.

I computer HARVEST dell'NSA possono leggere 460 milioni di caratteri al secondo, l'equivalente di 5000 pagine di libri. Attualmente, fonti dell'intelligence stimano che i computer HARVEST utilizzati dal GCHQ e dalla NSA intercettino più di

80 milioni di chiamate all'anno, di cui 2,5 milioni vengono segnalate e conservate per ulteriori esami. Entrambe le agenzie dispongono di un nutrito staff di specialisti che viaggiano per il mondo, trovando e valutando nuovi prodotti che possono essere utilizzati per proteggere la privacy individuale, che poi trovano il modo di infrangere.

Con l'avvento dei telefoni cellulari si è presentata una sfida importante. Attualmente, il traffico di telefonia mobile viene "intercettato" ascoltando i segnali delle celle (che sono destinati alla fatturazione) e i vari codici delle celle, che hanno una propria identificazione, vengono rintracciati per risalire all'origine della chiamata. Ma i telefoni cellulari A5 di nuova generazione rappresentano un serio problema per lo spionaggio governativo.

Questi nuovi telefoni sono dotati di un codice di scrambling A5, molto simile ai sistemi di scrambling militari, che rende praticamente impossibile per le agenzie governative decifrare i messaggi e risalire all'origine della chiamata. Attualmente, le squadre di sorveglianza del GCHQ e della NSA impiegherebbero 5 mesi per decifrare i messaggi trasmessi dai telefoni cellulari A5.

Il governo sostiene che questo ostacolerà seriamente i suoi sforzi per combattere il traffico di droga e la criminalità organizzata, una vecchia scusa che pochi accettano. Non viene detto nulla sul fatto che, nel corso di queste misure di lotta al crimine, i diritti alla privacy dei cittadini vengono gravemente violati.

Ora la NSA, l'FBI e il GCHQ chiedono che i telefoni cellulari con il jammer A5 esistente vengano ritirati per essere "modificati". Anche se non lo dicono, il governo deve avere lo stesso accesso alle trasmissioni private che aveva fino all'avvento del sistema di disturbo A5. Le agenzie governative britanniche e americane chiedono pertanto che il sistema di disturbo cellulare A5 sia sostituito da un sistema A5X, che offre loro una "botola" per accedere a telefoni cellulari un tempo sicuri.

Le telefonate su linea fissa (chiamate locali) sono facilmente intercettabili perché vengono "passate" a una centrale di compensazione gestita dalla NSA e dal GCHQ. Le chiamate interurbane non sono un problema, poiché di solito vengono trasmesse da torri a microonde e possono essere facilmente captate dall'alto. Inoltre, l'NSA ha anche i suoi satelliti RHYOLITE che hanno la capacità di captare tutte le conversazioni trasmesse da telex, microonde, radiotron, segnali VHF e UHF.

Bruce Lockhart dell'MI6, il controllore di Lenin e Trotsky

Sydney Reilly - specialista economico dell'MI6.

Somerset Maugham - Agente speciale dell'MI6 presso Kerensky.

Sede dell'MI6, Londra.

L'ex presidente americano Bush e l'emiro Al-Sabah.

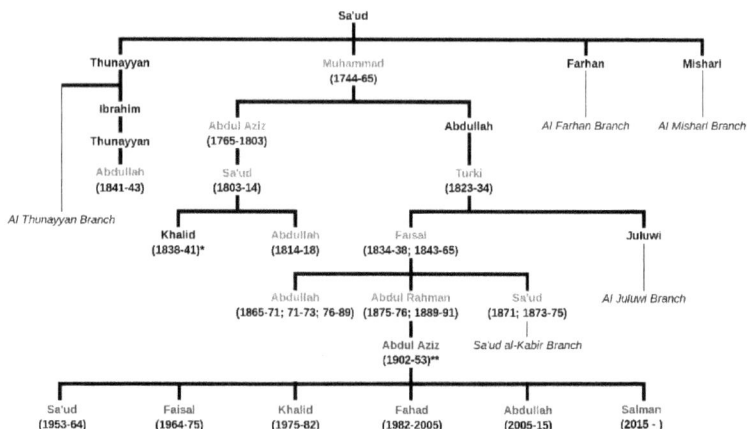

La dinastia wahhabita saudita.

Note sulle fonti

La fonte dell'assassinio di **Martin Luther King Jr.** è un rapporto dell'Associated Press di Memphis del 9 aprile 1965. Altri due servizi dell'Associated Press furono realizzati a Memphis, uno da Don McKee e l'altro da Gaylord Shaw, il 14 aprile 1965. Il vero assassino è stato visto dal giornalista *del New York Times* Earl Caldwell, che non è mai stato intervistato dalle forze dell'ordine o dalle agenzie investigative.

Carte private di Vittorio Orlando.

Carte private del generale Anton Denikin.

Verbali delle riunioni della Conferenza di San Remo.

Documenti del Congresso degli Stati Uniti, Camera e Senato.

Verbali delle riunioni, Conferenza di Losanna.

Pozzi. H. G. "Dopo la democrazia".

Russell. Sir Bertrand. "Impatto della scienza sulla società.

Compagnia britannica delle Indie orientali (BEIC). India House, Londra. Wilson, Presidente Woodrow.

Atti del Congresso, Camera e Senato.

Documenti del Trattato di Versailles, Parigi, Francia.

Jan Christian Smuts. Archivio del memoriale della guerra boera, Pretoria.

Richieste di risarcimento da parte degli Alleati. Conferenze di Versailles e San Remo.

I discorsi raccolti del deputato L.T. McFadden. Documentazione della Società delle Nazioni, Ginevra.

Istituto Reale degli Affari Internazionali.

Dr. Coleman, "Comitato dei 300".

Socialismo: F. D. Roosevelt "La nostra via". Manifesto comunista del 1848.

"Fabian Freeway: la strada verso il socialismo in America". Rose Martin.

Senatore Walsh. La dittatura dei Cinque Grandi alle Nazioni Unite. Congressional Record, Senato, pagine 8165-8166.

Dott. J. Coleman. "Gli obiettivi della Guerra del Golfo esaminati". Legge pubblica 85766, sezione 1602. Legge pubblica 471, sezione 109.

John Rarick. "L'ONU è una creatura del governo invisibile". Congressional Record, House, pagine E 10400-10404, 14 dicembre 1970.

Dibattito tra il senatore Allen e il senatore Teller Congressional Record (Senato) 6586-6589 1 luglio 1898.

Dott. J. Coleman. "Non un corpo sovrano.

Carta delle Nazioni Unite, nota come "Carta". Pagine 2273-2297 Registro del Congresso, Camera 26 febbraio 1900.

Rep. Smith. Limiti del potere presidenziale Congressional Record Page 12284.

Allen Dulles. Pressione sul Congresso, Congressional Record Pagine 8008 - 80209, 25 luglio 1945.

Leonard Mosley. "Dulles; una biografia di Eleanor, Allen e John Foster Dulles. "

Diritto costituzionale. Il giudice Cooley. La Costituzione non si piega ai trattati o alle leggi.

Professor van Halst "Diritto costituzionale degli Stati Uniti".

Casa, Col. CFR e Controller di Wilson e Roosevelt, documentazione del British War Museum e del British Museum di Londra.

J. Coleman "L'aiuto estero è una servitù involontaria". Terra d'Arabia. British Museum e Museo del Cairo.

I principi del Corano. Dal Corano.

Lawrence d'Arabia tradito. Documenti di Sir Archibald Murray Arab.

Despatches del Ministero degli Esteri britannico, British Museum, Londra.

Dichiarazione Balfour.

Documenti di Sir Arthur Balfour, British Museum, Londra.

Generale Edmund Allenby, Documenti sulla Palestina, British Museum, Londra.

Louis Fischer. "L'imperialismo del petrolio: la lotta internazionale per il petrolio".

Indipendenza dell'Iraq.

Protocollo 1923. Documenti della Società delle Nazioni, Ginevra.

L. M. Fleming, Il petrolio nella guerra mondiale.

Annali dell'Accademia americana di scienze politiche. Supplemento del maggio 1917, "La Costituzione messicana".

Washington Soviet Review, gennaio 1928. *London Petroleum Times*, 26 novembre 1927.

Il dottor J. Coleman "William K. D'Arcy. Il misterioso neozelandese che ha aperto la strada al Comitato di 300 compagnie petrolifere. Il Comitato dei 300".

Compagnia petrolifera turca. Documenti, Sir Percy Cox, London Petroleum Institute, Foreign Office, Londra.

Lo status del Kuwait e di Mosul è lasciato nel vago.

Verbali delle riunioni delle conferenze di San Remo e Losanna, 1920 e 1923.

Stato della Palestina.

Libro bianco della Commissione Passfield del Regno Unito.

Direttiva consolare del Dipartimento di Stato americano del 16 agosto 1919. Sottolinea la necessità vitale per gli Stati Uniti di ottenere concessioni petrolifere estere e incoraggia il personale consolare a spiare gli agenti stranieri che competono con gli Stati Uniti per il controllo del petrolio.

Dipartimento di Stato "Relazioni estere degli Stati Uniti". 1913 pp. 820.

Federal Trade Commission supra pp XX-XXI, 69° Congresso, State Dept. Doc. vol 10 p 3120.

Mohr, Anton. "La guerra del petrolio.

Eaton, M. J. "La risposta dell'industria petrolifera oggi".

Commerce Dept T.I.B No.385 "Combinazioni straniere per il controllo dei prezzi delle materie prime".

Bertrand Russell. "Una delle materie prime più importanti è il petrolio". Dichiarazione rilasciata nel 1962.

Coolidge. Consiglio federale per la conservazione del petrolio. La politica della "porta aperta" del governo federale per il petrolio. Le dichiarazioni di Charles Evans Hughes a questo Consiglio.

Concessioni petrolifere e fondiarie con il Messico: dagli archivi della Biblioteca del Congresso del Trattato di Guadalupe e Hidalgo, 1848.

"Internazionalisti Rockefeller" Emmanuel Josephson descrive le politiche petrolifere internazionali di R. Rockefeller.

Lo scandalo Teapot Dome. Il ruolo di Albert B. La caduta e l'origine del termine "fall guy".

I documenti consultati provengono da fonti del British Museum, dal Congressional Record, dalla Camera e dal Senato e dai giornali dell'epoca.

Audizioni della Commissione Esteri del Senato sulla "Rivoluzione in Messico" 1913. Nel 1912, il presidente Wilson infiammò il popolo americano parlando della "minaccia Huerta" come di un pericolo per il Canale di Panama.

Henry, J. D. "La corsa al petrolio russo, Baku e la storia movimentata". Spagnolo de la Tramerga, Pierre. "La lotta mondiale per il petrolio".

Rassegna dell'Unione Sovietica, gennaio 1928.

McFadden, L.T. L'accordo Huerta Thomas Lamont

Ufficio informazioni dell'Unione Sovietica. "Condizioni economiche russe 1928".

La spartizione della Palestina.

"Ebrei e arabi non possono vivere insieme". Rapporto della

Commissione Peel, documenti del Ministero degli Esteri britannico.

Nota del Dipartimento di Stato a James Baker III, ottobre 1989.

"Murare il Dipartimento di Agricoltura" in riferimento allo scandalo BNL.

Direttiva di sicurezza nazionale 26 sull'Iraq e BNL, che autorizza l'estensione dei crediti all'Iraq.

Nota della Federal Reserve Bank di New York del 6 febbraio. Rivela i meccanismi di occultamento dei prestiti dell'SNL per l'Iraq.

Il Comitato Interagenzia dei Deputati del Memorandum del Consiglio di Sicurezza Nazionale convoca una riunione alla Casa Bianca per limitare i danni della BNL-Iraq.

"Il residente di Bush falsifica i numeri delle truppe irachene. Sessione congiunta del Congresso, Congressional Record 11 settembre 1990.

Henry Gonzalez pone domande imbarazzanti: Congressional Record, House e lettere al Procuratore generale Thornburgh settembre 1990. Copie di lettere House, Congressional Record.

William Barr, procuratore generale, si rifiuta di collaborare con il deputato Gonzalez. Lettere maggio 1992.

Documenti del tribunale, giudice Marvin Shoob, Christopher Drougal, caso BNL, Atlanta, il giudice Shoob chiede al Dipartimento di Giustizia di nominare un procuratore speciale.

Lettera del senatore Boren al procuratore generale Barr, per chiedere la nomina di un procuratore speciale. 14 ottobre 1992.

"Vendere libri" all'Iraq e all'Iran. Testimonianza di Ben Mashe al processo del 1989, tratta da documenti del tribunale.

Dr. John Coleman. "Cecil John Rhodes, straordinario cospiratore".

Dott. J. Coleman. "Nessuna legge "un uomo, un voto" espressa nella Costituzione".

Il commercio britannico dell'oppio con l'India.

India House Documenti sulla Compagnia britannica delle Indie orientali, India House, Londra. Viene citato John Mildenhall, che ottenne la prima concessione dell'India. Ci sono anche dettagli sul lavoro di "Clive of India" e su come furono negoziate varie "carte" dell'oppio con i Moghul indiani.

Disraeli. Discorso alla Camera dei Comuni sulla politica indiana, "Hansard" 1896.

Trattato Thomspon-Urruttia 20 aprile 1921. Documenti del British Museum e del Congresso, Camera e Senato.

La "Legge delle Nazioni" di Vattel sui trattati e gli accordi. Dottor Mulford. "Sovranità delle nazioni".

John Lawn. Direttore dell'Agenzia antidroga statunitense (DEA). Lettera a Manuel Noriega, 27 maggio 1987.

Servizi segreti britannici.

I primi tempi, Sir Francis Walsingham, spia della regina Elisabetta I, documenti del British Museum di Londra.

George Bernard Shaw. "Note sulla Fabian Society".

Già pubblicato

OMNIA VERITAS
Omnia Veritas Ltd presenta:
NORIMBERGA
OSSIA LA TERRA PROMESSA
DA
MAURICE BARDÈCHE
Io non difendo la Germania: difendo la verità
NORIMBERGA
OSSIA LA TERRA PROMESSA
Noi viviamo su un "falso" della storia

OMNIA VERITAS
Omnia Veritas Ltd presente:
La Mia Battaglia
Mein Kampf
E 'stato in questo momento che i miei occhi sono stati aperti a due pericoli per l'esistenza del popolo tedesco: il marxismo e l'ebraismo.
La Mia Battaglia
Mein Kampf
Un documento di interesse storico

OMNIA VERITAS®
www.omnia-veritas.com

www.ingramcontent.com/pod-product-compliance
Lightning Source LLC
Chambersburg PA
CBHW070802270326
41927CB00010B/2256